RALPH DE LA ROSA

DON'T TELL ME TO RELAX!

RALPH DE LA ROSA

DON'T TELL ME TO RELAX!

EMOTIONALE RESILIENZ IN TURBULENTEN ZEITEN

Aus dem Englischen übersetzt von Claudia Seele-Nyima

Die englische Originalausgabe *Don't Tell Me To Relax – Emotional Resilience in the Age of Rage, Feels & Freak-Outs* ist erschienen bei Shambhala Publications, Inc., 4720 Walnut Street, Boulder, Colorado 80301, USA, www.shambhala.com.

Bibliografische Information der Deutschen Nationalbibliothek:
Die Deutsche Nationalbibliothek verzeichnet diese Publikation in der Deutschen Nationalbibliografie; detaillierte bibliografische Daten sind im Internet über https://www.dnb.de abrufbar.

1. Auflage 2021
Übersetzung ins Deutsche: Claudia Seele-Nyima
Lektorat: Susanne Klein, Hamburg, www.kleinebrise.net
Umschlaggestaltung | Layout und Satz: Gesine Beran, Turin, Italy
Gesamtherstellung | Druck:
Aumayer Druck + Verlag Ges.m.b.H. & Co KG, Munderfing
Printed in the European Union

ISBN 978-3-903072-90-9 | ISBN E-BOOK 978-3-903072-91-6
www.fischerundgann.com

Für alle, *die ohne Kompass*
im Walddickicht der Welt umherirren.

Für alle, *die im Dunkeln zurückgelassen worden sind*
und kein Streichholz zum Feuermachen haben.

Für alle, *die in einem Kreislauf systembedingter Wirren*
und Grausamkeit gefangen sind.

Für alle, *die wissen, wie es ist, ohne Abendessen schlafen zu gehen.*
Oder ohne Frühstück den Tag zu beginnen.

Für alle, *die nie das Gefühl hatten, dass jemand ihnen zuhört.*
Oder sie liebt.

Für alle, *die so gestresst oder verängstigt sind, dass sie vergessen*
haben, den Himmel und den Regen zu genießen.

Für jeden umherstreifenden Wolf.

Para mi madre.

Als es hart auf hart kam,
hast du dich für uns eingesetzt.
Wie eine Löwin.

***»Es herrscht Chaos.
Sei freundlich.«***

Michelle McNamara

INHALT

ÜBUNGEN

TEIL 3 EINE ZEIT, UM ZU VERSTEHEN

ÜBUNGEN

TEIL 4 EINE ZEIT, UM DINGE ZU KLÄREN

ÜBUNGEN

EINLEITUNG: IN EINER BRENNENDEN WELT AUFWACHEN

»*Wenn du fällst …*
stürz dich hinab.«

Joseph Campbell

SAMSARA DAVANALA NADA LIDA LOKAH. »In dieser Welt gefangen zu sein ist, als würde man in einem Waldbrand schlafen.« Das waren während meines kurzen Ausflugs in das vedische Mönchtum allmorgendlich die ersten Worte, die mir von den Lippen kamen. Um vier Uhr morgens versammelten wir uns, erfrischt nach einer kalten Dusche, im Tempelraum, um die *Mangal Aarthi* (Skt. »glückverheißende Zeremonie«) zu singen. Bemerkenswerterweise beginnt dieses feierliche, andächtige Ritual mit einem sehr düsteren Eingeständnis: Die Waldbrände der Krisen (seien sie persönlich oder global) sind nicht nur ein ureigener Teil des Lebens, sondern sind so zur Normalität geworden, dass wir darin einschlafen können. Allerdings ist es nur eine Frage der Zeit, bis ein glühender Funken auf unserem Kopfkissen landet.

Dennoch ist die *Mangal-Aarthi*-Zeremonie bei Weitem kein Manifest des Zynismus. Die oben zitierte Strophe soll ein Gefühl der Dringlichkeit hervorrufen, das befreiend wirkt. In ihm schwingt die Bedeutung mit: »Angesichts dessen dürfen wir uns nicht auf unseren Lorbeeren ausruhen. Wir müssen aufstehen. Wir müssen den Weg nach Hause finden. Wir müssen dafür sorgen, dass niemand auf der Strecke bleibt. Wir dürfen das nicht auf morgen verschieben.« Es ist ein Aufruf, uns dem Leben zu stellen, so wie es jetzt ist; ein notwendiger Tritt in den Allerwertesten, der eine verschlafene Menschheit aufrüttelt. Er weist uns auf eine geheime Wahrheit der alten Yogis und

Meditierenden hin: dass die Schwierigkeiten und Katastrophen des Lebens zu einem endlosen Quell der Inspiration werden können, wenn wir wissen, wie wir ihnen begegnen können. Schon die damaligen »Oldschooler« wussten, dass es ein Tor zur Freiheit gibt, das sich öffnet, wenn wir uns unserer Bedrängnis und ihren Ursachen zuwenden, statt sie nicht sehen zu wollen. Ebenso wussten sie, dass dies keine religiöse oder an eine bestimmte Konfession gebundene Wahrheit ist, sondern eine universelle, die für uns alle gilt.

Der Andachtsgesang – oder *Kirtan* – spricht im weiteren Verlauf von einem »Ozean der Barmherzigkeit«, der die Feuersbrunst der leidenden Welt zu löschen vermag. Es heißt darin, dass uns ein solcher Segen nur durch die Kraft kluger Selbsterforschung in Verbindung mit mutigem, mitfühlendem Handeln zuteilwerden kann. Der Ozean der Barmherzigkeit bildet sich durch unsere Bereitschaft, einen besseren Zustand zu verkörpern – einen tieferen, einen kühn von Herzen kommenden, einen menschlichen, der gleichzeitig kämpferisch und liebevoll ist. Er wird dadurch manifest, dass wir für genau diesen Weg in der Welt einstehen und ihn umsetzen. In der zitierten Strophe wird Meditation zudem als waches, bewusstes Leben dargestellt; *nicht* als eine Reihe von Techniken zum Stressabbau, sondern als eine ganzheitliche Herangehensweise an das Leben – eine, die unsere Reaktion auf schlimmste Situationen beeinflussen kann. Meditation wird darin als eine Form betrachtet, sich auf Katastrophen vorzubereiten.

Die Katastrophe, liebe Freund*innen, ist jetzt da!

»ALS WÜRDE MAN IN EINEM WALDBRAND SCHLAFEN« – die verstörende Ehrlichkeit dieses Satzes schätze ich heute mehr denn je. Unsere Welt brennt, durch den ungeheuren Machtmissbrauch wird sie direkt vor unseren Augen verwüstet. 2019 gab es bis zum Zeitpunkt, da ich dies schreibe und etwa drei Viertel des Jahres hinter uns liegen, in den Vereinigten Staaten mehr Massenschießereien, als ein Jahr Tage hat.[1] Klimakatastrophen, die alle Rekorde brechen, folgen in immer kürzeren Abständen aufeinander, während zum Beispiel die

US-Umweltschutzbehörde zunehmend zurechtgestutzt wird. Ungefähr 15.000 Kinder illegaler Immigrant*innen hocken in etwa 200 gewinnorientierten Gefangenenlagern in den USA unter unhygienischen, menschenunwürdigen Bedingungen – allein, traumatisiert und von ihren Lieben getrennt – in überfüllten Käfigen. Weiße Nationalisten offen rassistischer Organisationen sind nicht nur aus ihren Löchern hervorgekrochen, sondern werden vom Präsidenten der Vereinigten Staaten auf Twitter zitiert und als »sehr gute Menschen« bezeichnet. Geringverdiener und Mittelschichtfamilien haben weiterhin hart zu kämpfen, während Gewalt, Polizeibrutalität und Drogenabhängigkeit in verarmten Vierteln, in denen der Anteil der schwarzen und Latino-Bevölkerung unverhältnismäßig hoch ist, rapide zunehmen.

Die Seifenblasen sind geplatzt, die Masken gefallen. Aus unserem Schlummer aufgerüttelt, müssen wir nun herausfinden, wie wir mit einer noch nie dagewesenen bedrückenden Situation umgehen. Unser limbisches System pumpt bei jedem Unglück, von dem wir lesen, bei jeder gefährlichen Realität, mit der wir konfrontiert sind, Cortisol und Adrenalin in unseren Körper. Bei dem konstanten Strom an algorithmisch kuratierten »Klickköder«-Schlagzeilen ohne wirklichen Informationswert, dem wir ausgesetzt sind, kann es schwerfallen, den Lärm auszublenden und uns auf die bestehende Ungerechtigkeit auf der Welt und in unserem eigenen Hinterhof – vielleicht sogar besonders auf Letztere – zu konzentrieren.

Mit Blick auf das Pulverfass einer globalen Krise könnten wir vielleicht vermuten, so etwas wie emotionale Intelligenz, neuropsychologische Erkenntnisse und Meditation sei abwegig. Es mag den Anschein haben, dass wir uns nur auf konkrete Lösungen und Handlungen konzentrieren sollten. Wer Zweifel daran hegt, dass Praktiken, die eher auf das Innere ausgerichtet sind, sozialen Wandel unterstützen, liegt nicht unbedingt falsch. Denn der Kapitalismus hat die Meditations- und Wellness-Kultur für sich vereinnahmt. Das ist nicht nur entmutigend, sondern führt auch dazu, dass solche inneren Techniken allzu oft ausgerechnet denen nicht zugänglich sind, die sie am meisten brauchen. Was ursprünglich als Mittel gedacht war, um alle fühlenden Wesen aus den Bränden herauszuholen, ist in vielen Bereichen auf eine Strategie zur weiteren Optimierung von Privilegien reduziert worden. Meditation kann von unserer allumfassenden Neigung benutzt werden, uns angesichts von Schwierigkeiten zu betäuben und zu zerstreuen, und das ist bereits geschehen. Sie kann eingesetzt werden, um das Gefühl der Dringlichkeit angesichts unserer globalen Krisen – der gegenwärtigen und der noch bevorstehenden – zu unterdrücken, und auch das ist bereits geschehen. Das, was einen Ozean der Barmherzigkeit hervorbringen könnte, wird auf eine kultivierte Form des Erholungsschläfchens reduziert.

Solche Tendenzen können jedoch der an sich integren Praxis nichts von ihrem Wert nehmen (und, wo wir schon einmal dabei sind: Ebenso wenig können das die schändlichen Skandale, die sich in den letzten Jahren bei einigen bekannteren spirituellen Lehrern abgespielt haben). Meditation ist ein Mittel, das unbeugsames Mitgefühl und den ehrlichen Wunsch, füreinander da zu sein, zutage fördern kann. Nichts ändert daran etwas, und es gibt Tausende spirituelle Gemeinschaften und weltliche Orte der Achtsamkeit, die den wahren Geist, die wahre Absicht der Praxis fördern. Doch selbst in solchen Gruppen ist unter den Praktizierenden oft die vorherrschende Überzeugung anzutreffen, spirituelle Praxis und Politik sollten wenig miteinander zu tun haben – eine Überzeugung, die so stark ausgeprägt ist, dass sie viele solche Gemeinschaften dazu veranlasst hat, Diskussionen »politischer« Themen in ihren Praxisräumen mit einem formellen oder informellen Tabu zu belegen.

Genau solche Situationen haben den Titel dieses Buches inspiriert. Ich betrachte *»Don't tell me to relax«* – »Sag mir nicht, ›Entspann dich!‹« – als ein Mantra der Selbstermächtigung. Es steht für unsere Bereitschaft, uns mit dem auseinanderzusetzen, was unserer angeborenen Würde als Menschen und das Überleben der Menschheit zerfrisst – sowohl im wörtlichen als auch im übertragenen Sinne. So gesehen, könnte dieses Buch ebenso gut den Titel *»Don't tell me how to feel«* – »Sag mir nicht, wie ich mich fühlen soll« – tragen. Es geht hier nicht um die Frage, ob man sich entspannen soll oder nicht – das hängt letztendlich ganz von der jeweiligen Situation ab –, sondern um unser angeborenes Recht, angesichts von Entmenschlichung Gefühle zu haben und sie auszudrücken. Andere drängen uns vielleicht, unsere Wut durch »zivilisiertes Benehmen« zu kanalisieren, oder sie bezeichnen uns als »gestört« oder »verwirrt«, weil wir wegen etwas, mit dem wir konfrontiert sind, verletzt, wütend oder verängstigt sind. Wenn einem gesagt wird, man solle andere Gefühle haben, dann wird genau dadurch der Verletzung noch eine Beleidigung hinzugefügt. Es ist wirklich paradox, wenn man Wut über zugefügtes Leid und Gräueltaten zum Ausdruck bringt, und andere sich dann aber nicht am Leid und an den Gräueltaten stören, sondern an unserer Wut. In diesem Buch geht es darum, wie wir das Salz aus solchen Wunden herauswaschen können.

Wenn du ein junger Mensch bist, der nicht versteht, warum sich die Erwachsenen in deinem Leben anscheinend überhaupt nicht um die Zukunft unseres Planeten scheren; wenn du eine Frau bist, die sich gegen Mansplaining*, sträubt und sich daraufhin anhören muss, sie würde überreagieren; wenn du eine *Person of Color* (PoC) bist, die sich diese Woche zum x-ten Mal in eine feindselige weiße Umgebung begibt (oder in eine weiße Umgebung, wo alle großes Aufhebens um deine Anwesenheit machen, weil sie versuchen, sich entsprechend der Vorgabe *#staywoke*** zu verhalten), dann hast du allen Grund, dich nicht zu beruhigen. Wenn du ein älterer Mensch bist und dir angesichts sterbender Stadtviertel oder des Rückgangs naturbelassener Grünflächen, die du dein Leben lang geliebt hast, das Herz bricht; wenn du *queer**** bist, und dich nicht daran gewöhnen willst, wie du behandelt wirst; wenn du Probleme mit deiner psychischen Gesundheit hast in einer Welt, in der Menschen wie du bei jeder Gelegenheit auf Misstrauen stoßen oder ihnen ihre

* herablassende Erklärung eines Mannes (Anm. d. Lekt.)

** sinngemäß etwa: »Bleib wach und achte auf Ungerechtigkeit in deiner Umgebung« (Anm. d. Ü.)

*** sexuelle oder geschlechtliche Identität, die abweichend ist von der gesellschaftlichen Cis-Heteronormativität (Anm. d. Lekt.)

Symptome zum Vorwurf gemacht werden; wenn du dir jede Woche den Allerwertesten aufreißt vor lauter Arbeit, dir aber trotzdem nicht die Krankenversicherung, die Rückzahlung deines Studienkredits oder eine Kinderbetreuung leisten kannst; und auch wenn du keine dieser Persönlichkeiten in dir trägst, aber tief in dir weißt, dass unsere Gesellschaft nicht mehr so weitermachen kann wie bisher, dann lass uns vereint den himmlischen Refrain anstimmen: »Wagt es *ja* nicht, ›Entspannt euch!‹ zu uns zu sagen!« Unsere Wut ist moralisch. Unser Zorn ist heilig. Unsere Angst birgt Weisheit in sich. Unser Herz sagt uns die Wahrheit. Wenn die Wahrheit andere aus ihrer Bequemlichkeit reißt – gut. Zeig mir einen Wecker, der ein sanftes Geräusch macht, und ich zeige dir einen Wecker, bei dem ich einfach weiterschlafen kann.

Und – es gibt da einen Haken.

DIE ARBEIT MIT TRAUMATISIERTEN KINDERN und Familien überforderte mich anfangs. Obwohl ich mir immer wieder in Erinnerung rief, »Ich bin hier nicht derjenige, der einen schlechten Tag hat«, hätten doch die Berührungspunkte meiner Arbeit mit Massenarmut, sexuellem Missbrauch, körperlicher Misshandlung und systemischem Missbrauch durch die Familiengerichte selbst schon ausgereicht, um jede(n) zu brechen. Während meiner ersten Arbeitstage in der klinischen Betreuung von Menschen in krisenhaften Lebenslagen war ich fortwährend bedrückt und das sah man auch. Eines Tages hielt mich eine leitende Angestellte aus der Verwaltung in der Halle an und versuchte mich unaufgefordert aufzumuntern: »Keine Sorge, bald haben Sie sich ein dickes Fell zugelegt, dann wird es besser.« Ich wies auf meine Brust, auf mein Herz, und erwiderte: »Nein, danke. Hier drin ist mein Kompass. Ohne das Ding wäre ich aufgeschmissen.« Obwohl ich immer noch mit der Frage rang, wie ich all das durchstehen sollte, wusste ich, dass die Antwort darauf nicht »Leg dir ein dickeres Fell zu« lauten konnte. Ein dickes Fell ist schließlich etwas, das uns unempfindlich macht. Und im Prozess mitfühlenden Handelns unempfindlich zu werden, ergibt einfach keinen Sinn.

Als ich die Antwort dann fand, war sie das genaue Gegenteil eines dicken Fells: Die Situation besserte sich, als ich mir erlaubte, noch empfindsamer zu werden, noch mehr als zuvor mit meinen Emotionen und Reaktionen verbunden zu sein – und sogar zuzulassen, dass die quälenden Situationen, die ich miterlebte, mir einen Tritt in den Hintern verpassten. Ich musste aufhören zu denken, dass meine Gefühle anders sein sollten, und mir erlauben, das, womit ich es zu tun hatte, wirklich und wahrhaftig zu spüren. Das war Schritt eins, der wiederum die Tür zu Schritt zwei öffnete. Nachdem ich meinen Widerstand gegen sogenannte negative Gefühle beiseitegeschoben hatte, konnte ich mich mitfühlend um die verletzten, gequälten Teile in mir selbst kümmern und diesen Teilen helfen zu heilen. So konnte ich die Gefühle haben, die ich ganz natürlich empfand, und zulassen, dass sie Selbstmitgefühl in mir aufkommen ließen (was dann wiederum meine Fähigkeit zum Mitgefühl für andere erhöhte). Diese beiden Schritte bildeten einen tragfähigen Weg durch den Wald, einen resilienten Weg, der nicht nur frei von Abgestumpftheit war, sondern auch für unerwartetes Wachstum in meinem Leben sorgte. Solches Selbstmitgefühl macht einen Großteil dessen aus, worum es in diesem Buch geht. Natürlich kann das so aussehen, dass wir Pausen einlegen, das Leben feiern und besser für uns selbst sorgen, um die Situation abzumildern – Dinge, die wir inzwischen wohl alle können. Aber ich werde Gründe dafür vorbringen, dass wir zudem auch eine tiefergehende Medizin benötigen. Über das Aushalten von Emotionen und über Selbstfürsorge hinaus brauchen wir Prozesse, die unsere Gefühle und natürlichen Reaktionen verwandeln: Prozesse, die das in unseren Gefühlen unterschwellig vorhandene transformative Potenzial aufdecken und zu dauerhaften Veränderungen in unserem Leben (und damit auch in unserem Handeln) führen.

Unsere Gefühle zu verdrängen und zu »verbiegen« ist auf Dauer untragbar und unnatürlich. Und doch müssen wir im selben Atemzug, in dem wir uns Ängste, Sorgen und Wut zugestehen, auch anerkennen, dass solche Gefühle uns verhärten, sofern wir keine mitfühlenden Fähigkeiten entwickeln, die mit emotionaler Resilienz einhergehen. Wir können es uns nicht leisten, mit toxischem Cortisol und Adrenalin überflutet zu sein, wenn wir langfristig im Ring bleiben wollen (und bitte bleib!). Wir können Grausamkeit nicht wirksam entgegentreten, wenn wir den Kontakt zu unserem Herzen verlieren. Wir dürfen das große Ganze nicht aus den Augen verlieren. Wir können uns keinen Burn-out leisten. Wir brauchen Praktiken, die uns helfen, uns angesichts der Krise mit unserer tieferen Weisheit zu verbinden. Wir brauchen Mittel und Wege, mit denen wir uns in Erinnerung rufen können, dass der Kampf für Gerechtigkeit gleichbedeutend damit ist, unsere Menschlichkeit zu feiern. Wir brauchen Methoden, die uns helfen, auch dann einen klaren Blick zu bewahren, wenn wir im dichten grauen Nebel herumstolpern. Einen Weg des »Sowohl-als-auch« statt des »Entweder-oder«. Schließlich war genau das ursprünglich das Ziel vieler spiritueller Traditionen: die Wechselbeziehung von Innenleben und äußerem Engagement anzunehmen und einzubeziehen.

EINE AUSGEPRÄGTE BEWUSSTHEIT und wirksame Methoden für die Arbeit mit dem eigenen Geist und Herzen sind in den letzten Jahren immer wichtiger geworden. Sich gegen den »psychischen Tod zu wehren«, wie es in dem Song *Resist Psychic Death* der 1990er-Jahre-Punkband BIKINI KILL heißt, ist entscheidend. Denn Methoden der Meditation und des Heilens können tatsächlich als Mechanismen missbraucht werden, um Distanz herzustellen und die einschneidende Angst, die wir angesichts der Verzweiflung anderer eigentlich empfinden *sollten*, zu unterdrücken. Diese Form des Vermeidens ist in der Tat eine Form des psychischen Todes. Ich versichere dir, dass das nicht dem Vorgehen dieses Buches entspricht. Wir werden stattdessen in eine Weltsicht eintauchen, die sowohl in der östlichen als auch in der westlichen Tradition zu finden ist – zum Beispiel in ROBERT FROSTS Maxime, dass »der Weg hinaus der Weg hindurch« ist, im tibetischen Prinzip, »das Hindernis ist der Weg«, und in GLORIA STEINEMS Mahnung »die Wahrheit wird dich befreien, aber zuerst wird sie dich verärgern«. Liebe Freund*innen, wir sind hier, um uns unserer Situation zu stellen und damit zu ringen. Das ist unser Berg – und er muss versetzt werden.

Es kommt allerdings darauf an, wie wir ihn versetzen. Wir können »Sei die Veränderung« schreien, bis wir blau anlaufen, und doch bleibt die Frage bestehen: »Wie?« Wie verkörpern wir Liebe, Gerechtigkeit, Anstand, starke ethische Grundsätze, Weisheit und Vernunft, während wir versuchen, die Flammen einzudämmen? Wie können wir uns bei all der Hitze und dem Rauch daran erinnern, auf einem mittleren Weg zwischen den Extremen lähmender Empörung und teilnahmsloser Distanzierung zu bleiben? Betrachte dieses Buch als eine praktische Anleitung, um eigene Antworten auf solche Fragen zu finden und um in den Flammen deine eigene, dir innewohnende Weisheit zu entdecken.

Ich möchte wirklich, dass du Folgendes weißt:

▶ **WIR BRAUCHEN DICH.**

Deine Anwesenheit hier auf diesem Planeten zählt wirklich. In jedem Augenblick löst du einen Ripple-Effekt aus, eine Wellenbewegung, die sich ausbreitet und von der alle Wesen entweder direkt oder indirekt berührt werden. Mit Sicherheit kann man sagen, dass du wichtiger bist, als wir beide es uns überhaupt vorzustellen vermögen. Was du mit deiner Zeit und den dir zur Verfügung stehenden Mitteln anfängst, ist von allergrößter Bedeutung. Und so postkartenweisheitskitschig es auch klingen mag: Du bist ein Geschenk an uns alle. Es ist uns eine Ehre, dass du in dieser Welt lebst und atmest. Ich weiß, dass es sich manchmal anfühlt, als würdest du gegen eine riesige Flutwelle anschreien und könntest ohnehin nichts ausrichten. Ich weiß, dass du dir manchmal wünschst, dir einfach nur eine Pizza reinzuziehen, eine lange Schlafpause einzulegen und dich erst wieder von den anderen wecken zu lassen, wenn es vorbei ist. Aber wir brauchen dich. Mehr denn je brauchen wir es, dass du den einzigartigen Beitrag leistest, für den du hier bist. Wenn du diesen Beitrag, für den du geboren wurdest, nicht leistest, ist er für immer verloren. Bitte verweigere ihn uns nicht.

▶ **WIR BRAUCHEN DEINE GEFÜHLE.**

Gefühle sind der Mittelpunkt unseres Lebens. Ob wir sie (an-)erkennen oder nicht, sie sind der Antrieb all dessen, was wir wahrnehmen, glauben, denken, sagen und tun. So gesehen, ist dein emotionaler Zustand die wichtigste Variable in jeder Situation. Er beeinflusst nicht nur alles, was von dir ausgeht, sondern filtert auch alles, was du in dich aufnimmst. Die Sache ist die (falls du es noch nicht bemerkt hast): Was wir fühlen, liegt nicht bei uns – was wir daraus machen, dagegen schon! Die Teile unserer selbst, die bedrückende Gefühle äußern, sind Menschen sehr ähnlich. Wenn wir uns verständnisvoll und behutsam auf sie einlassen, hat das tendenziell eine bestimmte Wirkung. Wenn wir ihnen dagegen so begegnen, dass wir sie in den Keller sperren oder sie zwingen, sich zu ändern, wirkt das auf eine andere Art.

Oder vielleicht ist es so:

▶ Unsere emotionalen Anteile sind wie Katzen. Du kannst sie ignorieren, so viel du willst, aber irgendwann kacken sie dir ins Bett, damit du ihnen Aufmerksamkeit schenkst.

▶ Unsere emotionalen Anteile sind wie Hunde. Du kannst Schuhe nach ihnen werfen, damit sie aufhören zu bellen, aber dadurch lernen sie nur, dich später anzugreifen.

▶ Unsere emotionalen Anteile sind wie Schnaps. Sie können uns betrunken machen und wir können mit ihnen in Denk- und Verhaltensmuster der Sucht geraten.

▶ Unsere emotionalen Anteile sind wie Kinder. Halte sie liebevoll im Arm wie ein Baby und sie werden gesund heranwachsen. Mit der Zeit werden sie zu einer Quelle innerer Harmonie, der Heilung und der Intuition. In diesem Buch geht es darum, genau das zu lernen.

▶ **WIR BRAUCHEN EIN NEUES PARADIGMA DER EMOTIONALEN RESILIENZ.**

Wir haben als eine Art Erbe eine Auffassung, eine Sichtweise übernommen, der zufolge Gefühle fälschlicherweise als irrational gelten, als etwas, das unter Kontrolle gebracht werden muss. Gemäß diesem

Modell haben wir nur die Wahl, entweder von unseren Emotionen erfasst und aufgezehrt zu werden oder aber sie wegzuschieben; ihnen entweder nachzugeben oder sie zu unterdrücken. Dies ist ein ***statisches Paradigma***, ein Denk- oder Erklärungsmodell, das unsere emotionalen Anteile behandelt wie eindimensionale Objekte, so als wären sie keine lebendigen, zu uns und unserem Körper gehörigen Kräfte mit einem innewohnenden Wert und einer eigenen Intelligenz. Diese Sichtweise spielt nicht nur eine enorme Rolle dabei, dass unser Schmerz, unsere Scham und unsere Angst endlos fortgeschrieben werden, sondern trägt auch wesentlich dazu bei, dass Gewalt und Ausbeutung in unseren Gesellschaften normal geworden sind.

Glücklicherweise ist dieses statische Paradigma nicht unsere einzige Option. Eine Reihe von psychologischen Ansätzen bieten neue, sich gerade erst herausbildende Paradigmen der emotionalen Intelligenz und Resilienz, die wissenschaftlich viel fundierter sind und uns auf humanere Wege führen. Ganz vorn bei diesem Paradigmenwechsel steht der radikale psychologische Ansatz des ***Systems der inneren Familie (IFS – Internal Family System)***, von dem dieses Buch in hohem Maße geprägt ist.* IFS bietet uns ein Erklä-

* Das System der inneren Familie ist ein integrativer psychotherapeutischer Ansatz, der zuerst von RICHARD SCHWARTZ entwickelt wurde. Auf Grundlage des systemischen Denkens und der Familiensystemtheorie schufen SCHWARTZ und andere ein Modell, bei dem die inneren Teile eines Menschen als eigenständige Subpersönlichkeiten gesehen werden, auf deren vielfältige Bedürfnisse und Sorgen eingegangen wird, statt dass sie ignoriert oder als krankhaft gedeutet werden. Obwohl ich in diesem Buch, wie sich klar zeigen wird, enorme Inspiration aus dem IFS-Modell ziehe und die Terminologie teilweise übernehme, verwende ich dennoch auch eine Sprache, die sich von der normalerweise im IFS verwendeten unterscheidet – im IFS werden die inneren Teile im Allgemeinen in Gruppen eingeteilt: »Manager«, »Feuerlöscher« und »Verbannte«. Leser*innen, die daran interessiert sind, mehr über das System der inneren Familie (IFS) zu erfahren, empfehle ich die Arbeit von SCHWARTZ sehr; zum Beispiel sein Hörbuch *Greater Than the Sum of Our Parts: Discovering Your True Self Through Internal Family Systems Therapy*. (Das zitierte Hörbuch ist bisher auf Deutsch nicht erhältlich; empfehlenswert sind aber auch die beiden ins Deutsche übersetzten Bücher: RICHARD C. SCHWARTZ: *IFS – Das System der Inneren Familie. Ein Weg zu mehr Selbstführung*. Hrsg. von IFS Europe, BoD Norderstedt, 2008; und *Systemische Therapie mit der inneren Familie*. Klett-Cotta, Stuttgart 1997; Anm. d. Lekt.)

rungsmodell, das unseren vielfältigen Gefühlen Raum gibt; sie dürfen da sein, sodass wir lernen können, bei unseren emotionalen Teilen zu sein und nicht in ihnen. Von einem solchen Zustand aus können wir die darin enthaltenen Erkenntnisse und nützlichen Informationen enthüllen; wir können die Lebensenergie zurückgewinnen, die tendenziell von unseren Gefühlen geschluckt wird, und wir können dazu beitragen, jene Teile von uns zu entlasten, die in Mustern der Abwehr und Verteidigung steckengeblieben sind. Es handelt sich um ein ***Prozess-Paradigma***, das unsere emotionalen Anteile als die dynamischen, multidimensionalen, intelligenten Energien behandelt, die sie sind. Es ist eine Einladung, die Art und Weise, wie wir innere Gespräche führen, zu verändern, wodurch wir auch in der Außenwelt anders wirken. Ein solches Prozess-Paradigma ist in Übereinstimmung damit, wie in einigen Praktiken des Tibetischen Buddhismus an Gefühle herangegangen wird (das betrifft vor allem ***Mahamudra***-Praktiken, die auf Erfahrungen basieren, und einige Formen der Meditation, die insbesondere in der Kagyü- und Nyingma-Linie vorkommen); es wird auch von vielen renommierten amerikanischen Lehrenden des Theravada-Buddhismus, wie TARA BRACH und JACK KORNFIELD, gelehrt. Teilweise liegt das daran, dass das Paradigma des emotionalen Prozesses oft die Tür zu einer direkten Erfahrung unserer tieferen Natur öffnet – zu einer Energie des Selbstmitgefühls, die es ermöglicht, dass wir mit der »Sei die Veränderung«-Aufforderung bei uns selbst anfangen, im menschlichen Herzen, dort, wo Gerechtigkeit beginnt und endet.

▶ WIR MÜSSEN MITGEFÜHL UND NEUGIER IN UNSERE EMPÖRUNG UND SORGE EINBRINGEN.

Das statische Gefühlsparadigma hat uns gelehrt, dass sich Gefühle gegenseitig ausschließen, das heißt: Wenn ich Mitgefühl empfinde, empfinde ich keine Wut; wenn mich das Auslöschen menschlichen Lebens bestürzt, bleibt in mir kein Raum mehr für Freude oder Dankbarkeit. Glücklicherweise ist das falsch. Unsere synaptischen Netzwerke haben jede Menge »Betriebskapazität«, sodass unsere sogenannten positiven und negativen Gefühle nebeneinander existieren können. In Wirklichkeit können wir sehr wohl Mitgefühl mit Wut verbinden. Wir können auch Neugier einsetzen, um unsere Angst zu klären, und wir können Empathie in jeden beliebigen Grad emotionalen Reagierens hineinmischen. Dies in Echtzeit zu praktizieren, mag komplex und schwierig klingen, aber ich arbeite schon lange genug mit einer solchen Art emotionaler Alchimie, um zu wissen: Es braucht nur Übung und Anleitung. Deswegen (du erinnerst dich?) ist dieses Buch dazu da, dir zu helfen.

▶ **WIR MÜSSEN PENDELN.**

Ein Pendel schwingt von einer Seite des Kreises zur anderen und hat am Ende die gesamte Kreisfläche durchquert. Das kann uns als Vorbild für unser Leben dienen. Eine Form, solches Pendeln zu praktizieren, besteht darin, psycho-emotionale Brücken zwischen stärkeren Teilen unserer selbst und den tiefer verwundeten, heftiger reagierenden Teilen zu bauen (zum Beispiel Mitgefühl in unsere Wut einzubringen, wie oben beschrieben). Das ist Pendeln im unmittelbaren Sinne, so können wir es sofort praktizieren. Das Konzept des Pendelns kann aber auch in einem weiteren Sinne auf unser Leben und unser Umfeld angewandt werden. Zu manchen Zeiten müssen wir den ganzen Weg bis zur schwierigeren Seite des Spektrums zurücklegen (zum Beispiel bei innerer Trauma-Arbeit und Heilung, bei der Arbeit von Aktivist*innen im Außen, bei schwierigen Gesprächen mit anderen, wenn wir uns »die harten« Fragen stellen oder wenn wir unser Verhalten ändern, um unser Leben mit unseren Werten in Einklang zu bringen); zu anderen Zeiten wiederum müssen wir all das so weit wie möglich loslassen und auf die andere Seite schwingen (zum Beispiel wenn wir einfache Freuden genießen, wie die warme Sonne oder einen guten Song; wenn wir echte Selbstliebe und tiefe Selbstfürsorge üben, uns von

Perfektionismus und Sorgen befreien und uns an unserem chaotischen, problematischen Leben freuen, so wie es ist). Wie die Erde um die Sonne kreist, müssen auch wir die Jahreszeiten in unserem Leben zulassen und würdigen. Es gibt eine Zeit des Aufblühens, eine Zeit der Winterruhe und eine Zeit der Veränderungen und der Ungewissheit.

IN MEINEM LETZTEN BUCH, *Monkey Mind: Was dein Verstand dir sagen will*, habe ich den Begriff der *radikalen Nicht-Pathologie* eingeführt. Radikale Nicht-Pathologie ist die Antithese zu dem medizinischen Modell, das von der konventionellen Psychologie und sogar von einigen Anhängern der östlichen Spiritualität aufgegriffen wurde. Das medizinische Modell wurzelt in der Vorstellung, dass eine Krankheit zugrunde liegt, wenn jemand ein Symptom hat: *Etwas stimmt nicht mit der Person und sollte in Ordnung gebracht werden.* Ein nicht-pathologisches Modell wurzelt hingegen in der Vorstellung, dass mit *niemandem von uns* etwas *nicht* stimmt.

Gemäß der Nicht-Pathologie sind Symptome, selbst leidvolle, ein Beweis für unser angeborenes Streben nach Gesundheit und Wohlbefinden. Fieber zum Beispiel bedeutet nichts weiter, als dass dein Körper Viren oder Bakterien aus dir »herauskocht«. Das Symptom des Fiebers ist kein Anzeichen dafür, dass dein Körper ein grundsätzliches Problem hat. Vielmehr ist es ein Beweis für seine innewohnende Intelligenz, sein Reaktionsvermögen, seine Resilienz und sein zuverlässiges Streben nach Gesundheit; darum radikale Nicht-Pathologie: die verwegene Vorstellung, dass unser Heilsein als Mensch Vorrang vor allem anderen hat. Das Grundlegende ist unsere Ausstrahlung, unser »Glanz« (tib. *Ziji*), und Schwierigkeiten in unserem Leben sind viel bedeutungsvoller, als wir meinen. Schwierigkeiten im Leben sind Alarmglocken, die uns wecken und unsere Motivation anstacheln, einen stimmigeren Weg zu finden. Sie sind deshalb kostbar.

Dieses Buch legt den Fokus weiterhin auf radikale Nicht-Pathologie und bettet sie in ein *Empowerment-Modell* ein: in die wahre Einsicht, dass die Weisheit, Klarheit und Freiheit unseres tieferen Wesens nicht darauf warten müssen, dass irgendjemand oder irgendetwas anderes daherkommt. Wir können anfangen zuzulassen, dass unsere weisere Wesensart jetzt, inmitten des Durcheinanders, zutage tritt. Wir können anfangen, die Verantwortung für unser Leben und unser Handeln zu übernehmen, ungeachtet dessen, was auf uns zukommt. Das müssen wir. Wir können es uns nicht leisten, fortwährend in einem Modus des Reagierens zu leben. Das Modell »Ich tue das, was ich tue, weil du das getan hast, was du getan hast«* ist so kindisch, kindischer geht's nicht. Das ist das Burn-out-Modell, das statische Modell, das »Leg-dir-ein-dickes-Fell-über-dem-Herzen-zu«-Modell. Das können wir besser.

Unsere innewohnende Kraft ist die größte Ressource, die wir haben. Dies war FREDERICK DOUGLASS bekannt, als er schrieb: »Ich betete zwanzig Jahre lang, erhielt aber keine Antwort, bis ich mit den Füßen betete.« Auch JAMES BALDWIN wusste dies, als er schrieb: »Freiheit kann niemandem gegeben werden; Freiheit ist etwas, das Menschen sich nehmen, und Menschen sind so frei, wie sie es sein wollen.« VIKTOR FRANKL wusste es, als er schrieb, dass »man dem Menschen … alles nehmen kann, nur nicht die letzte menschliche Freiheit, sich zu den gegebenen Verhältnissen so oder so einzustellen«.

Ein solches echtes Empowerment, eine solche Ermächtigung, wird offenbar nur auf eine Art erreicht, die der Intuition zuwiderläuft – indem wir kommunizieren, wenn wir lieber still wären; indem wir bewusster werden, wenn wir lieber als Schlafwandler durch die Welt gehen würden; indem wir die Verletzlichkeit der Verbundenheit wählen, wenn es einfacher wäre, abgeschottet zu bleiben; indem wir tiefer nach neuen, weiterentwickelten Wegen suchen; indem wir Anteil nehmen.

Nun, da haben wir einen Begriff: Anteil nehmen. In einer Zeit, in der die vorherrschende Maxime – »Give no fucks« oder auch

* »I do what I do because you did what you did« – Die Punk-Band ANGEL HAIR lässt grüßen.

»Das geht mir am Arsch vorbei« lautet – so aufreizend bildliche Ausdrücke, dass sie Buchtitel inspiriert haben –, gestatte man mir bitte, genau die gegenteilige Auffassung zu vertreten: dass die Dinge uns weniger denn je am Arsch vorbeigehen können und sollten. Die Energie des Anteilnehmens ist gleichbedeutend mit Empowerment. Die Welt mag uns frustrieren, verletzen und unterdrücken und uns zu der Annahme verleiten, die Lösung bestünde darin, uns einen Dreck darum zu scheren – *to give no fucks* –, aber mach dir einmal bewusst, wie reaktionär diese Haltung ist. Es ist dieses überholte Modell des »Ich tue das, was ich tue, weil du das getan hast, was du getan hast«, das dem Empowerment entgegensteht und uns entmachtet. Anteil nehmen angesichts dessen, was auch immer getan wurde oder geschehen ist, was auch immer für ein Durcheinander angerichtet wurde – das ist eine echte Entscheidung, eine Entscheidung, die keiner automatischen Reaktion entspringt, eine unerhörte Entscheidung, eine selbstbestimmte Entscheidung, eine Entscheidung, die Empowerment bedeutet.

»Die Energie der Anteilnahme« ist kein Gefasel; sie ist nichts Fadenscheiniges, nichts Schwaches. Sie ist – der Intuition zuwiderlaufend – ein Ausdruck von Stärke. Sich um etwas zu scheren bedeutet auch, sich zu empören. Es erfordert Mut. Es erfordert, dass wir aus dem Nest unserer Komfortzone herausspringen. Wir wollen das Gefühl haben, dass jemand Anteil nimmt – dass wir wichtig sind, respektiert werden, Gehör finden, dass man uns versteht, auf uns Rücksicht nimmt und dass unsere Bemühungen zählen –, und das bildet letzten Endes den Kern all dessen, was wir wollen und wonach wir streben. Egal ob es unser Beziehungspartner, eine Arbeitskollegin, eine Abgeordnete oder unser Präsident ist: Das wollen wir alle. Die Energie des Anteilnehmens bildet den Kern der Gerechtigkeit selbst. Und sie bildet den Kern der auf emotionaler Intelligenz basierenden und transformatorischen Prozesse, die im Folgenden angewandt werden.

Obwohl wir in diesem Buch eine Reihe von Praktiken erkunden werden, steht doch das im Zentrum, was gemeinhin als *Teile-Arbeit* oder Arbeit mit den inneren Anteilen bezeichnet wird. Wie du bald sehen wirst, verlangt eine solche Arbeit von uns, dass es uns ganz und gar nicht schnuppe sein sollte, wenn wir wütend sind, wenn wir abgestumpft sind, wenn wir zu viel nachdenken, wenn wir Groll gegen jemanden hegen, wenn wir uns selbst bestrafen – was auch immer es ist. Solche emotionalen Erfahrungen werden bei dieser Arbeit als wichtig und bedeutungsvoll angesehen, als Gelegenheiten für Wachstum, die wir nirgendwo sonst finden, und – vielleicht am wichtigsten – als Brücken, die helfen können, auf heilsame Weise mit der Welt um uns herum in Verbindung zu treten. Doch zuerst müssen wir die Entscheidung treffen zuzulassen, dass unsere psychoemotionalen Erfahrungen zu einem Anlass für Neugier und Selbsterkundung werden und nicht nur eine weitere Gelegenheit sind, Pillen zu nehmen oder auszurasten.

Dieses Buch gehört zu den ersten, die den Ansatz der Teile-Arbeit nutzen, um emotionale Resilienz zu entwickeln; es verwendet dabei Beispiele aus den derzeit drängendsten individuellen und gesellschaftspolitischen Anliegen. Ich hoffe, dass du anschließend in allen möglichen Situationen auf die Einsichten und Praktiken von *Don't Tell Me to Relax* zurückgreifst: beim inneren Aufruhr der Selbstkritik oder angesichts der Angst, etwas in den sozialen Medien zu verpassen; bei der emotionalen Herausforderung, dass du ständig Brutalität in den Nachrichten ausgesetzt bist, oder bei der Schwierigkeit, mit den Menschen in deinem Leben ehrliche oder gar konfrontative Gespräche zu führen. Mit ein bisschen Beharrlichkeit können die Perspektiven und Praktiken, mit denen wir uns ausführlich beschäftigen wollen, zu Hilfsmitteln werden, die dir in emotional schwierigen Situationen zur Verfügung stehen. Mehr noch: Ich hoffe, dass die folgenden Erkenntnisse dir helfen, deine psychoemotionale Welt zu entwirren, sodass du weiterhin, aber nun effektiver, für Umweltgerechtigkeit, eine bessere Gesundheitsversorgung und allgemeine Menschenrechte kämpfen kannst.

»Das Private ist politisch«, wurde einmal gesagt. Ich glaube, das erfasst es nicht auch nur ansatzweise. *Das Private ist politisch, ist spirituell, ist emotional, ist neuropsychologisch, ist familiär, ist ökonomisch, ist zwischenmenschlich, ist sexuell, ist gesellschaft-*

lich, ist beruflich. Alle Fäden unseres Lebens bilden ein Gewebe. Auch wenn wir – oder das Gewebe unseres Lebens – inzwischen vielleicht ausgefranst sind: Ein Reintegrieren, Wiedereinweben, ist nicht nur möglich, sondern ist ein Ziel, das wir anstreben müssen, als hinge das Überleben unserer Spezies davon ab.

Denn es hängt davon ab.

HINWEIS ZU DEN ÜBUNGEN IN DIESEM BUCH

WIE EIN FAHRRAD FÄHRT DIESES BUCH auf zwei Rädern: Es hat Kapitel, die Theorie, Philosophie und Wissenschaft enthalten, und es hat Teile mit kontemplativen Übungen, die auf den vorhergehenden theoretischen Kapiteln basieren. Das steht im Einklang mit Meditationstraditionen, in denen wirkungsvolle Vorstellungen immer in wirkungsvolle innere Prozesse integriert und mit diesen verflochten sind (und umgekehrt). Beides zusammen soll ein Fahrzeug bilden, das dich über bloßes Grübeln oder intellektuelles Verstehen hinaus zu direkten Erfahrungen bringt, die sinnvolle, anhaltende Veränderungen zur Folge haben. Dementsprechend wirst du merken, dass dieses Buch zwischen beidem wechselt und auf diese Weise zu einer weniger linearen Lektüre wird. Man könnte das Buch also so benutzen, dass man erst einen Teil mit Kapiteln liest und sich dann die Zeit nimmt, die anschließenden Übungen zu erkunden, bevor man zu den nächsten Kapiteln und Übungen übergeht. Dennoch möchten manche die Übungen vielleicht lieber überspringen und in den theoretischen Kapiteln weiterlesen. Oder du liest ein Kapitel und entdeckst etwas darin, dass du vertiefen möchtest, springst nach vorn zur entsprechenden Übung und anschließend wieder zurück zu den theoretischen Kapiteln. Dann gibt es auch noch diejenigen, die dieses Buch nicht fortlaufend lesen, sondern es bei dem Kapitel oder der Übung aufschlagen, die für sie im Moment am wichtigsten ist. Ich finde jeden dieser Ansätze in Ordnung und hoffe, du kannst dich dabei auf deine eigene innere Führung verlassen. Es ist ein bisschen wie ein »Wähle dein eigenes Abenteuer«-Spielbuch. Allerdings hoffentlich eines mit viel weniger Drachen und Sackgassen.

An dieser Stelle ist auch eine generelle Triggerwarnung angebracht. Die Übungen in diesem Buch sollen dir einen Weg und eine Methodik an die Hand geben, die dir helfen, unmittelbar mit den psychischen und emotionalen Inhalten deines Geistes in Verbindung zu treten. Diese Inhalte können mit Schmerz, Scham, Angst, Verzweiflung oder beunruhigenden Erinnerungen einhergehen. Bei einigen Übungen wirst du überdies gebeten, dich an ein Ereignis aus deiner Kindheit oder auch an etwas, das dich geärgert oder in Angst versetzt hat, zu erinnern, damit du dir selbst Mitgefühl entgegenbringen und heilende energetische Prozesse aktivieren kannst. Nur du kannst beurteilen, ob es für dich sinnvoll ist, dich mit solchen emotionalen Inhalten auseinanderzusetzen oder nicht. Wenn du ein Mensch mit einer komplexen Vergangenheit oder besonders sensibel bist, ist es möglicherweise ratsam, solche Übungen anfangs vorsichtig anzugehen oder sie zu überspringen, bis du das Gefühl hast, bereit dafür zu sein.

Zu guter Letzt noch der Hinweis, dass dieses Buch nur der Information dient und aufklären will. Es werden zwar Empfehlungen zur psychischen Gesundheit und Ratschläge gegeben, aber es ersetzt keine Therapie. Wenn es in deiner Vorgeschichte ein Trauma, emotionale Instabilität oder eine Diagnose gibt, die deine psychische Gesundheit betrifft, wende die in diesem Buch beschriebenen Übungen bitte nur dann an, wenn du regelmäßig von einer ausgebildeten Fachkraft für psychische Gesundheit betreut wirst, mit der du fortlaufend zusammenarbeitest. Bitte hol dir umgehend professionelle Hilfe, wenn dir der Gedanke kommt, dich selbst oder andere zu töten (oder zu schädigen), wenn du Drogen oder andere Suchtmittel nimmst oder wenn für dich oder jemand anderen die Gefahr besteht, in irgendeiner Weise Schaden zu nehmen.

NOCHMALS: WIR BRAUCHEN DICH. Es kommt auf dich an. Sehr. Lass uns also in die Tiefe gehen, lass uns wirklich zur Sache kommen, aber bitte respektiere deine Grenzen.

TEIL 1

EINE ZEIT,

UM AUFGEBRACHT ZU SEIN

1. DIE VERGANGENHEIT IST GEGENWÄRTIG

Wenn das Trauma des Jetzt mit dem Trauma von gestern verflochten ist

*»Die Kunst der Resilienz zu beherrschen
macht dich nicht nur wieder zu dem,
der du früher einmal zu sein glaubtest –
sie bewirkt viel mehr.
Aus dieser Erfahrung gehst du verwandelt hervor,
als ein wahrhaftigerer Ausdruck des Menschen,
der du gemäß deiner Bestimmung
eigentlich sein sollst.«*

Carol Osborn

ICH BEFASSE MICH BEI DEM, WAS ICH LEHRE, mit zwei Dingen: mit dem Leiden, das aus emotionaler Verwirrung entsteht, und der Freiheit, die aus emotionaler Intelligenz erwächst. Meine Aufgabe auf diesem Planeten besteht darin, anderen dabei zu helfen, die Natur unseres Gefühlslebens zu erkennen – was unsere Gefühle sind, warum sie da sind, wie verschiedene Gefühle dynamisch miteinander interagieren, und – am wichtigsten –, dass alles davon abhängt, wie wir mit ihnen interagieren. Wir haben eine Beziehung zu jedem unserer zahlreichen emotionalen Anteile, und diese Beziehungen können entweder eine lebensverändernde Harmonie mit sich bringen oder den Nebel der Verwirrung noch vertiefen.

Ich bin wirklich ein idealer Kandidat für diesen Job. Ich habe einen Großteil meines Lebens damit zugebracht, auf die eine oder andere Weise verärgert zu sein. Frag, wen du willst – wer auch immer mich schon eine Weile kennt, wird sich ein bisschen winden in dem Versuch, eine höfliche Antwort zu finden. Es gab einmal eine Zeit, in der ich nichts anderes tat, als meine Verwirrung auszuagieren und meinen Schmerz und meine Wut dadurch zu vervielfachen, dass ich sie an mir selbst und anderen ausließ. Ich wusste weder, wie ich meine Gefühle wahrnehmen und unterscheiden noch wie ich sie stoppen und mit ihnen umgehen sollte; und ebenso wenig wusste ich, dass ich noch eine andere Wahl hatte, als sie entweder zu unterdrücken oder mich von ihnen beherrschen zu lassen. Dass ich mich wie besessen mit der Frage beschäftigte, wie unsere Gefühle funktionieren und welche Rolle sie im Leben spielen, ergab sich zwangsläufig daraus, dass ich mich gegen den psychischen Tod zur Wehr setzen wollte. Meine Arbeit wurde aus der Not geboren – wahrhaftig als Mittel, um zu überleben.

IN DER HIGHSCHOOL habe ich ein DIY-Punk-Zine namens *No Fun* geschrieben, das leider nicht nach dem IGGY-POP-Song benannt wurde (das wäre viel cooler gewesen). Vielmehr war »No Fun« – ich sei eine »Spaßbremse« – das, was meine Freunde ständig über mich sagten. Sie mahnten mich endlos, dass ich mich zu sehr über Rassismus, Sexismus, Homophobie und die unzähligen anderen Formen von Borniertheit in der Welt aufregte. Ich war zu verbissen darauf aus, meinen Platz in einer ungerechten Gesellschaft zu finden und machte zu viel Lärm darum.

Identitätsfragen waren für mich immer komplex. Zunächst habe ich bi-ethnische Wurzeln. Ich bin in einem mexikanischen Elternhaus aufgewachsen, mit meiner originär mexikanischen Mutter und meinen mexikanischen Schwestern (die eigentlich Halbschwestern sind, aber das hat sich nie so angefühlt). Dennoch schien bei mir wegen meiner hellen Haut eher das niederländische Blut meiner Verwandtschaft aus Oklahoma durch. Noch unbestimmter wird es, wenn ich versuche, Geschlecht und Sexualität festzumachen. Ich wurde bei meiner Geburt als männlich eingestuft und habe mich in diesem männlichen Körper immer wohlgefühlt. Genderidentität ist allerdings eine andere Geschichte. Angesichts der binären Kategorisierung »Mädchen tun dies, Jungen tun das« war meine Antwort schon immer: »Hä?« Ich identifiziere mich als »Gender-Aussteiger«, weil ich mich bei keiner anderen Bezeichnung angesprochen fühle. »Genderqueer«, »nichtbinär«, »geschlechtsneutral« … – ich habe es mit diesen Zuschreibungen versucht, und sie haben zwar irgendwie halbwegs funktioniert, aber meine wahre Position in dieser Sache ist einfach: »Ich kapier es nicht und sehe auch nicht ein, warum ich es kapieren müsste.« Was den *Genderausdruck* anbelangt, bin ich jedoch seit meiner Geburt »weiblich« bis zum Gehtnichtmehr und habe teuer dafür bezahlt. Nicht zuletzt deswegen, weil ich mehrere verwirrte Jahre lang mit Männern ausgegangen bin. Wegen meiner Aufmachung wurde ich, als ich aufwuchs, fälschlicherweise für schwul gehalten und so oft als Schwuchtel (usw.) bezeichnet, dass die Grenzen dessen, was für mich stimmte, verschwammen. Und doch endete die Überraschung für mich mit der Entdeckung, dass meine sexuellen und romantischen Neigungen denen gehören, die sich ausschließlich als Frauen identifizieren. Das heißt, ich gehe mit heterosexuellen, weißen, männlichen Privilegien durch die Welt … und doch entspricht meine Erfahrung nicht dem, was diese Etiketten suggerieren.

Damals in der Highschool war ich gerade erst dabei herauszufinden, dass all das wirklich wichtig ist, aber ich wusste nicht, wie ich meine Erfahrungen verarbeiten, was ich mit ihnen anfangen sollte. Ich wurde in der Schule und auch außerhalb davon schikaniert und geschlagen – als Strafe für meine Unfähigkeit (und manchmal auch für meine unumwundene Weigerung), eine den Normen entsprechende Männlichkeit auszuüben. »Warum bist du so komisch?«, bekam ich ständig zu hören. Mit sechzehn ging ich fast ein ganzes Jahr lang gar nicht mehr vor die Tür, aus Angst, wieder angegriffen zu werden. Da waren der Schmerz und der Schrecken der Gewalt – das war der offensichtliche Teil –, aber auch der verborgene Schmerz darüber, dass ich nicht verstand, warum ich zur Zielscheibe geworden war, nur weil ich nicht wie andere Jungen war. Heute bin ich jedoch dankbar, dass ich all das durchgemacht habe. Vor allem, weil ich weiß, was als Nächstes geschah.

Der radikale Feminismus war mein erstes spirituelles Erwachen. Die Narrative und Theorien, die ich in der Riot-Grrrl-Literatur und im politisch aufgeladenen Anti-Establishment-Punkrock fand, waren für mich weit mehr als nur ästhetisch. Sie nannten meine Erfahrung der Welt beim Namen und legten sie offen – mit einer Präzision, die ich zuvor noch nie erlebt hatte. In meiner erwachenden Bewusstheit konnte ich endlich sehen und beschreiben, dass Mobbing letztendlich auf Macht hinausläuft und dass es bei dieser Macht in Wirklichkeit um Sicherheit versus Verletzlichkeit ging. Ich wurde überfallen, weil ich als nicht besonders männlicher Junge verletzlich aussah und dadurch in Jungen den Drang hervorrief, über mich herzufallen, um selbst unangreifbar zu wirken (damit sie nicht, wie ich, zur Zielscheibe wurden). Diese Einsicht dämmerte mir, als ich zum ersten Mal über den Status von Frauen in unserer Gesellschaft nachdachte und darüber, wie sie behandelt werden. Dadurch, dass ich Parallelen zu meinen eigenen Erfahrungen erkennen konnte, fühlte ich mich endlich gesehen. Währenddessen machte es mich – berechtigterweise – wütend, zu sehen, dass Mädchen, Frauen und LGBTQAI+*-Menschen benachteiligt waren.

Mir wurden die Augen geöffnet und ich erkannte, dass meine Erfahrung ein Mikrokosmos von Dynamiken war, die sich auf der ganzen Welt in zahllosen und viel schlimmeren Formen abspielten.

* Aus dem Englischen übernommene Abkürzung für lesbisch, schwul (*gay*), bisexuell, transgender, intergeschlechtlich und asexuell; das »+«-Zeichen steht für weitere Geschlechtsidentitäten (Anm. d. Lekt.).

Da war ich nun, so traumatisiert, dass es in äußerste Isolation ausartete, und doch gehörte ich immer noch zu denen, die im Vergleich noch Glück gehabt hatten. Anfangs, als mir der alltägliche Missbrauch in unserer Welt erstmals klar wurde, »explodierte« mein Gehirn. Dieses gesellschaftspolitische Erwachen bot mir ein Druckventil für einen Kessel, in dem es schon viel zu lange kochte. Und so pfiff mein Kessel seine Botschaft hinaus – eine Botschaft, die so stark mit angestauter emotionaler Energie geladen war, dass niemand sie hören konnte. Und so wurde mir gesagt, ich würde überreagieren und die Dinge dramatisieren – ich solle mich entspannen.

Ich verstand eben keinen Spaß.

Meine Freunde waren Dummköpfe. Andererseits stimmte es auch, dass ich herumlief und die Leute anranzte. Zum Beispiel brach ich bei Punk-Konzerten in Tränen aus und schrie andere im Publikum an, wenn ich das Gefühl hatte, dass die Botschaft einer Band sexistisch war. Die Artikel in meinem E-Zine und die Texte, die ich für meine eigenen Punkbands schrieb, waren ziemlich unzusammenhängend. Manche mochten sie zwar, aber nur diejenigen, die ohnehin schon ähnlich empfanden wie ich. Es half, mit solchen Gleichgesinnten in Kontakt zu sein, aber die Wut wurde selten zu echtem Handeln, zu organisierter Umsetzung, geschweige denn, dass wir auch Menschen außerhalb unseres kleinen Kreises erreicht hätten. Wie schon gesagt: Bei Kommunikation geht es darum, gehört zu werden. Ich habe nicht kommuniziert. Ich habe meinem Zorn Luft gemacht. Beides hat seinen Wert, aber wenn du eine wichtige Botschaft hast, die nach deinem Empfinden die Welt verändern könnte, dann ist das eine Botschaft, die kommuniziert werden muss. Das soll nicht heißen, dass Aktivisten und Menschen, die etwas bewegen wollen, ihre Botschaften verwässern sollen, um sie den Massen schmackhaft zu machen. Das wäre ein Thema für ein anderes Buch. Ich möchte uns vielmehr zu einem ganz anderen Thema hinführen. Eines, das von seiner Natur her nahezu universell ist. Ein Thema, das wichtig ist im Zusammenhang damit, wie wir im Kampf Resilienz bewahren – für psychische Klarheit auf dem Feld des psychischen Todes.

ETWAS WICHTIGES, DAS ICH DAMALS noch nicht erkennen konnte, ist mir jetzt klar: Meiner auf gesellschaftspolitische Gegebenheiten ausgerichteten Angst ging das Mobbing voraus, dem ich in der Schule ausgesetzt war. Die Art und Weise, wie sich meine Empörung über Rassismus und Fremdenfeindlichkeit zeigte, war sehr stark von früheren Erfahrungen geprägt. Meine Trauma-Geschichte hatte mit Menschen begonnen, die mir viel näherstanden. Bevor ich Wut auf »das System« entwickelte, hatte ich ein anderes, viel persönlicheres System erlebt: meine Familie. Es sollte noch viele Jahre dauern, bis ich verstand, dass zum Beispiel meine Wut auf den Präsidenten auf verworrene Weise mit der Wut auf einen anderen »Präsidenten« verwoben war: auf meinen Vater. Beide Arten der Wut waren berechtigt; die Tatsache, dass sie miteinander verflochten waren, negiert oder verwässert weder die eine noch die andere. Aber meine emotionale Situation war unklar und konfus, was weder ein Rezept für ein empathisches Selbstverständnis noch für effektives Handeln in einer Gemeinschaft ist.

UNSERE EIGENEN GESCHICHTEN NEU SCHREIBEN

»WAS VERGANGEN IST, IST VERGANGEN«, wurde uns beigebracht, aber aus wissenschaftlicher Perspektive stimmt das gar nicht. Die Vergangenheit ist genau hier in unserem Körper. Wissenschaftliche Untersuchungen haben gezeigt, dass unsere angesammelten Erfahrungen in unser Nervensystem, unsere Zellen, unsere Faszien gelangen. Das gilt insbesondere für unsere unbehandelten Verletzungen, unsere nicht verarbeiteten Traumata, die prägenden Szenen unseres Lebens (vor allem aus der Kindheit), die unserer Psyche mehr übermittelt haben, als Worte es je vermochten.

Unsere Gefühle sind von der Vergangenheit durchdrungen, unsere Einstellungen vom Gestern geprägt. Unser Verhalten ist meistens ein Amalgam aus Dingen, die uns von Erwachsenen vorgelebt wurden, als wir klein waren. Und so vieles davon ist im unterbewussten Bereich unseres Geistes und unseren »Gedächtnissystemen« gespeichert, die unsere Überzeugungen beeinflussen: welchen Wert wir unserem Leben beimessen, wie wir mit Problemen umgehen, wie Beziehungen ablaufen und Gesellschaften funktionieren. Aber unser Gehirn selbst weiß das nicht, ebenso wenig, wie unsere Augen sich so drehen können, dass sie sich selbst sehen. Die Vergangenheit ist nicht vorbei. Die Vergangenheit ist, wer und was wir jetzt sind.

Das ist eine vielversprechende Wahrheit. Denn wenn die Vergangenheit nicht vorbei ist, ist sie auch nicht in Stein gemeißelt. Wir können verändern, wie die Vergangenheit in unserem Körper fortbesteht. Wir können unsere emotionalen Muster verändern – neu verdrahten – und in tiefgreifenderen therapeutischen Prozessen sogar Erinnerungen neu schreiben. Wir können Teile von uns zurückholen, die verbannt und verleugnet worden sind. Wir können das, was in uns zersplittert und unharmonisch ist, wieder kitten und heilen. In diesem Buch werde ich argumentieren, dass eine solche Arbeit zu den größten, wichtigsten Geschenken gehört, die wir uns selbst, unserer Familie, unserer Gemeinschaft und der Welt machen können.

Eine Geschichte

! ***Triggerwarnung:*** *Kindesvernachlässigung, Fahren unter Alkoholeinfluss und Gewalt*

SOMMER IN OKLAHOMA. Ein Moment in Raum und Zeit, als mein kindlicher Geist ganz in einfachen Freuden aufgehen konnte. An jenem Abend stieg um mich herum die Luft mit ihrem Duft frisch vom Fluss auf. Die Sonne war gerade ganz untergegangen. Glühwürmchenschwärme stellten ihre überirdische Magie ohne jegliche

Scheu voll zur Schau. Das Geräusch des vorbeirauschenden Wassers begleitete die trägen Wellen, die meine kleinen, acht Jahre alten Füße – nackt im rotbraunen Ufersand des Red River – umspülten.

Ich wünschte, die Geschichte würde hier enden. Momente wie diese waren stets angstgeschwängert. Denn wenn ich in Oklahoma war, dann nur, weil ich meinen Vater besuchte. Was wiederum bedeutete, dass die Situation jederzeit ins Üble umschlagen konnte – und es wahrscheinlich auch tat. Mein Vater war der erste von zahlreichen Menschen in meinem Leben, die mich schikaniert haben, und der erste von vielen, der in mir Todesangst hervorrief.

Mein Vater war ein offen gewalttätiger, schamlos rassistischer Täter, der fünf Kinder und sieben (sieben!) Ehen verlassen hatte – und obendrein bei all dem ein evangelikaler Christ mit fanatischem missionarischen Eifer. Das Haus meiner Kindheit zitterte nach seinen überfallartig über uns hereinbrechenden Trinkphasen und seinen Versuchen, uns obdachlos und mittellos zurückzulassen, indem er plötzlich verschwand. Am Ende tauchte er dann wieder auf, jetzt drei Staaten entfernt lebend. Er lud mich zu einem Besuch ein, damit die Beziehung wieder »aufflammen« konnte. Und genau das bekam ich – Flammen. In dieser Nacht am Red River verbrannte ich mir die Hand an einem Lagerfeuer. War es eine Verbrennung ersten Grades? Zweiten Grades? Ich weiß es nicht, denn ich wurde nicht zum Arzt gebracht. In Panik lief ich zu meinem Vater, um ihm meine Hand zu zeigen, auf der sich deutlich Blasen bildeten, und wurde mit der Antwort abgespeist: »Was soll ich tun? Etwa pusten, damit es besser wird?« Seine Saufkumpanen lachten alle und wandten sich wieder dem Kartenspiel zu. Sein »Pusten-damit-es-besser-wird«-Kommentar lief auf die Aufforderung hinaus, ich solle mich in einer Angelegenheit entspannen, die ziemlich dringend war. Und als ich das nicht konnte, gab er mir zu verstehen – diesmal auf eine viel furchteinflößendere Art und Weise – ich würde wieder überreagieren.

Trotz der Erniedrigung versuchte ich beharrlich, ihn dazu zu bringen, mir zu helfen. Das *Mindeste*, was ich brauchte, war Eis und es war keins da. Mein Vater knickte ein. Wütend. Allerdings war mir nicht klar, was das bedeutete: dass er sternhagelvoll mit mir nach

Hause fahren würde. Während er einen schmalen Waldweg entlangraste, voller Zorn auf mich, weil ich seinen Abend gestört hatte, schrammte sein Pickup einen Baum. Und dann einen weiteren Baum. Und dann noch einen. Geschlagene fünfzehn Minuten saß ich erstarrt im Auto, klammerte mich am Sitz fest, und alle Szenen, die ich je in Filmen, im Fernsehen und auf Lehrvideos in der Schule gesehen hatte, schossen mir durch den Kopf. Wir streiften einen weiteren Baum und der Rückspiegel direkt neben mir wurde sauber abgetrennt. Ich war sicher, dass wir sterben würden, und konnte in meiner Hilflosigkeit nicht das Geringste dagegen tun.

Nie werde ich vergessen, wie mein Vater am nächsten Morgen eine Dose Old-Milwaukee-Bier aufmachte, aus dem Fenster schaute und fragte: »Was zur Hölle ist mit meinem Truck passiert?« Was zur Hölle mit seinem Sohn passiert war – wen juckte das schon?

WENN ICH NACH ALL DEN JAHREN die Reaktion meines Vaters auf meine verbrannte Hand noch einmal Revue passieren lasse, erinnert mich das an die T-Shirts, die ein lächelndes Paar 2016 im Partnerlook trug. Auf den T-Shirts stand *»Fuck Your Feelings«* – »Scheiß auf deine Gefühle«. Die politische Botschaft dahinter war eine entschiedene Aussage über die in den 1990er-Jahren geborene mimosenhafte »Generation Snowflake«, eine Gegenreaktion also auf die Generation, deren Hände im Lagerfeuer sind und die herauszufinden versucht, was zu tun ist. Das Paradoxe daran ist, dass es keinen Moment gibt, in dem Menschen nichts fühlen – das gilt auch für die beiden mit den T-Shirts. »Fuck Your Feelings« ist eine Aussage voller Gefühle. Denn schließlich ist Verbitterung ein Gefühl. Kälte ist ein Gefühl. Dumpfheit ist ein Gefühl. Emotionale Abschottung ist ein Gefühl. Mit Gefühlen nichts zu tun haben wollen ist ein Gefühl. Das T-Shirt war kein Ableugnen der Bedeutung von Gefühlen, sondern es besagte: »Du solltest nur die Gefühle haben, die wir haben.« Auf dem T-Shirt ging es ausschließlich um Gefühle.

Das war die Einstellung meines Vaters mir gegenüber, als ich acht Jahre alt war, und so blieb es bis zu seinem Tod. Fuck Your Feelings. Gefühle spielen keine Rolle. Außer es sind meine eigenen.

Noch eine Geschichte

SPRUNG NACH VORN, ETWA ZEHN JAHRE: Welch eine Überraschung – ich bin ein drogensüchtiger Trinker, der in einer gestörten Beziehung nach der anderen sein Trauma immer wieder neu inszeniert. Allerdings möchte ich klarstellen, dass dies in keiner dieser Beziehungen in körperliche Gewalt ausgeartet ist, wie es normalerweise der Fall ist und für so viele eine echte Bedrohung darstellt.* Die Geschichte, die ich als Nächstes erzählen möchte, handelt von einer Nacht, die mir sehr viel darüber gezeigt hat, wie stark Empathie die menschliche Psyche zu beeinflussen und sogar zu verändern vermag. Es ist eine Geschichte darüber, wie ein anderer Mensch von außen ebenso zu mir in Beziehung trat, wie wir innerlich zu uns selbst in Beziehung treten können.

Es war mitten in einem sinnlosen Streit mit einer Partnerin. Ich kann dir nicht einmal mehr sagen, worüber wir uns überhaupt gestritten haben. Ich erinnere mich nur, dass ich mitten in unserem Austausch von Wutausbrüchen hörte, dass sie mir eine eindringliche Frage stellte: »Was haben sie mit dir *gemacht*?«

Das ließ mich, bildlich gesprochen, eine Vollbremsung hinlegen und sofort aufhören. Ohne dass es mir bewusst gewesen war, hatte ich mein ganzes Leben lang darauf gewartet, dass mir jemand diese Frage stellte und neugierig genug war, um erfahren zu wollen, wie es überhaupt dazu gekommen war, dass mein Leben ständig einen Beigeschmack der Verzweiflung hatte.

Mein ganzer Körper sackte in sich zusammen. Ich begann zu weinen. Erinnerungen an Gewalt blitzten vor meinem inneren Auge auf. Das markerschütternde Schreien meines Vaters. Die Nacht, als mir eine Waffe an den Kopf gehalten wurde. Eine andere Nacht, als mir ein Messer in die Rippen gedrückt wurde. Die Nacht, als sie meinen besten Freund mit einem Rohr schlugen. Die Nacht, als mir

* Du solltest auch wissen, dass Angst vor Nähe und Bindungsstörungen eine enorme Motivation bei meiner noch andauernden traumafokussierten inneren Arbeit und in meinem Prozess sind. Dazu gehört auch, dass ich Situationen wie die, die ich gleich beschreibe, wiedergutmachen möchte.

ein anderer »Freund« ins Gesicht schrie: »Gib schon zu, dass du 'ne Schwuchtel bist! Dann kann ich jetzt die Scheiße aus dir herausprügeln.«

Und doch war ich in jenem Moment dankbar. Dankbar, weil jemand erkannte, dass mir etwas angetan worden war. Jemand blickte hinter den Schleier meiner Stimmungsschwankungen und meiner automatischen Reaktionen auf die schrecklichen, uneingestandenen Erfahrungen, die ich verinnerlicht hatte. Darauf, wie meine Vergangenheit gegenwärtig war. Jemand wollte wissen, wie mein Leben zu solch einem leidvoll verworrenen Schlamassel geworden war. *Was haben sie mit mir gemacht?* Es war doch bestimmt nicht immer so. Seltsamerweise brauchte ich ihr zum damaligen Zeitpunkt noch nicht einmal etwas von alldem zu erzählen. Weder sie noch ich sagte noch etwas. Dass ich gefragt worden war, genügte irgendwie schon.

Kurz vor dem Einschlafen sagte ich schließlich: »Danke.«

»Wofür?«

»Für deine Frage. Dafür, dass du gefragt hast, was sie mit mir gemacht haben.«

»Oh. Das habe ich gar nicht gesagt. Ich habe gefragt: ›Was hast du dir nur dabei gedacht?‹«

Ich hatte sie falsch verstanden. Ich stand auf, stieg in mein Auto und fuhr nach Hause. Betrunken – der Sohn meines Vaters, der die Familientradition fortführte.

2. DIE WEISHEIT EINER ZORNVOLLEN GÖTTIN

Lernen, unserer Wut zu vertrauen

»Am wichtigsten ist, wie gut du durchs Feuer gehst.«

Charles Bukowski

»IHRE HAUT IST RABENSCHWARZ, ihr Haar verfilzt, wild zerzaust. Ihre Zunge trieft vor Blut. Um ihren Hals hängt eine Girlande aus Schädeln, die sie als Trophäen mit sich trägt, um die Taille ein Rock aus abgetrennten Armen. Falls du ihr in die Quere kommst, ist dein Schicksal besiegelt. Am besten stellt man sich gut mit ihr. In einer Hand hält sie ein Schwert, in der anderen den abgeschlagenen Kopf desjenigen, den sie als Letztes bezwungen hat. Sie ist eine Zerstörerin, eine Marodeurin, eine Rebellin ersten Ranges. Sie ist das mächtigste Wesen aller Zeiten im Universum. Ihre Rage kennt keine Grenzen. Ihr durchdringender Schrei erfüllt die Nacht.

Und doch ist sie nicht böse. Sie ist keine Dämonin. In den vedischen Traditionen ist sie ein hohes, heiliges Wesen. Ihr Zorn, so heißt es in den Lehren, ist von Güte und Weisheit durchdrungen. Ihr Schwert steht für die schneidende, durchdringende Natur der allumfassenden Wahrheit. Die Köpfe, die sie abgeschlagen hat, symbolisieren Grausamkeit, Gier und die Neigung, andere zu einem Objekt herabwürdigen. Ihr einziger Feind ist die Entmenschlichung. Ihr Mitgefühl ist so groß, so grenzenlos, so weitreichend, dass sie sich bereitwillig in einer grotesken Form manifestiert, um das zum Ausdruck zu bringen, was so bestürzend ist. Sie ist Ma Kali, die »Mutter der Zeit«, wörtlich »Die Schwarze«. Und sie wird von vielen sehr verehrt.

Du fragst dich vielleicht, wieso Göttlichkeit auf diese Weise dargestellt wird. Oder warum überhaupt jemand eine solche Zweiteilung akzeptieren sollte. Wenn wir die grauenerregend herrliche Kali näher kennenlernen, werden wir sehen, warum.

Es gibt viele Legenden über Kalis Entstehung, aber ich möchte dir die Version erzählen, die ich am liebsten mag. Kali entstand in der Zeit einer nie dagewesenen umfassenden Krise. Ein Dämonengott namens Mahishasura hatte Wunderkräfte erlangt und wollte alle Wesen versklaven. Seine Kräfte überstiegen inzwischen die von Brahma, der den gesamten Kosmos mit einem einzigen Ausatmen erschaffen hatte; sie waren größer als die von Vishnu, dem Erhalter des Weltgefüges; größer als die von Lord Shiva, dessen kosmischer Tanz alle Wesen zu Transformation, Tod und Wiedergeburt aufruft. Mahishasura, berauscht von seinen neu entdeckten Kräften, versammelte eine Armee aus Dämonen, um die Trinität Brahma – Vishnu – Shiva zu entmachten, damit er sich aufmachen konnte, überall unter den Lebewesen Verheerungen anzurichten.

Brahma, Shiva und Vishnu versammelten die anderen Götter um sich: Yama, der Todesgott; Chandra, der Mondgott; Agni, der Gott des Feuers, und alle anderen kamen zusammen. Keiner von ihnen war mächtig genug, Mahishasura allein aufzuhalten … und sie waren wütend – wütend über die zu erwartende Zerstörung, wütend über das unermessliche Leid, das kommen würde. Ihr kollektiver Zorn wurde so groß, dass er sich spontan als Licht und Wärme manifestierte, die von der Stelle zwischen ihren Augenbrauen ausgingen. Aus ihrem jeweiligen dritten Auge, aus dem Licht und der Hitze ihres Zorns, bildete sich die mächtige, schreckliche Kali heraus. Ohne Zögern vernichtete sie Mahishasura und seine Armee und schmückte sich mit deren Überresten – ihren Schädeln und Gliedmaßen. Das geschah einerseits aus dem Geist des Sieges heraus, andererseits aber auch, um Angst in den Herzen aller anderen bösen Wesen hervorzurufen, die vielleicht versuchen würden, sie herauszufordern. Kali macht das Rennen! Der größte Sieg in der Geschichte des materiellen Universums.

Kalis Geschichte ist die eines mächtigen spirituellen Wesens, das gesellschaftspolitische Ungerechtigkeit besiegt. Denn was sonst sind Brahma, Vishnu und Shiva, die dem Universum vorstehen, wenn nicht eine Regierung? Und ein dämonischer Gott, der einen Staatsstreich plant, durch den das Leben und Wohlergehen unzähliger Wesen in Gefahr gerät – das ist eine von Grund auf gesellschaftspolitische Angelegenheit. Es gibt natürlich noch viele andere Zusammenhänge und Bedeutungen. Diese Geschichte enthält zwischen den Zeilen auch eine Lehre für diejenigen von uns, die in Selbstverurteilung versinken, weil unser Zorn »schlechte Schwingungen« hat oder im Buddhismus zu den »Drei Giften« gehört und damit grundsätzlich »falsch« ist. Denn weil Kalis Ziel so rein und gerecht war (ein wichtiger Punkt), konnte sie ihrer Wut einfach freien Lauf lassen. Mehr als unverfroren, schmückte sie sich sogar mit den Gliedmaßen der Erschlagenen, den Trophäen ihres heiligen Amoklaufs. Dies vermittelt uns eine weitere implizite Botschaft. Wenn wir das Gefühl haben, nach gängigen Maßstäben alles andere als schön zu sein, wenn wir das Gefühl haben, beim besten Willen nicht liebenswert zu sein, wenn wir das Gefühl haben, dass andere uns missverstehen, wenn wir mit alldem zu kämpfen haben – Kali symbolisiert auch all diese Dinge. Sie ist alles andere als eine heiße Braut, und doch ist sie die geballte Energie aller höchsten Himmelswesen. Sie ist der Inbegriff einer ungeschminkten Schönheit, die nicht vom kommerziellen Denken verdorben ist. Wir stellen uns Spiritualität, Mitgefühl und Wohlbefinden als eine ernsthafte, stille Angelegenheit vor. Kali erinnert uns daran, dass solche Interpretationen viel zu eindimensional sind. Sie erinnert uns daran, dass heiliges, altruistisches Handeln so gut wie jede Form annehmen kann. Richtig gehandhabt, ist das gesamte Spektrum der menschlichen Erfahrung ein geeigneter Nährboden für die Transformation.

SO WIE WIR MEHR WÖRTER FÜR LIEBE verwenden könnten, um die zahlreichen Formen der Liebe auszudrücken, so brauchen wir auch mehr Wörter für Zorn. Er hat so viele Ausprägungen und Abstufungen, und fast alle davon sind verwirrend. Aber ich kann es nicht genug betonen: Wut bzw. Zorn kommen fast nie ohne eine gewisse Logik aus, die dahintersteht. Wut ist fast nie zufällig. Ihr kommt eine eigene Intelligenz zu. Es gibt den Zorn, der uns sagt, dass eine Grenze gesetzt werden muss. Es gibt die Wut, die eine alte Wunde in uns schützt. Es gibt die Empörung, die wir empfinden, weil einem anderen Unrecht getan wurde. Es gibt den Groll, der uns tief in den Knochen steckt, weil wir wahrscheinlich nie eine Entschuldigung erhalten werden. Dann gibt es das schnelle, ganz plötzlich aufkommende Beleidigtsein, wenn wir uns in irgendeiner Weise missachtet fühlen.

Und doch haben alle Wutgefühle nur eine Quelle: Sie wurzeln im Mitgefühl. Wut ist immer eine Reaktion auf Verletzung, auf unser Grundbedürfnis nach Sicherheit und Zugehörigkeit. Ihr eigentlicher Zweck ist es, Verletztsein in irgendeiner Weise anzugehen. Deshalb existiert Wut schon in dem Moment, wenn es einsetzt, und das macht sie durchaus sinnverwandt mit der Energie des Mitgefühls. Wut ist jedes Mal eine starke vitale Kraft, die hervorgebracht wird, um Unrecht in Ordnung zu bringen, Sicherheit wiederherzustellen und Unaussprechliches anzusprechen. Und sie ist heftig, sodass wir die Energie haben, durchzuhalten und im Idealfall relative Sicherheit und Respekt wiederherzustellen.

Wut und Mitgefühl gleichzusetzen mag absurd klingen, weil wir Wut oberflächlich nicht so empfinden. Es gibt viele Beispiele dafür, dass das Ausleben von Wut, sei es unsere eigene oder die anderer, uns und andere verletzt. Wut mag an der Wurzel etwas Gutes sein, nimmt jedoch sehr oft die Form von Aggression an – rachsüchtig, angespannt, jegliche Vernunft in den Hintergrund drängend. Es ist, als durchliefe die anfänglich mitfühlende Energie des Zorns tausend Filter kultureller, sozialer und familiärer Konditionierung, bevor sie in unserem Bewusstsein ankommt. Vielleicht merkst du sogar, dass die wütenderen Teile deiner selbst einem Menschen in deiner Familie ähneln – dass deine »innere Stimme«, wenn du wütend bist, wie dein Vater, deine Mutter, deine Schwester, dein Bruder oder eine andere Person klingt, die dir in deiner Kindheit und Jugend wichtig war. Solche emotionalen Muster werden oft in der Familie weitergegeben.

Wenn ein wütender Teil unserer selbst die Oberhand gewinnt, ist es, als würden wir zu einem anderen Menschen. Unsere Gedanken, unsere Worte ändern sich, und wir sind zu Dingen fähig, die wir normalerweise verwerflich finden. Im Zorn sind wir sogar imstande, jemandes Grundbedürfnisse nach Sicherheit und Zugehörigkeit zu verraten und andere zu verletzen. Es ist die schlimmste Ironie des Lebens, dass etwas, das als starker Wunsch beginnt, gegen Schaden anzugehen, so oft damit endet, Schaden anzurichten – ein leidvoller Kreislauf, dessen Kern der Wunsch ist, Leid zu beenden. Wie das Sprichwort sagt: »Verletzte Menschen verletzen Menschen«. Wenn wir unseren Zorn als eine andere Person sehen, die in uns lebt, kann das der Schlüssel dazu sein, aus dem Dämmerzustand dieses Zorns herauszutreten. Diese gewandelte Wahrnehmung kann die Tür öffnen, sodass wir einmal durchatmen können – durchatmen, gefolgt von einem geistigen Schritt beiseite, weg von der Flut der Gefühle. Ich schlage das nicht vor, damit wir uns von dieser Flut befreien, sie in Ordnung bringen oder »spiritueller« machen können. Vielmehr geht es darum, uns daran zu erinnern, dass wir mehr sind als dieses Gefühl, dieses Feuer – wir sind auch der Geist, das Herz und der Körper, die die Wahl haben, was sie damit anfangen.

Wie wäre es, wenn wir dem zornigen Teil in uns helfen könnten, sich so zu äußern, dass er seiner inneren Wahrheit – seiner altruistischen, hilfreichen, wertvollen Natur – näherkommt? Wie wäre es, wenn wir mit unserem Ärger Kontakt aufnehmen und ihn fragen würden, ob er wirklich so sein will oder ob er das Gefühl hat, so sein zu *müssen*?

Ich frage mich, ob deine wütenden Anteile erschöpft sind. Ich frage mich, ob sie das Gefühl haben, in einem Kreislauf gefangen zu sein. Es muss so viel Arbeit sein, all dieses Adrenalin, diese Heftigkeit und dieses grimmige Denken hervorzubringen. Wenn wir es so sehen, dass ein wütender Teil von uns wie ein eigenständiges Wesen ist, dann ist es definitiv eines, das sich fortwährend schrecklich fühlt. Wut gehört schließlich zu den höllischsten Gefühlen, die wir empfinden können. Und doch ist es, dieser Logik folgend, ein Wesen, das bereit ist, an diesem höllischen Ort zu leben, um uns zu schützen und für das einzustehen, was nach unserer Überzeugung richtig ist. Wenn wir die Dinge so sehen, dämmert uns allmählich, dass Zorn eine Energie in uns ist, die unsere Wertschätzung verdient.

Es ist an der Zeit, damit aufzuhören, uns vor unserem Zorn zu fürchten und ihn beiseitezuschieben, als hätte er keinen Wert; und es ist auch an der Zeit, uns nicht länger von unserem Zorn vergiften zu lassen. Wir können lernen, einen Schritt zurückzutreten, Abstand zu unseren inneren Kalis zu gewinnen und sie etwas mehr wertzuschätzen. Indem wir den zornigen Anteilen in uns Mitgefühl entgegenbringen, könnten diese Teile einfach frei werden und sich wieder ihrer ursprünglichen, mitfühlenden Natur annähern.

3. EMOTIONALE ALCHEMIE

Feuer nutzen, ohne sich zu verbrennen

»Kein Gefühl ist endgültig.«
Unbekannt

ZURÜCK ZU JENEN TAGEN, als ich keinen Spaß verstand. Wie Kali war (und bin) ich wütend über die systemische grausame Behandlung anderer Lebewesen. Wie Kali sah (und sehe ich immer noch), dass zunehmend Kräfte in dieser Welt am Werk sind, die absichtlich Existenzen, die von Bedeutung sind, an den Rand drängen, wo sie aus der Bahn geworfen und zerstört werden; und entsprechend meinem natürlichen Impuls will ich das in meiner Macht Stehende tun, um alle Formen des Missbrauchs zu beenden. Im Gegensatz zu Kali habe ich jedoch eine Trauma-Vorgeschichte. Im Gegensatz zu Kali haben wir *alle* in größerem oder kleinerem Ausmaß eine Trauma-Vorgeschichte, und diese Geschichte hat uns darauf konditioniert, wohin unser Bewusstsein sich wendet, was uns auffällt und wie unser Herz reagiert. Was ich damit sagen will, ist, dass ich im Gegensatz zu Kali nicht in einem übernatürlichen Zustand existiere, in dem ich dem Impuls meiner Wut folgen und gänzlich frei von toxischen Gefühlen entsprechend handeln kann. (Ich hoffe, ich muss an dieser Stelle nicht darauf hinweisen, dass der Mythos der Kali nicht wörtlich zu nehmen ist – er ist kein Freibrief für einen mörderischen Amoklauf.) Der Kali-Mythos kann uns viel über die eigentliche Natur des Zorns zeigen; er ist da, um unsere Sichtweise zu erweitern. Mich erinnert er daran, dass ich Zorn tatsächlich als Freund annehmen kann. Das hilft mir, mich weniger in ihn zu verstricken, was mir wiederum hilft, den mitfühlenden Funken an der Wurzel meines Zorns nicht aus dem Blick zu verlieren.

Die Lektüre der Kali-Legende kann uns inspirieren, in einem Augenblick der Wut die Energie des Mitgefühls zurückzugewinnen. Die Legende selbst zeigt uns zwar nicht, wie wir dies erreichen und praktisch umsetzen können, aber ich werde im Lauf des Buches einfache innere Prozesse beschreiben, die zu diesem Ergebnis führen können. Einige dieser Vorgehensweisen wollen wir im Abschnitt »Übungen«, der auf dieses Kapitel folgt, ausprobieren – als Abschluss des ersten Teils dieses Buches; weitere Übungen sind dann jeweils am Ende der folgenden Buchteile zu finden. Einen kleinen Versuch wollen wir aber jetzt schon einschieben.

EINE VORLÄUFIGE EINFÜHRUNG UND DIE ARBEIT MIT DEN TEILEN

OBWOHL ICH DIE KONZEPTE und Theorien, die in diese Praxis eingebettet sind, erst später in diesem Kapitel und in den folgenden Kapiteln erläutern werde, enthält diese kleine Übung bereits alle wichtigen Übungen, die wir im Laufe des Buches untersuchen werden. Ich möchte dich ermutigen, jederzeit darauf zurückzukommen. Diese Übung eignet sich auch sehr gut für die Arbeit mit Gefühlen, die eher neutral sind und beispielsweise dann aufkommen, wenn wir etwas lesen und Informationen verarbeiten oder unseren alltäglichen Aufgaben nachgehen. Wir werden noch früh genug mit den tieferen Schichten arbeiten.

Lenke deine Aufmerksamkeit auf das, was beim Lesen emotional und kognitiv mit dir geschieht. Richte einige Aufmerksamkeit auf den Körper. Hast du den Eindruck, dass dein geistiger Zustand dich körperlich beeinflusst (oder umgekehrt)? Halt einen Moment inne und schließ die Augen. Spüre, ob du Verspannungen im Kiefer, das Gefühl eines Gewichts auf der Brust, Knoten im Bauch oder sonst etwas hast. Oder vielleicht bist du zu sehr oben in deinem Kopf, um dem jetzt nachzuspüren. Wenn ja, dann »hör« einen Moment lang deinen Gedanken zu. Was sagen sie? Was sind die Themen? Werden lange Listen erstellt? Tauchen Erinnerungen auf? Hast du plötzlich den Drang, etwas anderes zu tun? Vielleicht ist da ein Bemühen, diese Übung »richtig« zu machen. Wahrscheinlich versuchen die Teile von dir, die da sind, dir in irgendeiner Weise zu helfen, zum Beispiel, etwas herauszufinden, dich an Dinge zu erinnern, die du tun musst; sie sträuben sich gegen das unbekannte Terrain dieser Übung, mahnen dich, dass du es in irgendeiner Weise besser machen musst, oder tun etwas anderes.

Wenn wir dergleichen bei unseren Empfindungen oder inneren »Stimmen« bemerken, dann nehmen wir etwas wahr, das als *Entschmelzung*, Loslösung oder Desidentifizierung bezeichnet wird – ein Konzept, das ich später in diesem Kapitel näher beschreibe.[2] Fürs

Erste solltest du nur wissen, dass dein Gegenwärtigsein mindestens zwei Aspekte hat: einen Aspekt, der Gefühle und Gedanken ausdrückt, und einen, der diese Gefühle und Gedanken wahrnimmt.

Nun möchte ich, dass du etwas ausprobierst, was du vielleicht noch nie zuvor getan hast: Schau, ob du in dir einen Raum findest, in dem es möglich ist, ein bisschen neugierig auf diese Teile deiner selbst zu werden. Worauf sind sie aus? Warum machen sie den Geist so aktiv? Haben sie eine Absicht, eine Agenda? Vielleicht ist es hilfreich, zuerst ein paarmal bewusst durchzuatmen. Wenn dann das wohlwollende Gefühl in dir aufkommt, etwas mehr erfahren zu wollen, versuch einmal, innerlich Neugierde zu äußern. Du könntest dir sagen: »Ich würde gern mehr über dich erfahren. Gibt es etwas, das ich wissen sollte?« Und dann warte einfach ein bisschen ab.

Wenn wir das tun, passiert normalerweise etwas. Vielleicht hast du eben ein paar Informationen erhalten. Vielleicht warst du ratlos, was du damit anfangen sollst. Vielleicht hat es sich wie ein kleiner Schock angefühlt. Vielleicht hast du das Gefühl gehabt, dass Teile von dir nichts mit dir zu tun haben wollen. Vielleicht ist eine Erinnerung aufgepoppt. Vielleicht hat ein Teil von dir geschrien: »Das ist bescheuert!« Aber irgendetwas ist passiert. Du hast eine Antwort erhalten. Während du deine Gedanken vorher vielleicht als »inneren Monolog« betrachtet hast, hast du jetzt etwas anderes in Gang gebracht – einen inneren Dialog.

DEN INNEREN DIALOG UMSTELLEN

IM ALLGEMEINEN KÖNNEN UNS UNSERE GEFÜHLE und Gedanken in eine von zwei Richtungen führen. Wie bei mir damals in der Highschool geschehen, können sie uns in einen Zustand bringen, in dem wir unser Leid noch vertiefen. Wir können aber auch anders mit unserem Geisteszustand in Beziehung treten, nämlich so, dass wir zum Beispiel neugierig auf die störenden Energien in uns sind oder sogar mitfühlend auf sie reagieren. Wenn uns eine solche Umstellung gelingt, erschließen wir uns dadurch die Möglichkeit, mit unseren emotionalen und kognitiven Teilen in Prozesse einzutreten, die unsere innere Welt in Harmonie bringen. Der Unterschied liegt darin, wie wir mit ihnen interagieren. Viele von uns wissen nicht, dass wir mit unseren psychischen Anteilen interagieren können – und noch weniger wissen wir, dass wir dies tun können, um unglaublich vielversprechende Ziele zu erreichen. Unserem Empfinden nach sind unsere Gefühle endgültig, deshalb erscheint es uns sinnlos, ein Gespräch mit ihnen zu beginnen. Aber sie sind nicht endgültig. Wie es in dem berühmten Ausspruch von WALT WHITMAN heißt: »Ich bin ja weiträumig, ich enthalte Vielheiten.« Wir sind nicht eindimensional, und unsere vielfachen Dimensionen sind nicht statisch. So wie unser Körper aus vielen Teilen besteht, die ein dynamisches, ineinander verwobenes System bilden, das zusammenwirkt, so ist es auch mit unserer Psyche. Wir sind wacher, lebendiger und komplexer, als wir meinen.

Vielleicht findest du es extrem, wie ich in der Highschool behandelt wurde und darauf reagiert habe; vielleicht klingt meine Geschichte im Vergleich zu deinen Teenagerjahren aber auch wie ein Zuckerschlecken. Worauf es ankommt, ist: Wir alle sind mehr oder weniger stark verletzt worden und haben dadurch bestimmte Muster zur Verteidigung entwickelt. Ich zum Beispiel war früher so von meiner defensiven Wut eingenommen, dass ich gewissermaßen in Hass auf die ganze Welt verfiel, in eine existenzielle Verbitterung über die Menschheit und das Leben an sich. Obwohl meine Wut mich in Sicherheit halten wollte und deswegen darauf drängte, dass ich mich von der Welt zurückzog – und zwar deswegen, weil ich keine bewusste *Beziehung* zu ihr hatte, kein Verfahren, um mit ihr zu sprechen und etwas zu klären –, verschlimmerte der Zorn letztendlich mein Trauma und meine Depressionen und richtete Schaden an. Während der wiederkehrenden Episoden tiefer Depression hielt ich die Menschen für nicht gut und auch mich selbst nicht. Dadurch wurde ich sehr anfällig dafür, auf andere loszugehen. Da das die anderen natürlich von mir wegtrieb, wurde mein Glaube, dass die

Menschen und ich nicht gut seien, immer wieder aufs Neue bestätigt, und das zog mich weiter herunter, was mich wiederum noch anfälliger für Angriffe auf andere machte … und so ging es die Abwärtsspirale immer weiter hinunter.

Das ist die emotionale Verwirrung, von der ich im ersten Kapitel gesprochen habe. Die Beziehung zu meinem Kummer und Zorn war so, dass sie mich entweder ganz in der Hand hatten oder ich ungeheuer viel Energie dafür aufbrachte, um sie in eine dunkle Ecke zu drängen, für niemanden sichtbar. Entweder war ich von meiner Wut berauscht – was bedeutete, dass sie meine Gedanken, Worte und Taten diktierte – oder ich »kurierte« mich selbst mit Zerstreuung oder Drogen. Das wiederum wirkte sich sowohl auf meine äußere Welt aus, in der ich zunehmend isoliert war und missverstanden wurde, als auch auf meine innere Welt, in der ich meinem Gefühl nach zunehmend hoffnungslos und festgefahren war.

Dennoch entdeckte ich schließlich die emotionale Intelligenz, die ich im ersten Kapitel erwähnt habe: Methoden, die mir halfen, meine Beziehung zur Wut weiterzuentwickeln, sodass sie mich immer weniger im Griff hatte. Wie kam es, dass sich die Spirale am Ende umkehrte? Hier liegt die Antwort teilweise in unseren sogenannten negativen Emotionen: Sie sind Experten darin, unsere Aufmerksamkeit auf sich zu ziehen. Wut hat mein Leben so durcheinandergebracht, dass ich letztendlich keine andere Wahl hatte, als eine Kehrtwende zu machen und an meiner Heilung zu arbeiten. Auf diese Weise führen uns schwierige Gefühle dahin, dass wir uns wandeln.

Die erwähnte dysfunktionale Auseinandersetzung mit meiner Partnerin enthält einen großen Hinweis darauf, wie diese Verwandlung vonstattengehen kann. Mitten im Konflikt hörte ich, wie sie eine einfache, aber wirkungsvolle Frage stellte: »*Was haben sie mit dir gemacht?*«* Sie ließ mich auf meinen Irrwegen eine Vollbremsung hinlegen, kappte meinen Zorn und öffnete die Tür zu einer Heilung, die mein Nervensystem dringend benötigte. Ihre Frage enthielt nach

* Es spielt überhaupt keine Rolle, dass ich mir in jenem Moment nur eingebildet habe, ich hätte diese Frage gehört – das Gehirn wird von dem angetrieben, was es wahrnimmt, nicht von der Realität.

meinem Empfinden Neugierde und Einfühlungsvermögen, die wie essenzielle Nährstoffe waren, nach denen ich zu jener Zeit lechzte. Der wütende Teil von mir, der ganz im Vordergrund stand, wurde plötzlich weicher und machte Platz, damit etwas viel Zarteres in mir zutage treten konnte. In der Frage schwang mit: »Was ist aus dir geworden, dass du zu diesem Menschen geworden bist, der dauernd so wütend ist? Es kann nicht immer so gewesen sein.« Neugierde und Mitgefühl sind wirkungsvolle Energien.

Stell dir vor, du führst gerade in angespannter Stimmung ein Gespräch mit jemandem – einer Partnerin, einem Freund, einer Kollegin, einem Familienmitglied oder sogar einem Fremden – (zur Klarstellung: ein Gespräch, in dem echter Missbrauch und Gewalt weder vorhanden sind noch unmittelbar bevorstehen) und findest irgendwie den geistigen Raum, um eine neugierige, einfühlsame Frage zu stellen.Mindestens zwei weitere Dinge müssten geschehen, um das zu ermöglichen. Erstens müsstest du innehalten – einen Moment aus dem Gespräch aussteigen, und sei es nur mental. Zweitens müsstest du einen Schritt von deinem Ärger und Verletztsein zurücktreten, um das emotionale Drehbuch in Richtung Großzügigkeit zu wenden. Und obwohl du dich vielleicht fragst: »Warum sollte ich das überhaupt tun, wenn jemand auf mich losgeht?«, weise ich darauf hin, dass es mich in dem Fall mit meiner Partnerin davon *abgehalten* hat, weiterhin auf sie loszugehen.

Ganz genau so können wir in unserem eigenen Inneren vorgehen. Wir können von einem Monolog, der dem Glauben entspringt, unser Gefühl sei endgültig, zu einem Dialog empathischer innerer Kommunikation übergehen. Das ändert alles. In der Regel erfordert es jedoch ein paar einfache Fähigkeiten. Diese Fähigkeiten sind kurz und knapp die folgenden:

1. Innehalten
2. Entschmelzung/Auflösen der Verschmelzung
3. Neugierig werden
4. Das innere Gespräch umstellen

Betrachten wir sie der Reihe nach.

Die Macht des Innehaltens

INNEHALTEN BEDEUTET, DASS WIR unsere Aufmerksamkeit zurückgewinnen. Es heißt, dass wir uns selbst wieder »einholen«, vergleichbar mit einer Angel. Es bedeutet, zur Besinnung zu kommen – buchstäblich zurück zu unseren Sinnen. Es bedeutet, wieder in unseren Körper zurückzukehren.

Diese vermeintlich einfache Fähigkeit ist ziemlich revolutionär. Deine Aufmerksamkeit ist eines der begehrtesten Güter auf diesem Planeten. Etwa 200 Milliarden Dollar gibt die Data-Mining-Industrie jährlich aus, um herauszufinden, wie sie deine Aufmerksamkeit fesseln, dich ablenken und die Gefühle bei dir hervorrufen kann, die Werbeleute oder politische Organisationen bei dir hervorrufen wollen.[3] Unsere Welt schreit: »Sieh dir das an! Kauf das! Tu noch mehr! Es schert uns nicht, ob es dich umbringt! Es kümmert uns nicht, ob es den gesamten Planeten und alles darauf vernichtet!« Und in einer solchen Welt zu lernen, wie wir unsere Aufmerksamkeit zurückgewinnen, ist notwendig, um dem psychischen Tod zu widerstehen. Wenn wir psychisch frei, einfühlsam und unabhängig bleiben und weiterhin Dinge hinterfragen wollen, dann müssen wir unseren Geist ständig neu einstellen und auf unsere tieferen Absichten ausrichten.

Der Schlüssel dazu, wie wir lernen können, inmitten schwieriger, intensiver Gefühle innezuhalten, liegt darin, dies im Lauf des Tages immer mal wieder zu tun, und zwar zu Zeiten, in denen wir *nicht* getriggert werden. Check dich selbst mindestens so oft wie Instagram. Bleib mit deiner inneren Welt mindestens so viel in Kontakt, wie du dich in Bezug auf die äußere Welt auf dem Laufenden hältst. Achte bis zum Gehtnichtmehr auf dein Wohlbefinden. Entscheide dich, dass du bei allem, was du tust, vollständig ein im Körper verankerter, befreiter, emotional heiterer, spiritueller Mensch sein willst. Du bist ein faszinierendes Wesen mit enormer Kapazität. »Alle Gefühle haben« beschreibt es nicht einmal ansatzweise. Ein Kosmos voller Big Bangs und schwarzer Löcher, Supernovas und planetarischer Nebel wirbelt in deinem Inneren. Viele Menschen verbringen ihr Leben, ohne das überhaupt zu merken, geschweige denn, dass sie darin schwelgen. Neben vielen anderen guten Dingen geht es beim Innehalten darum, dafür zu sorgen, dass uns das »Nichtbemerken« nicht passiert – um zu gewährleisten, dass wir das, was die Dichterin MARY OLIVER »unser eines wildes, wertvolles Leben« nannte, nicht verschwenden.

Entschmelzung

STELL DIR VOR, DU STEHST VOR EINEM GEMÄLDE, das du wirklich sehen willst – aber im Abstand von nur drei Zentimetern. Du kannst es nicht sehen. Du bist zu nah dran. Du hast nicht genug Raum, um erfassen zu können, was direkt vor dir ist. Du willst natürlich einige Schritte zurücktreten. Nicht, weil du dem Gemälde entkommen willst – ganz im Gegenteil. Du trittst zurück, weil du es klarer sehen willst. Du willst es ganz sehen.

Wenn wir zu nah bei unseren starken Gefühlen stehen, *werden* wir zu diesen Gefühlen. Wir werden überrollt, mitgerissen. Wir *verschmelzen* mit ihnen. In diesem Zustand haben wir nur wenige Optionen. Wir entwickeln einen Tunnelblick, können die Dinge nicht mehr in einen Zusammenhang bringen. Wir sagen Dinge, die wir nicht meinen. Wir tun Dinge, die wir – gemäß der Einschätzung eines unserer Anteile – zu unserem Schutz tun müssen, nur damit ein anderer Teil von uns es später bereut. Wir sind in unseren Emotionen, aber dennoch nicht mit ihnen verbunden. Paradoxerweise können wir sie am besten verstehen und die Botschaften, die sie uns vermitteln, annehmen, wenn wir uns loslösen bzw. *entschmelzen*, also zwei Schritte von unseren Emotionen zurücktreten. Entschmelzen bedeutet einfach, ein bisschen Raum, ein bisschen Tageslicht zwischen uns und unsere emotionalen Teile, die aktiviert werden, zu bringen.

Vielleicht denkst du, deine Gefühle wären manchmal zu intensiv, als dass du das schaffen könntest. In Wirklichkeit ist es jedoch so: Je intensiver die Gefühle sind, desto mehr müssen wir diesen

Raum finden, wenn wir vermeiden wollen, uns selbst oder andere zu verletzen. Je mitreißender der Gefühlszustand ist, umso mehr Bewusstheit müssen wir in die Situation einbringen und umso dringender ist es, dass wir innehalten, atmen und unsere Mitte wiederfinden, bevor wir auch nur einen weiteren Schritt tun.

Entschmelzung, Loslösung, ist eine Möglichkeit, die eigene bewusste Handlungsfähigkeit in Momenten zurückzugewinnen, in denen man getriggert wird. Sobald du die Verschmelzung gelöst hast, kannst du dich allmählich mit Aspekten deiner tieferen Weisheit verbinden, ohne deine getriggerten Anteile verurteilen oder verleugnen zu müssen.

Neugierig werden

WENN DU HALTMACHST UND DEINEN GEFÜHLSZUSTAND mit Neugier betrachtest, kannst du das Gefühl klarer wahrnehmen, darauf reagieren, kannst auf das Gefühl eingehen, ihm Mitgefühl entgegenbringen. Du kannst entscheiden, ob du wirklich möchtest, dass dieses Gefühl so, wie es ist, deine Handlungen beeinflusst (oder auch nicht). Du kannst auch das Gespräch, das du in deinem Inneren führst, umstellen und verändern. Was darauf hinausläuft, dass du das Gespräch, das du mit anderen führst, verändern kannst – schließlich ist es viel einfacher, jemandem zu sagen, wie du dich fühlst, wenn du genügend Abstand hast, um deine Erfahrung richtig kommunizieren zu können.

Wenn wir uns für Neugierde öffnen, sind wir unserem natürlichen Zustand des kindlichen Staunens sehr viel näher. Wenn wir mit Neugier in Kontakt kommen, übertreten wir die Schwelle hin zu unendlichen Möglichkeiten. Neugierig, wirklich neugierig auf unsere Situation zu sein, bedeutet, Bewegung in das zu bringen, was früher festgefahren und angespannt war. Es bedeutet, Wärme in eine Erfahrung zu bringen, ohne von dieser Erfahrung verlangen zu müssen, sich zu verändern. Der Moment, in dem allmählich Neugierde in unseren Kampf mit uns selbst einsickert, hat etwas

Geheimnisvolles an sich. Unsere Anteile können natürlich dagegen ankämpfen und es eine Weile abblocken. Doch sobald die Teile selbst neugierig werden und nachgeben, ist der Paradigmenwechsel unbestreitbar.

Neugierde ist Mitgefühl auf der Anfangsstufe, ist Fürsorge auf der Anfangsstufe. In Momenten, in denen Mitgefühl (für uns selbst oder für andere) nach unserem Empfinden entweder unerreichbar oder völlig unvernünftig erscheint, ist Neugierde viel leichter zugänglich. Da ist sie Mitgefühl auf der Anfangsstufe. Denn sobald wir neugierig und wissbegierig werden, sind wir auf dem besten Wege, die Dinge ganz neu zu sehen und zu verstehen. Je mehr wir verstehen, woher ein Teil von uns (oder der eines anderen Menschen) kommt, desto wahrscheinlicher ist es, dass Mitgefühl und Fürsorge sich spontan einstellen.

Wenn die Neugierde blockiert ist

WENN STÖRENDE ODER SCHMERZERFÜLLTE TEILE von uns präsent sind, geschieht es gewöhnlich, dass andere Teile sich einschalten und die Situation beurteilen, sich dagegen sträuben, sie abstellen oder analysieren wollen. So könnte zum Beispiel ein Klient zu mir sagen: »Ich kann jetzt nicht neugierig auf meine Wut sein, weil ich diese Wut so sehr hasse.« Darauf würde ich ehrlich antworten: »Natürlich hassen Sie sie. Wut ist unangenehm und bringt alles durcheinander. Ich verstehe, warum ein anderer Teil von Ihnen sie nicht ausstehen kann.« Den nächsten Schritt finden viele ganz und gar erstaunlich: Wir können den Teil von uns, der über den wütenden Teil urteilt, bitten, sich zu entspannen und beiseitezutreten. Wir nehmen den bewertenden Teil einfach freundlich zur Kenntnis und fragen ihn, ob er bereit wäre, ein bisschen lockerer zu werden. Erstaunlicherweise funktioniert das. Und wenn es nicht klappt – wenn zum Beispiel der bewertende Teil nicht beiseitetreten will –, arbeiten wir stattdessen einfach mit diesem bewertenden Teil, entwickeln Neugierde auf ihn und machen von da aus weiter.

Das funktioniert ebenso mit Dumpfheit, mit Zerstreutheit, mit allen nur erdenklichen Teilen von uns. Manchmal sagt mir jemand: »Ich kann nicht mit meinen Teilen arbeiten, weil ich das Gefühl habe, innerlich lahmgelegt zu sein.« Doch dieses Gefühl ist ein Teil dieser Person. Wir machen also eine Pause, werden neugierig auf die Erfahrung des »inneren Lahmgelegtseins« und gehen dann zum nächsten Schritt über.

Wenn dir das verwirrend erscheint, sei unbesorgt. Mach einfach weiter. Mit genügend freundlicher Beobachtung wird sich die Struktur des Geistes auf jeden Fall ganz natürlich offenbaren.

Das innere Gespräch umstellen

NACHDEM WIR INNEGEHALTEN HABEN, die Verschmelzung aufgelöst haben und neugierig geworden sind (was alles in einem Augenblick geschehen kann, sobald wir die Gewohnheit erst einmal aufgebaut haben), sind wir nun in der Lage, Fragen zu stellen, die aus der Energie dieser Neugierde erwachsen. Ist es ein Teil von dir, der wegen irgendeiner Verletzung oder eines Verrats bedrückt ist? Oder ist es ein Teil, der gekommen ist, um dich auf irgendeine Weise zu beschützen? Welche Gefühle sind da? Spürst du sie im Körper? Wenn ja, wo? Und wie sind die damit einhergehenden Empfindungen? Schwer oder leicht? Schneidend oder dumpf? Auf und ab pulsierend oder konstant? Eher warm oder eher kühl? Hat dieser Teil von dir eine »Stimme«? Wenn ja, was sagt er? Oder vielleicht steigen Bilder in dir auf, wenn du neugierig wirst. Falls es so ist, was sind das für Bilder? Haben sie einen Bezug zu einschneidenden Momenten in deinem Lebens?

Ich werde noch viele weitere Fragen vorschlagen, die wir stellen können, um unsere inneren Teile in die folgenden Übungen einzubeziehen, aber ich hoffe, es hat sich jetzt schon gezeigt, dass es mit unseren Gefühlen viel mehr auf sich hat, als uns je gelehrt wurde. Das, was man einfach als »Traurigkeit« bezeichnen und abtun könnte, ist in Wirklichkeit viel facettenreicher und vielschichtiger. Wenn wir auf unser Gefühl der Traurigkeit neugierig sind, können wir uns, um bei dem Beispiel zu bleiben, nach innen wenden, um einen Anteil von uns zu finden – eine Subpersönlichkeit, wenn man so will –, der eine Funktion, eine Stimme, Sinnesempfindungen, eine Geschichte und sogar Schichten weiterer Gefühle hat – all das geht schon aus der bisher nur oberflächlichen Untersuchung hervor. Im weiteren Verlauf werden wir feststellen, dass hinter dem Ganzen noch mehr steckt.

Inside Out – Alles steht Kopf

DIESE SCHRITTE, DIE UNS IN DIE LAGE VERSETZEN, einen inneren Dialog empathischer Kommunikation mit uns selbst zu organisieren – innehalten, entschmelzen, neugierig werden und Fragen zur Selbsterkundung verwenden – finden sich, mit Variationen und unterschiedlichen Benennungen, in etlichen spirituellen Praktiken und Übungen zum Wohlbefinden. Die Sprache, die ich hier verwende, ist aus dem Verfahren der Teile-Arbeit übernommen, das für das IFS von zentraler Bedeutung ist. Das vielleicht Coolste an der Teile-Arbeit ist, dass sie auch ohne Therapeut*in praktiziert werden kann. Sie kann in Meditation und kontemplative Praktiken eingebracht und den ganzen Tag über zwischendurch kurz eingeschoben und sinnvoll praktiziert werden.

Vielleicht hast du den Pixar-Film *Inside Out* (»Alles steht Kopf«) gesehen oder davon gehört. In diesem Film laufen alle emotionalen Teile eines kleinen Mädchens namens RILEY umher und versuchen, ihr zu helfen, sich inmitten der Konflikte zwischen ihren Eltern im täglichen Leben zurechtzufinden. Jeder dieser Teile hat seine eigene Aufgabe und seine eigene Agenda. Häufig stimmt diese Agenda nicht mit der der anderen überein und die Teile kollidieren miteinander. Ergeht es uns nicht manchmal genauso? Tatsächlich wurden die Schöpfer des Systems der inneren Familie (IFS) von Pixar als Berater für die Fortsetzung von »Alles steht Kopf« hinzugezogen.

TEIL 1 | ÜBUNGEN

ÜBUNG 1 | Wenn dir schreckliche Schlagzeilen ins Auge springen

DENK AN DIE LETZTE SCHLIMME SCHLAGZEILE, die du gelesen hast. Es sollte am besten etwas sein, was dir nicht so nahe geht, dass dir gleich die Galle hochkommt und du total wütend wirst. Such dir etwas aus, das gut zu bewältigen ist. Wenn dir keine Schlagzeile einfällt, erinnere dich an eine Situation, in der du verzweifelt oder wütend warst. Lass zu, dass die emotionalen Anteile, die an der Erfahrung beteiligt waren, aktiviert werden.

Sobald ein emotionaler Anteil (oder mehrere) vorhanden ist, halte inne. Atme einmal tief durch, spüre, welche emotionalen und kognitiven Charakteristika vorhanden sind und ob du schon das Gefühl hast, darin gefangen zu sein. Kannst du ein Grundgefühl – oder mehrere – wie »Traurigkeit«, »Sorge« oder »Wut« benennen? Gibt es Empfindungen im Körper, wie zum Beispiel angespannte Schultern, Knoten im Bauch, Schmerzen im unteren Rücken oder etwas anderes? Versuch nicht, die Empfindungen in Ordnung oder zum Verschwinden zu bringen; spüre einfach in sie hinein. Achte auf die »Stimme« dieses Teils oder dieser Teile und auf alle damit verbundenen Gedanken. Versuch nicht, sie auszuschließen oder ihnen zu widersprechen; hör einfach hin und nimm sie wahr.

Beachte, dass dieser Teil deswegen so auf die Schlagzeile reagiert, weil es Sinn ergibt. Er folgt hier tatsächlich einer Logik. Dieser Teil von dir will entweder einen Weg finden, die Situation anzugehen und die Dinge wieder in Ordnung zu bringen, oder er ist in irgendeiner Weise verletzt und niedergedrückt als Reaktion auf etwas, das für ihn eine Rolle spielt. Auch wenn die Art, wie er sich ausdrückt, sich unangenehm anfühlt, so kommt diesem inneren Teil von dir doch eine gewisse Intelligenz zu.

Kannst du nun ein paarmal tief durchatmen und spüren, dass zwischen dir und dem Gefühl ein räumlicher Abstand liegt? Es muss nicht unbedingt eine drastische Veränderung sein. Noch einmal – das ist wichtig: Wir versuchen nicht, diesen Teil von dir beiseitezuschieben. Wir wollen ihn nur ein bisschen näher kennenlernen, um zu verstehen, woher er kommt. Dazu brauchen wir nur ein bisschen Raum. Lass dir Zeit.

Versuch als Nächstes, in dir etwas Neugierde auf den aktivierten Teil deiner selbst zu finden – nicht so sehr auf die Geschichte, warum du dies fühlst oder ob dieser Teil von dir recht hat oder nicht, sondern auf die unmittelbare Erfahrung, die du machst –, also auch hier wieder Neugierde auf die Empfindungen im Körper, auf das, was dieser Teil von dir offenbar sagt: »Ich hasse das«, »Das ist nicht fair«, »Das kann nicht sein« oder was auch immer die Botschaft ist. Versuch in dir einen Raum zu entdecken, in dem es möglich ist, eine gewisse Neugierde oder ein Interesse an diesem emotionalen Teil von dir zu finden. Verweile dort einen Moment.

Wenn du keine Neugierde auf diesen Teil deiner selbst aufbringen kannst, frag einfach all deine anderen inneren Teile, ob sie so nett sein wollen, sich zu entspannen und beiseitezutreten. Möglicherweise musst du das zwei- oder dreimal tun, bevor die Neugierde aufkommt. Aber alles, was du brauchst, ist ein Quäntchen Neugier, eine winziges bisschen Raum.

Spüre, wie du dich fühlst, jetzt, da du neugierig darauf bist, was in dir vorgeht, statt dich davon verschlingen zu lassen, es loswerden zu wollen oder dich so sehr auf Äußeres (Schlagzeile oder Interaktion) zu konzentrieren, dass dir gar nicht bewusst ist, was du innerlich empfindest. Es ist, als würdest du beides miteinander vermischen: Neugierde und Traurigkeit; Neugierde und Sorge; Neugierde und was auch immer du fühlst. Wenn du wirklich neugierig auf dieses Gefühl bist, ist es vielleicht noch da, aber achte einmal darauf, ob du jetzt in einem – und sei es nur geringfügig – besseren Zustand bist.

Wenn du tiefergehen möchtest und wenn (das ist wichtig) Neugierde, Weite oder Mitgefühl für diesen Teil deiner selbst vorhanden ist, findest du weiter unten einige einfühlsame Fragen, die du stellen kannst. Versuch nicht, die Antworten herauszufinden. Frag einfach und lass dich von der Antwort vielleicht sogar ein bisschen überraschen:

- Ist da etwas, das du mir sagen möchtest?
- Hängen diese Gefühle mit etwas sehr Persönlichem zusammen?
- Welche Rolle spielst du in meinem Leben? Welche Aufgabe versuchst du zu erfüllen?
- Wie lange hast du diesen Job schon?
- Machst du diesen Job gern, oder erschöpft er dich?
- Wenn du mich nicht auf diese Weise beschützen müsstest und jeden anderen Job auf der Welt haben könntest, was würdest du lieber tun?

Dies ist eine von vielen Möglichkeiten, wie wir offen mit unseren Gefühlen umgehen können, ohne in ihnen unterzugehen oder ihnen auszuweichen.

WENN DU NOCH EINEN SCHRITT WEITER GEHEN und mehr über die Verletzlichkeit in deinem Inneren erfahren willst, die dieser reaktive Teil schützt, könntest du fragen:

- Wenn du mich nicht mehr auf diese Weise schützen würdest, was geschähe deiner Meinung nach?

Die Antwort, die wir auf diese Frage spüren, weist uns die Richtung, hin zu dem, was sich in unserem Leben nach Heilung sehnt. Halte diesen Teil von dir in einem Zustand des Mitgefühls. Du kannst sogar die folgende Übung dazu nutzen, ihm etwas heilende Energie anzubieten.

ATME EIN PAARMAL TIEF EIN UND AUS und spüre, wie es ist, in deinem Körper zu sein. Denk an deine Kindheit, an eine Zeit oder Situation, die relativ leicht war (auch wenn sie vielleicht nur einen flüchtigen Moment andauerte). Werde allmählich neugierig auf diesen Moment. Wie alt warst du damals? In welcher Klasse warst du? Womit hast du gern gespielt? Kannst du sehen, wie dein Gesicht damals aussah? Vielleicht kannst du dir dein Aussehen mithilfe eines Familien- oder Klassenfotos vorstellen. Kannst du deine Kinderstimme, dein Kinderlachen hören? Vielleicht hilft es dir, die Augen für einen Moment zu schließen, um das Bild deines kindlichen Ichs realer zu machen. Bring das Kind direkt in den Raum, genau hierhin, zu dir.

Stell dir dann vor, wie du dein jüngeres Ich mit der Energie deiner Neugierde umgibst. Finde heraus, ob du diese Neugierde vertiefen und zu Empathie oder sogar Fürsorge werden lassen kannst. Schenk deinem Kinder-Ich die positive Zuwendung, die du jedem kleinen Kind in deiner Obhut schenken würdest. (Selbst wenn du Kinder nicht magst – wir wissen beide: Hätte dir jemand ein kleines Kind anvertraut, würdest du ihm gegenüber zumindest eine grundlegende Freundlichkeit an den Tag legen.) Erweitere diese Energie auf das Kind.

Schicke dem Kind aufrichtig einige gute Wünsche. Sende ihm die Gedanken: »Mögest du glücklich sein. Mögest du dich sicher fühlen. Mögest du dich frei fühlen.« Wiederhole das ein paarmal langsam, und stell dir vor, wie die Energie dieser Worte das Kind erreicht und sein kleines Gesicht aufleuchten lässt. Du kannst die Worte mit dem Atem senden, sie dir als einen Lichtstrahl vorstellen oder auch jede andere Technik anwenden, die dir dabei hilft.

Es kann sein, dass du erst einmal gar nichts merkst, es kann aber auch sein, dass du eine drastische Veränderung spürst. So oder so, mach einfach weiter.

DENK ALS NÄCHSTES AN EINE SCHWIERIGE ZEIT in deiner Kindheit. (Hinweis: Bitte wähle keine zutiefst traumatische Erinnerung aus, es sei denn, du hast viel Erfahrung mit einer solchen Arbeit an dir selbst.) Vielleicht hat sich beim Lesen ja schon eine Erinnerung in dir geregt. Wenn in dir sofort schwierige Gefühle aufkommen, übe dich darin innezuhalten, die Verschmelzung aufzulösen und Neugierde zu entwickeln. Wie alt warst du damals? In welcher Klasse warst du in der Schule? Kannst du das Bild deines Kinder-Ichs sehen? Erinnerst du dich an dein Lachen, dein Lächeln? Wie hat es sich angefühlt, in dieser Zeit deines Lebens du zu sein? Vielleicht hast du eine ganz bestimmte Erinnerung und kannst eine ganze Szene sehen oder fühlen, die sich vor dir entfaltet. Ruf dir so viel wie möglich über diesen besonderen Moment in Erinnerung oder stell ihn dir vor. Vielleicht musst du auch hier wieder innehalten, entschmelzen und neugierig werden.

Erweitere die Energie der Neugierde, der Freundlichkeit, des Wohlwollens oder des Mitgefühls auf dieses Kind. Umgib es damit. Vielleicht möchtest du eine Hand auf dein Herz legen, damit das Kind weiß, dass du hier bei ihm bist. Wenn du körperliche Empfindungen wie Schwere auf der Brust oder Engegefühl im Hals spürst, könnte es auch hier hilfreich sein, eine mitfühlende Hand an den betreffenden Stellen aufzulegen, um eine positive Botschaft zu vermitteln.

Schick dem Kind, wie du es schon vorher getan hast, einige aufrichtige Wünsche für sein Wohlergehen. Sende die Gedanken: »Mögest du glücklich sein. Mögest du dich sicher fühlen. Mögest du dich frei fühlen.« Wiederhole diese Gedanken aufs Neue ein paarmal langsam. Sieh, wie die Energie dieser Worte das Kind erreicht und sein kleines Gesicht erhellt. Wie zuvor, kannst du auch hier alle Bilder verwenden, die sich für dich richtig anfühlen.

Manchmal wirkt es vielleicht so, als sei dein Inneres-Kind-Anteil unempfänglich für deine Fürsorge. Es ist, als sei dieser Teil von dir nicht daran gewöhnt, solche Güte von anderen oder sogar von dir zu empfangen, und er traut dem Ganzen vielleicht nicht. Wenn das passiert, mach dir klar, dass das häufig vorkommt und sich mit der Zeit ändern wird. Manchmal müssen wir bei unseren inneren Teilen Wiedergutmachung leisten für das, wie es bisher war. Manchmal müssen wir ihnen einfach weiterhin sanft Gutes wünschen, unabhängig von ihrer Reaktion. Wie eine misstrauische Katze, die allmählich merkt, dass es Leckerlis für sie gibt, werden sie irgendwann herauskommen.

Bleib eine Weile hier und halte alle Gefühle, die vorhanden sind, im Raum des Mitgefühls. Nimm zum Abschluss fünf tiefe, reinigende Atemzüge. Achte darauf, »größer« zu atmen als jedes Gefühl, das in dieser Übung da war. Komm sanft aus dieser Übung heraus und kümmere dich dann heute unglaublich gut um dich selbst.

Wenn Gedanken schreien: Der Selbstliebe-Ansatz, um innere Kritik und Überforderung zu verringern | ÜBUNG 3

WENN UNSERE GEDANKEN GERADEZU SCHREIEN, ist das eine Reaktion darauf, dass wir uns verwundbar fühlen. Ob diese Verwundbarkeit real oder eingebildet, bewusst oder unbewusst ist, spielt keine Rolle. Unser Nervensystem geht kein Risiko ein, wenn es ums Überleben geht; es reagiert auf jedes Gefühl der Verwundbarkeit, als ginge es ums Überleben. Vielleicht möchtest du diese inneren Stimmen und Gefühle dazu bringen, verdammt noch mal die Klappe zu halten, aber es gibt einen besseren Weg – einen, der in der Selbstliebe wurzelt. Und er ist einfach. Dafür brauchst du nichts weiter zu tun, als deine Skepsis aufzugeben, während du etwas Neues ausprobierst. Probiere es mindestens zwei Mal und prüfe nach diesen ernsthaften Versuchen, ob es funktioniert hat.

GEH FOLGENDERMASSEN VOR:

1. Betrachte den Ursprung dieser Überforderung als einen anderen Menschen – oder als mehrere Menschen, je nachdem.

2. Hör zu, was gesagt wird. Versuch nicht mehr, diese Anteile von dir wegzuschieben oder sie zu verändern. Halt inne und hör zu. Worüber klagen die Teile? Fürchten sie, das etwas Bestimmtes passiert? Was hast du ihrer Meinung nach falsch gemacht? Hör einfach passiv jede einzelne Beschwerde, jede einzelne Beleidigung an.

3. Denk über das, was du gehört hast, nach. Wiederhole innerlich (nicht laut) noch einmal alle Beschwerden, die du gehört hast. Jede einzelne. Zum Beispiel: »Okay, ich höre, dass du mich für das Allerletzte hältst, dass wir bestimmt scheitern, dass alles schrecklich ist …« Die Stimmen mancher Menschen sagen sehr problematische Dinge über Aspekte ihrer sozialen Identität, wie Hautfarbe oder Geschlechtsausdruck. Wenn dir das passiert, dann spiegele diese Gefühle einfach zurück. Füg nichts hinzu. Lass diesen Teil von dir einfach wissen, dass du ihn hörst.

4. Nachdem du jede Beschwerde noch einmal wiederholt hast, frag in deinem Inneren nach, ob noch mehr da sind. Wir wollen alle Beschwerden hören. Eine weitere gute Frage, die du diesen Teilen deiner selbst stellen kannst, ist: »Verstehe ich das richtig?«

5. Wenn weitere Beschwerden kommen, spiegele auch sie zurück, so wie in Schritt drei.

6. Sag in deinen eigenen Worten und in einem freundlichen Tonfall zu diesen Teilen von dir: »Jetzt habe ich alle Beschwerden gehört und verstehe sie. Ich verstehe, warum ihr verärgert seid. Aber da ich euch jetzt höre und verstehe – meint ihr, ihr könn-

tet die Lautstärke hier etwas leiser stellen? Könntet ihr die Intensität etwas dämpfen, damit ich den Raum habe, mich damit zu befassen und etwas zu tun?

7. Wenn die Beschwerden weitergehen, liegt es entweder daran, dass noch mehr ansteht, oder daran, dass diese Teile von dir das Gefühl haben, du hättest sie nicht ausreichend gehört oder verstanden. Niemand schreit weiter, wenn er oder sie sich wirklich gehört und verstanden fühlt. Wiederhole dann Schritt eins bis sechs.

8. Wenn die Beschwerden immer noch anhalten, frag nach innen, was die betreffenden Anteile von dir brauchen, um sich zu beruhigen. Wollen sie, dass du eine Grenze setzt? Dass du etwas änderst oder dich zu irgendetwas verpflichtest?

IN NEUN VON ZEHN FÄLLEN sind solche wütenden Gedanken und Gefühle defensive Teile von uns. Wenn ich diesen Prozess durchlaufe, merke ich manchmal (aber nicht immer), dass bei den Betreffenden das Gefühl aufkommt, verwundbar, sehr emotional zu sein, oder als hätten sie eine innere Wunde. Wenn das auf dich zutrifft, lass dich davon nicht aus der Bahn werfen. Du fühlst jetzt deinen verletzten Teil – oder deine verletzten Teile –, die vorher verteidigt worden sind; die verborgeneren Schichten von dir, bei denen du es wahrscheinlich als unerträglich empfändest, wenn sie wieder jemand verletzen, verraten, terrorisieren, beleidigen oder beschämen würde. Wenn du jetzt genau an diesem Punkt stehst, hier nun einige zusätzliche Schritte, um mit deinem Inneren auf mitfühlende Weise in Beziehung zu treten.

1. Halte inne. Löse die Verschmelzung auf. Werde neugierig darauf, was oder wer jetzt in dir präsent ist. Bitte dräng nichts und niemanden weg, versuch nicht, etwas oder jemanden dazu zu bringen, sich zu entspannen. Das hatten wir schon zur Genüge. Schau, ob du stattdessen einen inneren Raum findest, in dem du diesem Teil von dir offen begegnen oder sogar Fürsorge für ihn empfinden kannst.

2. Wenn du in deinem Inneren keinen solchen Raum finden kannst, ist das in Ordnung. Nimm die Teile von dir wahr, die diesem verletzten Teil Abneigung entgegenbringen. Bitte einfach diese anderen Teile freundlich beiseitezutreten, damit du diesem belasteten Teil von dir helfen kannst. Möglicherweise musst du das mehrmals tun. Tu das so lange, bis du in deinem Inneren einen Raum findest – und sei er nur winzig –, der offen und klar und dem verletzten Teil von dir vielleicht sogar zugetan ist.

3. Erkunde diesen Teil von dir ein wenig, indem du in dich hineinspürst. Ist er irgendwo im Körper? Welche Empfindungen sind da? Kannst du das Hauptgefühl, das hier vorhanden ist, benennen? Hat es eine Stimme?

4. Sobald du in der Lage bist, neugierig und vielleicht sogar fürsorglich zu sein, erweitere diese Neugierde und Fürsorge durch die folgenden Schritte:
   - Verharre einfach so, als würdest du diesen Teil von dir halten oder mit ihm einfach ein bisschen beisammen sein. Atme einfach und sei präsent, ohne etwas zu wollen.
   - Frag diesen Teil, ob er möchte, dass du etwas Bestimmtes wissen sollst.
   - Leg eine mitfühlende Hand dorthin, wo du ihn im Körper spürst (oder auf das Herzzentrum), und sag ihm: »Ich bin da. Wir sind jetzt in Sicherheit. Wir haben überlebt.«

▶ Wenn du eine visuelle Vorstellung von diesem Teil deiner selbst hast, könntest du ihm zum Beispiel eine Decke anbieten oder einen kleinen Welpen, damit er sich leichter beruhigen kann und sich sicher fühlt.

▶ Du kannst jederzeit zum obigen ersten Schritt – einfach verharren und atmen – zurückkehren.

Anleitung: Hinterher für dich sorgen

ES KANN GUT SEIN, DASS DIESE einleitenden Übungen doch tiefgehender waren, als du vorab angenommen hast. Falls du heute bei dir sehr tief vorgedrungen bist, kümmere dich gut um dich und sei bei dem, was du im Weiteren tust, besonders sanft zu dir. Einige Vorschläge:

1. Ruf jemanden an, der oder die dir den Rücken stärkt, zum Beispiel eine Freundin oder ein Familienmitglied.

2. Dusche oder nimm ein heißes Bad (mit Badesalz und -öl, wenn vorhanden), und wasch alles ab.

3. Geh nach draußen und schau in den Himmel. Spüre, wie dadurch dein Schwerpunkt automatisch bis zu deinen Füßen herabsinkt.

4. Atme fünfmal tief ein – so tief wie jedes einzelne Gefühl, das da gewesen ist.

5. Gönn dir ein kleines Vergnügen, zum Beispiel Schokolade oder ein lustiges Tiervideo.

6. Mach die Übung »Sich erden: der Atemkörper« auf S. 109 oder geh auf meine Website www.ralphdelarosa.com/meditations und versuch es mit einer der dortigen Atemübungen (Anleitungen sind auf Englisch; Anm. d. Lekt.).

WAS DU AUCH TUST, SEI GUT ZU DIR. IMMER.

TEIL 2

EINE ZEIT,

UM LIEBEVOLL ZU SEIN

4. WAS DER SELBSTLIEBE-BEWEGUNG FEHLT

»*Das Erwachen aus der Verzerrung durch Unterdrückung beginnt mit Zartheit: Wir erkennen unsere eigene verletzte Zartheit, die sich zur Zartheit der Verletzlichkeit entwickelt und in der Zärtlichkeit gipfelt, die mit einer tief empfundenen echten Befreiung einhergeht.*«

Carol Osborn

! ***Triggerwarnung:*** *Körperlicher Angriff und psychischer Missbrauch in der Kindheit*

GOOGLE-SUCHE: »Was ist Selbstliebe?«

Therapie-Blog: »Selbstliebe bedeutet, deinen Wert zu kennen und dich nicht mit weniger zufriedenzugeben, als du verdienst.«

Selbsthilfe-Blog: »Selbstliebe bedeutet, die Vergangenheit, Gegenwart und Zukunft anzunehmen – sie zu ›umarmen‹.«

Lifestyle-Blog: »Selbstliebe bedeutet, dass du morgens mit einer enthusiastischen, positiven Einstellung aufwachst!«

FÜR BRUCE WAR ES UNVORSTELLBAR, aufzuwachen und dem Tag mit einer positiven Einstellung entgegenzusehen. Es war nicht seine Schuld, aber jeder Tag begann mit ungeheurer Angst, die ihn stets begleitete. Und er konnte seine Vergangenheit nicht »umarmen«; im Gegenteil, seine Vergangenheit hatte ihn schon viel zu sehr im Klammergriff. Seine Vergangenheit hatte ihm das unabänderliche Gefühl eingeimpft, dass die Welt ein gefährlicher Ort sei. BRUCES defensive Teile spielten verrückt, setzten seinen Willen außer Kraft und sorgten dafür, dass er Tag und Nacht auf der Hut war. Das bedeutete: Er brach das College ab, harrte in Jobs aus, die ihm nichts bedeuteten, hielt sein Sozialleben auf Sparflamme und ging engen und intimen Beziehungen aus dem Weg. BRUCE gab sich mit weniger zufrieden, als er verdiente, denn sich für mehr zu entscheiden, flößte ihm Angst ein.

Ich traf BRUCE sieben Jahre, nachdem er im Schlaf in seinem Wohnheimzimmer am College überfallen worden war. Der bösartige Angriff hatte sich ihm fast unauslöschlich eingeprägt und eine starke Botschaft an sein Nervensystem gesandt: dass er, wenn er schon im Schlaf in seinem eigenen Zuhause in eine lebensbedrohliche Situation geraten konnte, nirgendwo mehr sicher sei. Seine unaufhörliche Angst sorgte dafür, dass er die erforderliche Energie für die mühsame Aufgabe aufbrachte, ständig in Habachtstellung zu sein, seine Umgebung nach möglichen Bedrohungen abzuscannen und sein Gedächtnis nach allem zu durchforsten, was er falsch gemacht und Falsches gesagt haben könnte. Der Angst lagen tiefe Gefühle zugrunde und die Annahmen, er hätte den Angriff selbst herbeigeführt, verdiene keine Liebe, sei es nicht wert, Gutes zu erfahren, und niemand wolle jemals wirklich für ihn da sein.

Obwohl BRUCES Geschichte und seine Erfahrungen einerseits ganz individuell sind, fällt mir andererseits doch auf, wie universal solche grundlegenden Gefühle und Überzeugungen sind. Wie viele von uns fühlen sich ungeachtet dessen, was sie durchgemacht haben, wertlos und verlassen, glauben nicht, dass sie Gutes verdienen, oder leben mit dem unterschwelligen Gefühl, dass das Unausweichliche gleich passieren wird ? Wie viele von uns haben zwar eine ganze Menge dafür getan, dass ihr Leben besser wird, haben aber dennoch Modelle der »Selbstliebe« übernommen, die zur Folge haben, dass Teile von uns, die sich wertlos fühlen, »abgeschaltet« werden? So viele Menschen tragen eine Vorstellung von Selbstliebe in sich, die darin besteht, unseren inneren Kritikern den Stinkefinger zu zeigen und sich im Namen einer positiven Einstellung gegen leidvolle Erinnerungen abzuschotten.

Wenn wir sehen, dass solche negativen Überzeugungen von inneren Teilen vertreten werden, denen es nicht gut geht oder die auf frühere Erfahrungen reagieren, in denen uns Liebe vorenthalten wurde (ganz zu schweigen davon, dass wir um sie *betrogen* wurden), dann wird uns klar, dass ein solcher Ansatz im Grunde Selbstmissbrauch ist. Im besten Fall handelt es sich um eine bedingte Form der Selbstliebe, und Liebe, die an Bedingungen geknupft ist, ist keine Liebe – sie ist ein Geschäft. Wir haben damit Teile von uns im Stich gelassen, die sich ohnehin schon im Stich gelassen fühlen, und wir haben Teile von uns verprügelt, die sich ohnehin schon wie ein geprügelter Hund fühlen. Wenn wir innehalten, die Verschmelzung auflösen und neugierig auf die Teile von uns werden, die in Schmerz, automatischen Reaktionen und negativen Überzeugungen über uns selbst feststecken, dann bieten wir ihnen genau das an, was ihnen die ganze Zeit gefehlt hat.

Auch wenn ich in meinen obigen Beispielen die Google-Treffer-Version der Lehren über Selbstliebe untergrabe, liegt die Selbstliebe-Bewegung von ihrer Grundausrichtung her nicht falsch – ich bin ein großer Fan der Selbstliebe. Viele Ansätze, die ich kennengelernt habe, bewegen sich jedoch in einem Spektrum von naiv bis hin zu autoaggressiv. Was der Selbstliebe-Bewegung fehlt, sind Techniken, wie wir zu Gefühlen der Liebe, der positiven Wertschätzung und des harmonischen Einklangs in uns gelangen können, ohne unsere schwierigen Teile anzugreifen, zu verdrängen oder zu ignorieren. Ich habe zwar geschrieben, »*ohne* unsere schwierigen Teile anzugreifen …«, aber genauer wäre es, zu sagen, dass wir gar nicht zu einer echten, umfassenden Selbstliebe gelangen *können*, solange wir noch solche Formen der Täuschung oder Selbstaggression praktizieren. Allgemeine Einsichten über die Beziehung, die wir zu uns selbst haben, waren ein guter Anfang, doch wir müssen tiefer gehen, wenn wir die Energie der Liebe wirklich freilegen und sie dann nach innen lenken wollen, hin zu jenen Teilen unserer selbst, die wir gewöhnlich für nicht liebenswert erachtet haben.

INNERLICH LIEBE SENDEN UND EMFANGEN

BRUCE ERZÄHLTE MIR SCHON BALD, dass der Überfall im College nicht das erste Mal war, dass er sich in einer Situation heftigen Missbrauchs hilflos fühlte. Er war mit einem alkoholkranken Vater aufgewachsen, der ihn verbal angriff, einschüchterte und der routinemäßig verschwand. Seine Mutter meinte es zwar gut mit ihm, wurde aber ebenfalls misshandelt und war selbst nicht in der Lage, Bruce angemessen zu trösten, geschweige denn, sich für ihn einzusetzen. Bruce war das einzige Kind einer Arbeiterfamilie und lernte schnell, dass er am sichersten damit fuhr, seine eigenen Bedürfnisse herunterzuschrauben und unglaublich selbstständig zu werden. Das war zwar eine kluge Entscheidung für ein Kind in einer solch unmöglichen, leidvollen Situation, aber es schuf für ihn im Erwachsenenalter das Paradigma, er müsse sich ständig vor seinem eigenen Schmerz verstecken – bis dieser Schmerz sich buchstäblich in sein Schlafzimmer drängte.

In unseren gemeinsamen Sitzungen unterstützte ich BRUCE dabei, neugierig auf seine ängstlichen Teile zu werden, und stellte diesen einige Fragen in der Art, wie ich sie weiter oben schon formuliert habe: »Wie lange schützt ihr mich schon auf diese Weise?«, »Gefällt es euch, so zu sein, oder findet ihr es anstrengend?«, »Wenn ihr mich nicht mehr auf diese Weise beschützen müsstet und anders sein könntet, wie würde das aussehen?« Diese und andere Fragen öffneten seinen ängstlichen Teilen die Tür zu der Vorstellung, dass eine andere Welt möglich sein könnte. Als Nächstes unterbreiteten wir seinen defensiven Teilen einen neuen Vorschlag: »Wenn ihr uns erlaubt, jene inneren Teile zu heilen, die die Verletzungen all dieser widrigen Erfahrungen in sich tragen, dann hättet ihr vielleicht nicht mehr das Gefühl, auf dieser Welt sei alles zu viel für euch und zu gefährlich, und ihr bräuchtet nicht mehr so ängstlich zu sein.«

So konnten seine defensiven Teile leichter darauf vertrauen, dass die Arbeit, die wir taten, einen Wert hatte. Das war ein wichtiger Schritt, denn wir wollen auf keinen Fall mit unserem inneren Kind arbeiten, solange unsere Abwehrkräfte sich noch dagegen sträuben. Schließlich sind sie der Klebstoff, der unser Leben über diese ganze Zeit hinweg zusammengehalten hat. Sie verdienen wahrhaftig unseren Respekt und unsere Anerkennung.

Etwas über ein Jahr lang habe ich BRUCE geholfen, in sich zu gehen, seine verletzten Teile wahrzunehmen, sich von ihnen zu entschmelzen und ihnen die Energie der Fürsorge und Neugierde zukommen zu lassen. Er ging Erinnerungen nach, zum Beispiel an Situationen, als er draußen spielte und sein Vater regelmäßig die Fliegengittertür zum Haus öffnete, ihn bösartig anbrüllte, die Tür wieder zuschlug, nur um einige Minuten später zurückzukehren und ihn erneut anzuschreien. Aus einem Zustand der Selbstliebe heraus war BRUCE in der Lage, mit dem Teil zu sprechen, der noch immer den Schmerz und die wachsame Vorsicht aus diesen Erlebnissen in sich trug; er konnte die Geschichte dessen, was geschehen war, bezeugen und schließlich diesen Kind-Teil mit einigen neuen Perspektiven bekannt machen: »Dad ist nicht mehr da. Wir sind jetzt Erwachsene und haben ein ganz anderes Leben. Wir sind jetzt in vielerlei Hinsicht stärker. Wenn wir erneut auf diese Weise verletzt würden, könnten wir nicht nur für uns selbst einstehen – wir sind jetzt auch resilienter und könnten einen Weg finden, dass wir schließlich gut klarkommen. Ich bin jetzt Dad.«

Es kam eine wirkungsvolle Sitzung, in der BRUCE diese Erinnerung erneut durchlebte, um diesen Teil noch einmal zu *beeltern*, er sich selbst also elterliche Fürsorge zuteilwerden ließ. Er half seinem verletzten inneren Kind, sich gegenüber seinem Vater zu behaupten und ihm mitzuteilen, dass sein Verhalten inakzeptabel und falsch war. Anschließend brachte BRUCE diesen verletzten Teil an einen neuen Ort in seinem Bewusstsein, einen Ort, den er als sicher und mit der Natur verbunden empfand. Er schenkte diesem inneren Teil ebenfalls einen Welpen, damit es seinem inneren Kind leichter fiel, sich geborgen zu fühlen.

BRUCE erzählte mir später, dass die Erinnerung an das, was er mit seinem Vater durchlebt hatte, nach unserer Sitzung nicht mehr dieselbe war. Wir hatten sie tatsächlich umgeschrieben. Die emotionale Energie, die zuvor in diese Erinnerung eingebunden war, war nun verschwunden. Bildete er sich das nur ein? Sag du es mir. Denn heute hat er zum ersten Mal seit sieben Jahren ein Date – und freut sich darüber. Er hat eine Arbeit, die ihm gefällt und mit der er mehr Geld verdient als je zuvor. Er hat Freunde, geht Risiken ein und lässt zu, dass er gesehen wird. Und seine Angst ist weg. Die angespannte Furcht und der Druck, die ewig im Hintergrund all seines Erlebens lauerten: verschwunden. »Ich habe gedacht, so fühlt sich das Leben nun mal an«, sagte er in einer Sitzung. »Es ist fast schon sonderbar, dass die Angst nicht mehr da ist.« Und jetzt kommt mein Lieblingsteil: Er geht wieder zur Schule – um Therapeut zu werden! Nachdem er sich selbst geheilt hat, dreht sich BRUCES Leben jetzt um die Frage: »Was kann ich zurückgeben? Wie kann ich jemand werden, der andere bei der gleichen Transformation begleitet?«

AUF DEN VERBLEIBENDEN SEITEN des zweiten Teils dieses Buches werden wir die Zärtlichkeit und das Liebevollsein weiter erkunden. Wir können sie entdecken und verstärken, indem wir das Prozess-

Paradigma anwenden, das wir in der obigen Fallstudie mit BRUCE veranschaulicht haben. Dieser Ansatz basiert im Wesentlichen darauf, dass wir unsere Persönlichkeit als etwas Multiples sehen. So vieles von dem, was die Selbstliebe-Bewegung falsch auffasst, ist das Ergebnis dessen, dass sie uns bzw. unsere Persönlichkeit als eine Art monolithische, singuläre Einheit sieht. Man hat uns beigebracht, uns so wahrzunehmen. Wenn wir uns jedoch genau unter die Lupe nehmen, wenn wir einen gründlichen Blick auf unser Inneres werfen, löst sich diese Sichtweise auf. Dann nehmen wir unser Innenleben allmählich als fließend, dynamisch, facettenreich, weiträumig und als etwas Überraschendes wahr.

Wenn wir die Multiplizität unseres Wesens anerkennen, wird das Konzept der Selbstliebe stimmig. Denn auf der Ebene des Gefühls und der inneren Beziehung ein sich selbst liebender Mensch zu sein bedeutet zwangsläufig, sowohl Sender als auch Empfänger von Liebe zu sein. Wenn wir davon ausgehen, dass wir ein festgefügtes, einheitliches Ich sind, wie um alles in der Welt könnte dann Eigenliebe gesendet und empfangen werden? Wer sendet und wer empfängt? Und desgleichen: Wer ist der innere Kritiker und wer wird kritisiert? Wohin führt uns das in dem Moment, in dem in uns das Gefühl aufkommt, wir würden nicht geliebt – ganz zu schweigen von Gefühlen regelrechten Selbsthasses? Eine solche Sichtweise lässt uns auf einer Insel negativer Selbstsicht stranden – ohne Tretboot.

Glücklicherweise »enthalten wir Vielheiten«. Glücklicherweise sind wir in der Lage, es zu merken, wenn zum Beispiel unser innerer Kritiker die Oberhand gewonnen hat. Dann können wir uns von diesem Teil von uns desidentifizieren – die Verschmelzung auflösen –, die großzügigere, einfühlsamere Energie in uns lokalisieren und davon ausgehend ein sinnvolleres Gespräch mit dem inneren Kritiker führen. Dieses Modell der Selbstliebe verlangt von uns nicht, dass wir uns in irgendeiner Weise verbiegen.

Und dieser Rahmen bietet uns ein Modell der Selbstliebe, das Raum für die schwierigen sozialen Gegebenheiten lässt, mit denen viele von uns konfrontiert sind, die sie aber dennoch oft aus dem Gespräch ausklammern. Selbstliebe muss bedeuten: Liebe zur Gesamtheit all dessen, was uns ausmacht. Das erfordert das Miteinbeziehen der sozialen Narrative über Aspekte unserer selbst – Ethnie, Geschlecht, sexuelle Orientierung, körperlicher Typ usw. –, die unsere innere Welt mitbestimmen und zu den Hauptgründen gehören, warum viele unserer verletzten, defensiven oder wütenden Teile überhaupt erst eine so herausragende Rolle in unserem Leben erlangt haben. Über Selbstliebe zu sprechen, ohne die gesellschaftlichen Strukturen und Bedingungen, mit denen wir konfrontiert sind, zu erwähnen – das bedeutet, einen wesentlichen Teil des Bildes auszublenden.

Unser Dasein ist von Pluralität geprägt: Wir sind ein Herz mit vielen Teilen. Wir sind eine Psyche mit vielen geistigen und seelischen Aspekten. Das öffnet Türen – und es sind Türen, die dringend geöffnet werden müssen, denn wie Bruce sind wir zwar nicht schuld an der Konditionierung, die uns dahin gebracht hat, wo wir jetzt sind, aber wir sind auf jeden Fall dafür verantwortlich, was wir damit anfangen.

4. »DAS KANN ICH NIE IM LEBEN«

Das Gefühl, du hättest nichts mehr zu geben

» *Schmerz ist wichtig: wie wir ihm ausweichen, wie wir ihm erliegen, wie wir mit ihm umgehen, wie wir ihn transzendieren.«*

Audre Lorde

IN DER NACHT VOR MEINER ENTZIEHUNGSKUR verfiel ich in kindische Taktiken. Auf dem Boden liegend heulte ich wie eine Figur in einer griechischen Tragödie und flehte meine Freundin an, bleiben zu dürfen. Bleiben konnte ich aber nicht. Ich hatte sie bestohlen, belogen, hatte ein Dutzend Rückfälle gehabt und mein Leben war, offengestanden, in Gefahr. Entzug oder auf die Straße: Das war ihr hartes Liebes-Ultimatum. Doch ich hatte schreckliche Angst vor dem Schritt ins Ungewisse, den ich nun tat. Ich hatte schreckliche Angst zu scheitern. Kokain und Heroin waren meine ganze Welt geworden, eine anheimelnde Hölle, und ich war sicher, dass ich nicht das Zeug dazu hatte, aus dem Loch herauszuklettern, das ich mir selbst gegraben hatte. Sicher war ich mir aber auch, dass ich es zumindest versuchen musste.

Am nächsten Tag ging ich in die Entzugsklinik und setzte mich sofort neben die Eingangstür in der Hoffnung, dass mich niemand bemerkte. Ein Mann kam auf mich zu und lächelte: »Keine Sorge, Kleiner. Bald geht's dir wieder gut.« Später erfuhr ich von der früheren Laufbahn dieses Mannes – mit vorgehaltener Pistole hatte er Menschen in Hotelaufzügen ausgeraubt. Wichtiger noch: Ich lernte den anständigen Menschen kennen, der sich hinter all dem verbarg. Er hatte einfach eine tiefere Verzweiflung durchlebt als ich, weil eben sein Trauma so schlimm war. Ähnlich verhielt es sich mit allen dort drinnen: Ob Sexarbeiter*innen, Zuhälter, Diebe, Gangmitglieder, Speed-Junkies, Nadel-Junkies, Crack-Raucher*innen oder Trinker*innen, wir alle waren ganz und gar menschlich, waren vom Leben durch die Mangel gedreht und auf dieser Seite der Dinge wieder ausgespuckt worden. Sucht erwächst aus Trauma und Tragödie. Jedes Mal. Ich lernte die Menschlichkeit, die ich in jedem und jeder von uns sah, kennen und lieben. Ich wurde von ihr verwandelt. Daraufhin nutzte ich die Gelegenheit, mich auf eine intensive Therapie einzulassen, tief in die Meditation zu stürzen und die Heilungsarbeit zu leisten.

Es schien unmöglich, mein Leben in Ordnung zu bringen. Ich war mir sicher, dass ich nicht das Zeug dazu hatte, und am Anfang war alles qualvoll. Doch am Ende spielte nichts davon mehr eine Rolle. Ich fand einen Weg, dabeizubleiben.

Doch das Leben begnügte sich nicht damit, mir diese Lektion zu erteilen, die es uns allen mit aller Inbrunst beibringen will. Nach meiner Entziehungskur spürte ich in mir eine tiefe Berufung, Psychotherapeut, Meditationslehrer und Yogalehrer zu werden, um einen Weg zu finden, all das, was ich erhalten hatte, zu integrieren und der Welt zurückzugeben. Das bedeutete, im Alter von dreißig Jahren mit dem Community College zu beginnen, ohne Geld, ohne Hilfe von der Familie, zu hundert Prozent mit Studienkrediten, während ich immer noch sehr stark mit Depressionen und traumabedingten dysfunktionalen Verhaltensmustern zu tun hatte. Ein Teil von mir wusste, dass ich es durchziehen konnte. Dieser Teil von mir sagte mir, dass wir es einfach nacheinander, eins nach dem anderen, angehen mussten, ein Tag nach dem anderen. Genau wie beim Entzug würde es zwar schwer werden und uns wie eine Ewigkeit vorkommen, aber wir würden es durchstehen und am Ende Nutzen daraus ziehen. Andere Teile von mir schrien laut, das sei ein unmögliches Unterfangen – zu groß, zu waghalsig, zu viele Hindernisse. Ein Teil von mir fügte immer wieder gern hinzu, dass ich ein Junkie und Versager sei, der noch nie etwas zustande gebracht hätte. Doch dann gelangte ich wieder zurück zu dem Teil von mir, der sagte: »Tu einfach das, was als Nächstes drankommt. Alles, was du jetzt tun musst, ist das Nächste, das direkt vor dir liegt.« Das war zwar die leisere der beiden Stimmen und ich musste oft nach ihr suchen, aber ich lernte, dass ich mich auf diese Stimme verlassen konnte. Wie merkwürdig, dass ausgerechnet die *liebevollere* Stimme mir half, in Schwierigkeiten durchzuhalten. Statt der Härte der Selbstaggression, des Ehrgeizes und des »Durchpowerns« – die Stimme, die mich immer direkt zur Nadel zurückgeführt hatte – suggerierte mir die liebevolle Stimme, dass ich wirklich das tun konnte, was ich wollte, und dass der Weg dorthin in einem Schritt nach dem anderen bestand.

Das vielleicht Wertvollste, was ich in der Schule lernte, ergab sich aus der Art und Weise, wie sich diese Themen in jeder einzelnen Abschlussprüfungsphase wiederholten. Sechs Jahre lang saß ich zweimal jährlich mit einem Haufen Arbeit da, der sich unüberwindbar anfühlte. Es schien, als müsse ich buchstäblich eine Methode finden, die Raum-Zeit zu krümmen, um alles zu schaffen. Ich schaute mir meine Mitschüler an, die Geld von ihren Eltern bekamen, jünger und resilienter waren als ich, denen nicht ein Leben voller Verletzungen und Sucht in den Knochen steckte – sie alle schienen wie geschaffen für diese Aufgabe zu sein, nur ich nicht. Ich bestimmt nicht. Doch dann machte sich wieder die andere Stimme in mir bemerkbar: »Du brauchst nichts weiter zu tun, als den nächsten Satz zu schreiben. Lies die nächste Seite. Atme dich noch eine weitere Stunde durch. Rauch eine verdammte Zigarette, wenn du musst. Aber mach einfach weiter. Es wird aufhören. Und wenn es aufhört, hast du dir selbst etwas bewiesen.«

Der Kern dieser Geschichten betrifft nicht allein mich. Jedes Mal, wenn das Leben uns in eine Ecke drängt und wir uns dafür entscheiden, voranzuschreiten, statt zurückzuschrecken, treffen wir auf Stimmen, die schreien: »Nie im Leben kann ich das! Ich habe nicht das Zeug dazu. Das ist für andere, die es besser haben. Es fühlt sich an wie ein Ding der Unmöglichkeit. Es ist zu schmerzlich, erfordert zu viele Opfer. Ich werde es vermasseln und bin nicht sicher, ob ich das ertragen kann.« Aber wir alle hören gleichzeitig ein Flüstern, eine leisere, ruhigere Stimme, die so etwas sagt wie: »Oh, aber du kannst das. Du musst es nur irgendwie schaffen, den nächsten Schritt zu tun. Und dann den danach. Es ist jetzt einfach an der Zeit, dir etwas einfallen zu lassen. Es ist einfach an der Zeit, resilient zu sein. Das ist alles.«

Die Stimme, die wir beherzigen, ist auch die Stimme, die stärker werden wird.

AUFGEBEN ODER AUFSTEHEN

ETWAS, DAS DEM EIGENEN EMPFINDEN nach absolut unmöglich erscheint, ist oft durchaus möglich. Es beinhaltet einfach die Möglichkeit zu scheitern und erfordert die nötige Hartnäckigkeit, um das Scheitern zu überwinden. Die Vorstellung des Scheiterns ist für viele von uns quälend. Scheitern fühlt sich wie eine überzeugende Bestätigung dafür an, dass wir nichtsnutzige Ausgestoßene sind, die es nicht besser verdienen. Solche Stimmen sind Teile von uns, die entweder wollen, dass wir uns noch mehr verbessern oder die in Anbetracht der Verletzlichkeit, die mit dem Streben nach dem bestmöglichen Leben einhergeht, so in Panik geraten, dass sie uns sogar angreifen, nur um uns von derartigen Versuchen abzuhalten. Eine Möglichkeit besteht darin, sich diesen Stimmen einfach zuzuwenden und zu sagen: »Vielen Dank, dass ihr euch um mich gekümmert habt.« Denn trotz des äußeren Anscheins versuchen die Stimmen nämlich genau das zu tun.

Beachte, dass ich hier ein anderes Modell des Durchhaltevermögens anspreche. Nicht das selbstverneinende, hypermaskuline »Beiß die Zähne zusammen«-Durchhaltevermögen, das in unserer Gesellschaft so oft gepredigt wird. Ein solches Durchhaltevermögen läuft oft darauf hinaus, dass wir unsere Gefühle beiseiteschieben, was entmenschlichend ist und uns als Objekt instrumentalisiert. Ich spreche von einem liebevollen Durchhaltevermögen, das in vielerlei Hinsicht die stärkere, mutigere Wahl ist. Es ist die Entscheidung, unsere Ängste und »Ausraster« zuzulassen, damit wir einen Umgang damit finden können. In Situationen, in denen wir die Grenze dessen überschreiten, was uns nach unserem Empfinden möglich ist, können wir diesen Teilen etwas unglaublich Wertvolles zeigen: dass es in Ordnung ist, Angst zu haben, dass es in Ordnung ist, zu scheitern, dass es in Ordnung ist, wenn es uns verletzt, dass es in Ordnung ist, wenn wir uns von all dem gedemütigt fühlen. Es ist in Ordnung, weil wir wieder auf die Beine kommen, wir sind resilient. Wir sind für so etwas gemacht.

Sehr oft ist das Gefühl des Versagens eigentlich eine Empfindung zu wachsen. Dies zu sehen, ist eine Einladung, unsere Beziehung zum Scheitern neu zu interpretieren. Scheitern anzuvisieren ist im Grunde der schnellste Weg zur Selbstverwirklichung. Das bedeutet nicht, dass wir absichtlich versuchen zu versagen oder vorzeitig aufzuhören. Es bedeutet, dass wir danach streben, an unsere Grenzen zu kommen und sie so weit wie möglich auszudehnen.

Wenn wir uns zu diesem Ziel hinbewegen, tun wir stets unser Bestes; dann arbeiten wir immer daran, ausgezeichnete Leistungen zu bringen, und erreichen unser Ziel jedes Mal – denn unser Ziel war es, zu scheitern. Jedes Mal, wenn du an diesen natürlichen Punkt des Scheiterns gelangst, kannst du dich erfolgreich fühlen.

Du brauchst nicht an dich zu glauben. Du brauchst nicht positiv zu denken. Du brauchst nicht zu warten, bis du keine Angst mehr hast oder nicht mehr leidest, um etwas zu unternehmen; ebenso wenig musst du dafür den Schmerz und die Angst ausschalten. Solche gängigen Vorstellungen und Ausdrucksweisen sind nicht Teil meiner Geschichte, und sie müssen auch nicht Teil deiner Geschichte sein. Du kannst also überhaupt nicht an dich selbst glauben, Angst haben, Schmerz empfinden, alles hassen und trotzdem irgendwie den nächsten Schritt tun. Du kannst all diese »Nein!«-Schreie hören und trotzdem dem liebevollen »Ja«-Flüstern folgen.

Ich persönlich arbeite daran, dass Schmerz, Angst und ich gute Freunde werden. Denn wenn Schmerz und Angst kein Problem mehr wären, welche Probleme hätte ich dann überhaupt noch? Wenn man mit Schmerz und Angst befreundet ist, ist man frei.*

SCHLÜSSELFAKTOREN FÜR RESILIENZ

DIE FÄHIGKEIT, WIEDER AUFZUSTEHEN und weiterzumachen, auch wenn wir das Gefühl haben, dass uns nichts mehr bleibt, ist nicht nur eine Frage, wie wir uns entscheiden. Auf diese leise innere Stimme zu hören, die unsere Lebensausrichtung festlegen will, ist eine große – eine äußerst wichtige – Fähigkeit. Und die Forschung

* Fürs Protokoll: Ich meine »frei« in dem Sinne, wie MALCOLM X davon gesprochen hat, frei zu werden, obwohl er noch im Gefängnis war: geistig, emotional und spirituell frei.

zeigt deutlich, dass wir Bedingungen in unserem Leben schaffen können, die unsere inneren Ressourcen stärken und die Fähigkeit fördern, uns immer wieder aufzurappeln.

▶ **GEMEINSCHAFT**
Zeig mir, mit wem du deine Zeit verbringst, und ich zeige dir, wer du bist.

▶ **IDENTITÄT**
Wo dein Kopf hingeht, dorthin folgt auch der Rest von dir.

▶ **GEFÜHLSWAHRNEHMUNG**
Erkenne, was du fühlst, wann immer du es fühlst. Fass es in Worte.

▶ **EMOTIONALE INTELLIGENZ**
Halte inne. Löse die Verschmelzung auf. Sei neugierig. Öffne die Tür zu neuen Entscheidungsmöglichkeiten.

▶ **SELBSTGESPRÄCHE**
Sprich mit dir selbst nur so, wie du mit einem anderen Menschen sprechen würdest – einem anderen Menschen, der grundsätzlich Respekt und Mitgefühl verdient hat.

▶ **SPIRITUALITÄT**
Entwickle ein reiches, sinnstiftendes Innenleben. Tritt in Verbindung mit dem, was täglich wichtig ist.

▶ **GIB DEINER ERFAHRUNG EINEN SINN**
Such nach den Lehren. Nimm Krisen zum Anlass, tiefer zu graben und stärker zu werden. Lass dich von deinen Schwierigkeiten dazu inspirieren, anderen zu helfen.

▶ **EINFALLSREICHTUM**
Schwere Zeiten sind ein Aufruf, über den Tellerrand zu blicken und kreativ zu werden; vgl. die Übung »Innere Ressourcen heranziehen« auf Seite 112, die dir dabei hilft.

NATÜRLICH GEHÖREN SOZIALE und materielle Privilegien mit zu den besten Indikatoren für Resilienz, aber sie sind bei Weitem nicht die einzigen.

Wir alle werden verletzt und wir alle werden wieder heil. Dazu wurden wir geboren. Resilienz ist eine allen lebenden Organismen innewohnende Eigenschaft. Wir können die Erfahrung körperlichen Trainings als direkte Entsprechung ansehen. Wir trainieren mit der Absicht, stärker und gelenkiger zu werden. Sport und Gymnastik bewirken jedoch nichts von beidem – nicht direkt. Unser Work-out schadet uns zunächst sogar: Es verursacht winzige Risse in den Muskeln. Stärker werden wir erst während der Ruhe und Erholung nach dem Training. Die Absicht hinter einem wirklich guten Work-out ist also, dich gerade so viel zu verletzen, dass du es bewältigen kannst, sodass du stärker und gelenkiger als vorher aus deiner Erholungsphase hervorgehst. Mit dem Leben verhält es sich genauso. Und auch mit unserem Herzen – allerdings mit dem Unterschied, dass wir nicht nach einem emotionalen Work-out zu suchen brauchen. Solche Work-outs kommen an unsere Türschwelle, wir brauchen noch nicht mal darum zu bitten. Das Leben bietet endlose Möglichkeiten, uns blaue Flecken zu holen und stärker zu werden, indem wir uns von all dem erholen. Und aus so einer Aktivität entsteht etwas sehr Wertvolles: Selbstvertrauen. Da wir immer wieder erleben, wie wir verletzt werden und geschickt damit umgehen – und dadurch beständig stärker und emotional flexibler werden –, verringert sich unsere Angst vor dem Leben. Unsere defensiven Teile erhalten zunehmend die Botschaft, dass wir stärker und fähiger sind als in unserer Kindheit – jener Zeit, als unsere zentralen Abwehrmechanismen konditioniert und in uns verankert – verdrahtet – wurden. Wir bleiben dran. Werden immer mutiger. Sogar unerhört mutig. Und das ist nur ein flüchtiger Blick auf das, was uns allen möglich ist.

Wenn wir die Aspekte der Resilienz entwickeln, die ich oben aufgezählt habe, läuft das sehr oft auf etwas hinaus, zu dem wir Ja sagen. Es liegt bei uns, mit wem wir zusammen sind. Wie wir mit uns selbst sprechen, bestimmt oft der Autopilot – doch wir können wählen, ob wir den Autopiloten ausschalten und lieber das innere

Gespräch nutzen wollen. Unser Innenleben zu entwickeln, beispielsweise durch Meditation, Kontemplation, Lektüre und Therapie, kann bedeuten, dass wir einige Gewohnheiten und Routineabläufe ändern müssen, um Raum für Tieferes zu schaffen. Damit wir Ja dazu sagen können, unsere Ressourcen zu vertiefen und schneller wieder aufzustehen, müssen wir vielleicht etwas tun, wovor viele von uns mehr Panik haben als vor dem Scheitern: Nein sagen.

6. DAS TIER, DAS UNS TIERISCH ANGST MACHT

Die Schuldgefühle des Neinsagens

» *›Nein‹ ist Gold wert. ›Nein‹ ist die Macht,*
die eine gute Hexe ausübt.
Es ist die Methode, mit der es Menschen,
die heil, gesund und emotional entwickelt sind,
gelingt, Beziehungen zu Trotteln zu haben
und gleichzeitig die Anzahl der Trottel
in ihrem Leben zu begrenzen.«

Cheryl Strayed

EIN GANZES KOSTBARES LEBEN bleibt am Ende manchmal nur halb gelebt wegen des Gedankens: »Aber ich möchte niemanden verärgern.« Fast alle Menschen aus meinem Bekanntenkreis, die es gut meinen, haben Schwierigkeiten, die Grenze zwischen dieser Form der Co-Abhängigkeit und Mitgefühl zu erkennen. Die folgende Liste ist einfach und wahrscheinlich sogar simplifizierend, aber sie dient uns als Erinnerung, und zwar als eine, die wegweisend ist. Es handelt sich dabei weder um einen Moralkodex noch um Grundsätze, die ausnahmslos immer sinnvoll sind. Wenn du diese Liste bis aufs i-Tüpfelchen befolgst, könnte sie ein Rezept dafür sein, ein schrecklicher Mensch zu werden. Das schmälert jedoch nicht den Wert der folgenden Wahrheiten:

- Du darfst Nein sagen.
- Du brauchst es nicht unbedingt nett zu sagen.
- Du hast das Recht, dein Nein nicht im Geringsten zu begründen.
- Du brauchst nicht unbedingt zu wissen, warum du Nein sagst.
- Es braucht dich überhaupt nicht zu bekümmern, was die andere Person anschließend empfindet.
- Es darf dich bekümmern, was die andere Person fühlt, ohne dass du ihre Gefühle für deine eigenen hältst.
- Es ist erlaubt, dass dich die Gefühle der anderen Person kümmern – und dass du ihr dies dennoch nicht zeigst, um erneute Verstrickungen mit ihr zu vermeiden.
- Du darfst Maßnahmen ergreifen, um zu vermeiden, dass du erneut in Verstrickungen mit einer Person gerätst, nachdem du eine Grenze gesetzt hast.
- Du darfst unterscheiden, wem in einer Situation jeweils welche Gefühle zuzuordnen sind, und dich nur um deine eigenen kümmern.
- Du darfst so sein, dass andere keinen Sinn darin sehen.
- Du darfst jederzeit weggehen.

BEIM LESEN IST VIELLEICHT ein Schwall von *Aber!* und *Was, wenn!* und *Dazu bin ich aber nicht bereit!* in dir hochgekommen. Diese Liste ist ganz und gar unabhängig davon. Keines dieser »Aber«, die deinen defensiven Teilen entspringen, schmälert diese einfachen

Wahrheiten. Prüf nach, ob du Schuldgefühle oder Angst in deinen Reaktionen entdeckst, die du beim Lesen dieser Liste hattest. Mit einer gewissen Wahrscheinlichkeit gibt es tatsächlich etwas, auf das du neugierig werden und das du verarbeiten kannst. Ich möchte dir vorschlagen, doch einmal mit dieser Angst und diesen Schuldgefühlen zu arbeiten. Die Arbeit mit Angst und Schuldgefühlen ist oft einfach der »Eintrittspreis« für Bereiche der persönlichen Befreiung.

DAS MITFÜHLENDE NEIN

DENK AN DAS LETZTE MAL, als du Ja zu etwas gesagt hast, obwohl in dir in Wirklichkeit ein Nein war. Etwas wurde von dir verlangt, vielleicht, dass du irgendwo hingehst oder etwas für jemanden erledigst, und du hast Ja gesagt, als *in deinem Körper* die Empfindung eines Neins aufkam. Vielleicht hast du es als egoistisch empfunden, Nein zu sagen. Oder vielleicht hast du die stark ausgeprägte Gewohnheit, nachgiebig zu sein, oder es gefällt dir inzwischen sogar so gut, andere den Ton angeben zu lassen, dass du das Nein nicht einmal »gehört« oder »gespürt« hast – und doch war es irgendwie da. Tatsächlich merken die meisten von uns oft erst im Nachhinein, dass da ein Nein war, denn wir haben nicht immer das beste Gespür für unsere Grenzen. Und hinterher, nachdem wir von dem schlauchenden Treffen wieder nach Hause gekommen sind, nachdem wir uns halbherzig auf eine Verpflichtung eingelassen haben, oder nachdem eine toxische Person, die uns Energie raubt, wieder einmal über uns hergefallen ist – *dann* wird uns erst klar, dass wir die falsche Entscheidung getroffen haben: dass wir für uns hätten eintreten sollen.

Zur Klarstellung: Es gibt natürlich auch Situationen, in denen wir uns innerlich gegen Dinge sträuben, die uns eigentlich guttun, wie Meditation, Sport oder Zeit mit einem Menschen zu verbringen, der eine gesunde Herausforderung für uns ist. Von einem solchen Nein spreche ich nicht. Bei so einem Nein sollten wir neugierig werden oder vielleicht lernen, wie wir es sanft umgehen können, damit wir unseren wahren Wünschen näherkommen. Ein solches Nein ist ein eigennütziges Nein. Den Unterschied zwischen einem *eigennützigen* und einem *mitfühlenden* Nein zu erkennen – darum geht es unter anderem in diesem Kapitel.

Ein mitfühlendes Nein ist die Art von Nein, die du empfindest, wenn du gebeten wirst, zu einer Veranstaltung zu gehen, und dich gegen deinen Willen breitschlagen lässt. Oder wenn du dich beim Kauf von Flugtickets wiederfindest, um jemanden – möglicherweise aus deiner Familie – zu treffen, der dir gegenüber oft beleidigend ist. Oder wenn du mit einer Person zusammen bist, die dir schon früher so oft die Energie abgezogen hat, und du dasitzt, genau diese Erschöpfung empfindest, ein falsches Lächeln vortäuschst und versuchst zu verbergen, wie gern du das Weite suchen würdest. Das ist die Art von Nein, auf die wir im Prozess der Neubeelterung, also dabei, uns selbst elterliche Fürsorge zukommen zu lassen, öfter achten müssen.

DER KÖRPER IST UNSER KOMPASS

NIMM DIR EINEN MOMENT ZEIT und erinnere dich an eine Situation, die einer der oben beschriebenen Situationen gleicht. Atme tief durch, werde langsamer und durchlebe das Ereignis vor deinem geistigen Auge noch einmal. Was ist geschehen? Wie hast du dich gefühlt? Welche Gedanken gingen dir durch den Kopf? Wie fühlte sich dein Körper an? Tu das, mach dir einige geistige Notizen und komm dann wieder in die Gegenwart zurück.

Das Wichtigste ist: Was ging dabei in deinem Körper vor? War irgendwo ein Engegefühl? Wo genau? Gab es ein Schweregefühl? Angst? Was passierte mit deinen Schultern? In deinem Bauch? In deinen Armen und Beinen? Kannst du dieses Ereignis – unabhängig von deinem Körper – allgemein als ein Muster in deinem Leben erkennen? Vielleicht ein Verhaltensmuster bei einer bestimmten Person oder in einer Situation, die sich immer wieder aufs Neue wiederholt?

Das körperliche Leitsystem, auf das ich mit diesen Fragen hinweise, ist das unseres *Soma* – (griechisch für »lebendiger Körper«), das ständig zu uns spricht und uns Signale und Informationen sendet. Das Problem dabei ist, dass die echte intuitive Stimme des Soma oft von zu vielen anderen konkurrierenden inneren Stimmen verdrängt wird. Wenn wir üben, unseren Körper empfindsamer wahrzunehmen, wie zum Beispiel mit der Übung »Sich erden: der Atemkörper« auf Seite 109, dann wird dieses Gespür klarer. Und wenn wir auf die Führung, die wir erhalten, hören und sie befolgen, wird es noch klarer. Und wenn wir daran arbeiten, das Trauma zu heilen, das wir fast alle im Körper tragen, dann wird diese Stimme laut und klar vernehmbar wie eine Glocke.

Es ist wichtig, das Überprüfen dessen, was im Körper vor sich geht, als eine Übungspraxis zu betrachten, denn die Gewohnheit, Ja zu sagen, hat eine starke Dynamik. Wenn es dazu kommt, dass wir Nein sagen und damit Grenzen aufrechterhalten sollten, ist die Furcht vor Schuldgefühlen vielleicht das, was unsere Nein-Empfindung am stärksten außer Kraft setzt. Wir wollen niemanden im Stich lassen. Wir haben Angst davor, was der- oder diejenige von uns denken könnte. Wir fürchten die Gegenreaktion. Wir haben Angst davor, dass jemandem etwas zustoßen könnte, wenn wir uns nicht blicken lassen oder in irgendeiner Weise Hilfe leisten. Wir sehen, dass eine Person ein Bedürfnis hat, bei dem wir ihr technisch gesehen behilflich sein könnten, und fühlen uns deshalb dafür verantwortlich. Wir fühlen uns verpflichtet. All das bedeutet, dass wir die Fähigkeit entwickeln müssen, beim Neinsagen liebevoll zu sein. Wir können lernen anzuerkennen, dass wir wirklich hilfsbereite Menschen sein *wollen*, Menschen, die auf andere eingehen, und dass dazu viel mehr Neinsagen nötig ist, als wir dachten.

In unzähligen Sitzungen haben mir Klient*innen von leidvoll verworrenen zwischenmenschlichen Beziehungsgeflechten erzählt, in denen sie sich wiederfinden. In der Regel frage ich: »Warum haben Sie nicht Nein gesagt?«, nur um die Antwort zu erhalten: »Ich hätte mich schuldig gefühlt.« Meine Anschlussfrage lautet dann: »Was ist schlimmer, die Situation, in der Sie jetzt sind, oder die Schuldgefühle, die Sie empfunden hätten? Was ist intensiver? Was hält länger an?« Schuld ist in der Tat ein Gefühl wie ein riesiges Tier: eine furchterregende Bestie, dem wir im unüberschaubaren Wald des Lebens nicht begegnen wollen. Doch wir müssen lernen, die tierische Angst vor dem Tier der Schuldgefühle auszuhalten, wenn wir uns selbst treu bleiben und mit unserer Co-Abhängigkeit keinen Schaden anrichten wollen. Dem Schuld-Tier Raum zu geben, ist oft mit das Freundlichste, das wir tun können – für uns selbst, für diejenigen, mit denen wir in Co-Abhängigkeitsbeziehungen stecken, und als Beispiel für andere.

Das ist der erste Schritt: bereit sein, dich schuldig zu fühlen, wenn du Nein sagst oder eine bestimmte Grenze wahrst. Schritt zwei wäre, die toxische Scham anzuerkennen, die in der Schuld enthalten ist, und diesem Teil von dir die Energie der Neugierde oder Selbstliebe zu schenken, wie bei den Übungen auf den Seiten 65 ff. und 67 ff.

BROT FÜR DIE ENTEN

ES GIBT EINE LETZTE KONSEQUENZ, die sich daraus ergibt, dass du Ja sagst, auch wenn du in deinem Körper ein Nein findest. Es ist die häufigste: Groll.

MARSHALL ROSENBERG, Autor von *Gewaltfreie Kommunikation*, erläutert das Konzept hinter dem Begriff *Mamnun*, ein arabisches Wort, das »dankbar, Danke« bedeutet und ausdrückt, dass eine

Person durch die Erfüllung einer Bitte gesegnet wird. ROSENBERG übersetzt dies wie folgt: »Bitte tu das, worum ich dich bitte, *nur* dann, wenn du es mit der Freude eines kleinen Kindes tun kannst, das eine hungrige Ente mit Brot füttert. Und bitte tu das, worum ich dich bitte, nicht, wenn auch nur ein Hauch von Angst vor Bestrafung vorhanden ist … [oder] du Schuldgefühle hättest, falls du es nicht tust.«[4] Ein Klient hat das einmal als »Entenbrot« abgekürzt, damit man es sich leichter merken kann.

Grundsätzlich gilt: Wenn wir spüren, dass wir etwas nicht voll und ganz bejahen, ist es wahrscheinlich am besten, Nein zu sagen und die Folgen, welche auch immer es sind, zu ertragen. Denn: Würdest du wollen, dass jemand dir widerwillig einen Gefallen tut? Oder nur aus einem Gefühl der Verpflichtung heraus? Oder, noch schlimmer, nur, weil die Person fürchtet, dass du sie beschämst, wenn sie es nicht tut?

Wenn Interaktionen in dieser Weise unausgewogen sind, wird ein Quäntchen Groll erzeugt und abgespeichert. Mit der Zeit, wenn solche Erfahrungen sich wiederholen, summieren sich diese Quäntchen. Groll gehört zu den größten Räubern von Liebe und Zuneigung auf diesem Planeten. Ich kann dir nicht sagen, wie viele Paare auf meiner Therapiecouch gelandet sind, voll von angestautem Groll, der langsam ihre einst schöne, nährende Beziehung zerfressen hat. In solchen Situationen stelle ich immer wieder fest, dass eine/r der beiden über lange Zeit hinweg Dinge toleriert und in sich aufgestaut hat, die er oder sie von Anfang an hätte ablehnen sollen. Doch das haben sie beide nicht getan. Was vor Jahren ein einfaches »Hey, das funktioniert für mich nicht, können wir einen anderen Weg finden?« hätte sein können, ist heute ein brodelnder Haufen vielschichtiger Verflechtungen, so beschaffen, dass er sich – wie es so oft und so herzzerreißend geschieht – niemals mehr auflöst.

FREUNDE VON MIR LEBEN IN EINER GEMEINSCHAFT in Brooklyn, die auf bewusste Lebensführung ausgerichtet ist und wo sie eine Gepflogenheit haben: Wenn jemand zu jemandem oder etwas Nein sagt, antwortet die andere Person: »Danke, dass du für dich selbst sorgst.« Diese Praxis entspringt dem Bewusstsein: Wenn du nicht für dich sorgst, dann läuft es darauf hinaus, dass ich das schließlich tun muss. Wenn dein Teller bereits zu voll ist und du dein Nein zu meiner Geburtstagsfeier oder meiner Auftritts- oder Brunch-Einladung nicht äußerst und stattdessen Ja sagst, dann bekomme ich zwar meinen Willen, aber das Preisschild des Grolls in unserer Beziehung weist dann einfach einen zu hohen Betrag auf.

»Nein« ist oft die mitfühlendste verfügbare Option. Doch wie bereits erwähnt: Es ist schwierig, mit der sanften inneren Stimme, die »Nein« sagt, in Kontakt zu kommen, wenn wir schon so daran gewöhnt sind, »Ja« zu sagen. Diese Übungspraxis – und im Grunde alle Übungspraktiken der Teile-Arbeit in diesem Buch – wird um einiges einfacher, wenn wir etwas Zeit auf Übungen verwenden, die uns helfen wahrzunehmen, was im Körper vor sich geht, sodass wir ein feineres Gespür für uns selbst entwickeln. Mit dieser Information im Sinn, wollen wir nun über Meditation sprechen.

7. ÜBER MEDITATION ODER SO WAS IN DER ART, DAS DU VIELLEICHT MANCHMAL ÜBST

»*Die Fruchtbarkeit unseres Lebens hängt weitgehend von unserer Fähigkeit ab, unsere eigenen Worte anzuzweifeln und den Wert unserer Arbeit infrage zu stellen. Wer seiner eigenen Selbsteinschätzung vollkommen vertraut, ist zur Unfruchtbarkeit verurteilt.*«

Thomas Merton

MIT NEUNZEHN VERSUCHTE ICH ES zum ersten Mal mit dem, was ich für Meditation hielt. Ich war ein echter Crust-Punk*-Junge, der auf der Straße um Kleingeld bettelte und dem Meditation kaum

* eine (vor allem antifaschistische) Jugendkultur, basierend auf einem Musikstil und einer Subkultur ähnlich dem Hardcore-Punk (Anm. d. Lekt.)

hätte gleichgültiger sein können – wenn ich mich nicht verliebt hätte. Ich war hoffnungslos und bis über beide Ohren vernarrt in ein durchdringend nach Patschuli duftendes Hippie-Mädchen mit einer Vorliebe für Trommelkreise. Wir arbeiteten zusammen in einer Saftbar, wo ich zufällig mithörte, als sie einer Kollegin sagte, sie würde gern meditieren, fände »aber einfach nicht die Zeit dafür«. (Kommt dir das bekannt vor?) Ich überlegte, dass sie mich vielleicht irgendwann fragen würde, ob ich es jemals damit versucht hätte, und wusste, dass ich richtig bei ihr punkten konnte, wenn ich die Frage bejahte. Also tat ich das, was – so glaubte ich – bestimmt alle versierten Meditierenden taten: Ich rollte mir einen riesigen Joint und rauchte, bis ich kaum noch meinen Nachnamen wusste. Dann saß ich im Schneidersitz schmerzhaft verkrampft im Innenhof und visualisierte Wörter wie »Frieden«, »Liebe« und »Licht«, die in großen psychedelischen 70er-Jahre-Bubble-Buchstaben auf mich zukamen. Nach etwa neunzig Sekunden dachte ich, ich hätte nun genug erforscht, um mit Autorität über diese Praxis sprechen zu können, und ließ es gut sein. Und es funktionierte! Ein paar Tage später fragte mich mein Schwarm aus der Saftbar, ob ich etwas über Meditation wüsste, und ich konnte mit einer echten Erfahrung aufwarten, von der ich ihr erzählte. »Es fühlt sich so gut an, so tief zu gehen«, berichtete ich. Es war weniger eine Lüge als völliger Humbug. Aber, hey, was tut man nicht alles für die Liebe.

JENSEITS DES NEBELS DER VERMUTUNG

OKAY, JETZT KOMMT EHER ETWAS FIKTIONALES. Bis auf den Teil, in dem etwas beschrieben wird, was wir alle tun, ich selbst eingeschlossen.

Es war einmal ein angehender Schüler, der einen Zen-Meister bat, ihn Meditation zu lehren. Der Meister willigte ein, den Schüler zu unterrichten, verlangte aber, dass dieser ihm zuerst alles, was er über Meditation wusste, erzählte. Daraufhin erging sich der Schüler in einem langen Wortschwall über all die fantastischen Dinge, die er in spirituellen Büchern gelesen hatte, über Spekulationen, was Meditation für ihn bewirken würde, und all die coolen Dinge, die seine Freunde darüber sagten. Während der Schüler redete und redete, reichte ihm der Meister eine Tasse und begann, Tee einzugießen. Die Tasse des Schülers füllte sich, doch der Meister hörte nicht auf. Schließlich lief der Tee über und ergoss sich überallhin. Der Schüler schrie dem Meister zu: »Es ist doch voll! *Warum gießt du immer weiter ein?*« Der Meister lächelte: »Ach? Du meinst also, ich soll nicht versuchen, noch mehr in eine Tasse zu füllen, die schon voll ist?«

Wir können nur wenig lernen, wenn wir etwas Neues angehen und dabei sicher sind, wir hätten es schon »kapiert«. Es bleibt kein Raum für frische, lebensverändernde Einsichten, wenn wir bereits voller vorgefasster Meinungen sind. Die allegorische »Tasse« des Schülers war bereits so voll von Annahmen über Meditation, dass der Meister sah: Weitere Anleitungen würden dem Schüler keinen echten Nutzen bringen. Das bedeutet: Wenn wir uns »leer machen« von dem, was unserer Vorstellung nach Meditation ist und wie sie verlaufen sollte, schaffen wir Platz für die wirkliche Praxis.

Eine volle Tasse ist jedoch nicht die einzige geistige Haltung, auf die hin wir uns selbst sinnvollerweise prüfen sollten, wenn wir uns um die innere Revolution bemühen, die Meditation für uns bereithält. Wir könnten auch eine »schmutzige« Tasse haben, was bedeutet, dass unsere Absichten nicht besonders rein sind. Immerhin gibt es diejenigen unter uns, die Meditation nur ausprobieren, um ihren Schwarm am Arbeitsplatz zu beeindrucken. Es gibt auch ein subtileres Spiel, das wir manchmal spielen. Während meiner Ausbildung zum Therapeuten warnte mich eine Mentorin, ich solle nach Klient*innen Ausschau halten, die nur zur Therapie kommen, um eine Geschichte über sich selbst zu untermauern, nach dem Motto:

»Ich kriege all mein Zeugs auf die Reihe; ich war heute bei der Therapie.« Anschließend würden sie aber die Arbeit zwischen den Sitzungen nicht tun und wollten nicht aufrichtig eine Veränderung herbeiführen. Sie warnte mich nicht deswegen davor, weil sie diese Klient*innen verurteilte, sondern weil ich einer solchen Person einen sehr schlechten Dienst erweisen würde, wenn ich sie nicht darauf aufmerksam machte. Es ist tatsächlich möglich, ein Leben lang in einer solchen Selbsttäuschung zu verharren und es nie zu erkennen. Wir alle sind anfällig dafür. Es ist eine subtile Form des Selbsthasses, und es ist herzzerreißend.

Unsere Tasse könnte auch ein großes Loch haben, was bedeutet, dass wir die potenzielle Tiefe der Praxis abtun (vielleicht, weil wir beim Meditieren völlig bekifft sind) und die Anweisungen und bereichernden Einsichten, die zur Praxis gehören, »zum einen Ohr hinein und zum anderen wieder heraus« gehen.

MEDITATION SCHEINT ZU JENEN DINGEN zu gehören, bei denen Menschen nach fünf Monaten meinen, recht gut den Durchblick zu haben, aber nach fünfzehn Jahren zu der Erkenntnis gelangen, dass sie fast nichts darüber wissen. Das meiste von dem, was wir heute »Meditation« nennen, besteht aus weitreichenden und subtilen Praktiken mit vielen Schichten, die fast niemand vollständig versteht. Was auch immer unsere Praxis ist – stilles Sitzen, Mantras, Chakrenarbeit, Reiki oder Pflanzenheilkunde –, wenn wir sie nicht ehrlich, ernsthaft und mit der Bereitschaft, uns bescheiden zu hinterfragen, angehen, haben wir es wahrscheinlich mit einer der oben erwähnten drei Tassen zu tun.

Die vierte problematische Tasse wäre eine, die keinen Deckel hat und sich von jeder x-beliebigen Person mit Tee füllen lässt, ohne sie infrage zu stellen. Eine gesunde (aber nicht übertriebene) Skepsis ist auf dem spirituellen Marktplatz notwendig, denn auf diesem Feld gibt es seit Jahrtausenden mehr als genug Gauner und Quacksalber. Die wahrscheinlich häufigste Methode, mit der wir ausgetrickst werden, ist die, auf das zu vertrauen, was sich »gut« oder »richtig anfühlt«. Ich plädiere zwar auf jeden Fall dafür, dass Men-

Und die vielleicht am weitesten verbreitete Gefahr von allen: dass wir uns auf eine Mission begeben, um unser »Ego« loszuwerden. Wenn wir von unserem Ego als etwas Schlechtes sprechen, ist das nichts weiter als spirituell verbrämter Selbsthass. In den östlichen Traditionen ist das, was als Ego bezeichnet wird, die Sammelbezeichnung für defensive Teile unserer selbst, die eine Maske der Ichbezogenheit, Vermeidung und Kleinlichkeit tragen, um dem Gefühl, verletzlich zu sein, auszuweichen. Bedenke aber: Die Bedeutung des Begriffs »defensiver Mechanismus« – Verteidigungsmechanismus – ist »etwas in mir, das dafür sorgen will, dass ich in *Sicherheit* bin«. Daher ist das »große, böse Ego«, das in den meisten, wenn nicht in allen spirituellen Traditionen verunglimpft wird, in Wirklichkeit nur eine Ansammlung unserer Verteidiger, die das tun, was uns ihrer Überzeugung nach hilft. Es sind Teile von uns, die es gut meinen, egal wie sie oberflächlich betrachtet wirken. Ja, es sind Teile von uns, die sich weiterentwickeln und verändern müssen, aber Hass und Verurteilung sind selten hilfreich, um zu wachsen. Das vermag nur die Liebe.

Mehr noch: Solche inneren Anteile können nirgendwohin gehen. Du kannst dir nicht einen Teil deiner Psyche abhacken – und zumindest einige Skandale, an denen Oberhäupter verschiedener spiritueller Gemeinschaften beteiligt sind, stehen in direktem Zusammenhang mit der Illusion, dies sei möglich. Das sogenannte Ego ist ein Mitbewohner, den wir nicht loswerden können. Darum dürfte es sinnvoll sein, freundliche, verlässliche Kommunikationskanäle mit ihm aufzubauen.

In einem gewissen Licht betrachtet ist es fantastisch, diese inneren dynamischen Kräfte wahrzunehmen. Sie sind Beispiele dafür, dass die Praxis wie ein schöner, sauberer Spiegel wirkt, in dem wir das Ergebnis unserer tiefen Konditionierung erkennen. Wenn wir klarer sehen, können wir innehalten, uns aus der Verschmelzung lösen und neugierig auf das Drama werden, das sich vor unseren geschlossenen Augen entfaltet. Dadurch, dass wir etwas Tageslicht zwischen uns und unsere geistig-emotionale Erfahrung treten lassen, eröffnet sich uns die Gelegenheit, mit all diesen Teilen Freundschaft zu schließen und unser Leben von innen heraus zu harmonisieren. Falsche Identitäten oder solche, die schlicht und einfach nicht mehr nützlich sind, verschwinden dann ganz von selbst. Das Problem ist, dass wir dieses bewusste Zurücktreten so oft nicht tun; wir bleiben verschmolzen mit den Teilen von uns, die versuchen »zu meditieren«, obwohl Meditation zwangsläufig ein Loslösen ist.

GRÜNES LICHT AUF DER AUTOBAHN DER ERLEUCHTUNG

NACHDEM WIR ALL DIESE KRITIKPUNKTE an »schiefgelaufener Meditation« erläutert haben, können wir jetzt innehalten und die Verschmelzung auflösen. Denn so ernst ist es nun auch wieder nicht. In gewisser Hinsicht ist es sogar urkomisch, was wir uns da selbst antun, all diese unnötigen Kämpfe, die wir uns im Namen des Wohlbefindens aufbürden. Aus diesem Blickwinkel betrachtet ist Meditation an sich urkomisch. Wenn du das nächste Mal in einer Gruppe praktizierst, schau dich um. Ja, es ist schön zu sehen, wie andere sich ernsthaft bemühen, frei zu werden. Doch es ist auch absurd, dass wir so hart arbeiten, wo wir doch eigentlich nur versuchen, unsere Masken fallen zu lassen und zu dem zu werden, was wir wirklich sind. Wenn uns durch diese Praxis die Leichtigkeit abhandenkommt, dann stimmt etwas nicht.

Meine erste Lehrerin, AMMA, erzählte einmal die Geschichte von einem Mann, der zu ihr kam, nachdem er in der Meditation wunderbare, aber auch merkwürdige Erfahrungen gemacht hatte. Er sah verschiedene grüne Lichter aufleuchten, während er sein Mantra rezitierte, und fragte sich, was sie bedeuteten. Betrat er andere Dimensionen? Erreichte er ein neues, fortgeschrittenes Stadium der Praxis? War er der Erleuchtung nahe?! Was bedeutete das?! »Es bedeutet, dass du eine Zeit lang nicht Auto fahren solltest«, sagte AMMA zu ihm. Der Mann war verblüfft. »Eines deiner grünen Blinklichter leuchtet vielleicht auf, wenn du an eine rote Ampel kommst. Ich habe Angst, dass du dann auf die Kreuzung fährst und jemanden verletzt!«

AMMA stellte auf ihre typisch kindliche Art die Wahrheit heraus, dass es auf solche Erfahrungen – bis hin zu echten mystischen Erfahrungen – in der Meditation nicht ankommt. Vielmehr geht es darum, dass wir uns ernsthaft bemühen und unsere Neugierde auf das bewahren, was uns in der Praxis begegnet, was auch immer es sei. Es geht darum, die natürlichen Eigenschaften des Herzens – Liebe, Mitgefühl, Wertschätzung und Resilienz – zu enthüllen und diese Qualitäten auf die neurotischen, gequälten, konfliktbehafteten Teile unserer inneren Familie auszudehnen. Es geht darum, was sich im Lauf der Zeit in unserem täglichen Leben tut, und nicht so sehr um das, was bei unseren jeweiligen Meditationssitzungen auf dem Kissen stattfindet. Die buddhistische Nonne TENZIN PALMO hat einmal bemerkt: Ob wir in unserer Meditation Fortschritte machen, können uns am besten die Menschen sagen, die zu unserer Familie gehören (zur biologischen oder zur Wahlfamilie). Glauben diejenigen, mit denen das Zusammenleben mitunter schwierig ist, dass wir freundlicher werden? Das ist die Schlüsselfrage.

ZUM SCHLUSS DIESES KAPITELS über Meditation möchte ich dich noch etwas fragen: Wann hast du das letzte Mal bewusst geatmet? Weißt du überhaupt, wie man richtig durchatmet und einen vollen, befriedigenden Atemzug macht? Und nun, da du tief einatmest, weil du dich auf frischer Tat ertappt fühlst – *du schlimmer Flachatmer, du!* – ergibt es für mich Sinn zu fragen: Was tun wir überhaupt, wenn wir versuchen, »dem Atem zu folgen«, wenn wir eigentlich gar nicht wissen, wie man atmet? Wie können wir erwarten, nach den Sternen zu greifen, wenn wir nicht wissen, wie wir auf der Erde gehen sollen? Selbst wenn jemandes Praxis Mantrarezitation oder Reiki oder etwas Ähnliches ist, bin ich mir nicht sicher, ob überhaupt irgendeine Praxis besonders wirken kann, wenn die Person, die sie anwendet, durchschnittlich nur alle drei Tage (oder Jahre) einmal tief durchatmet oder ihr Körper durch Überarbeitung, Trauma und einen ungünstigen Lebensstil voller Anspannung ist.

Und keine Praxis wird unser Leben verändern, wenn wir noch nicht einmal in der Lage sind, es mit uns selbst auszuhalten, so wie wir sind, ohne etwas verbessern zu wollen. Ohne die Ausgangsbasis einer solchen Selbstakzeptanz – ich bin sogar so dreist, Selbstliebe zu sagen – läuft jede Praxis Gefahr, zu einem Wettbewerb zwischen unserem Teil des »guten Meditierenden« und dem des »schlechten Ichs« zu werden. Wir sind nicht hier, um »unser Ego zu töten« oder irgendeinen Teil von uns loszuwerden. Wenn wir verurteilen – den denkenden Geist schmähen, unsere Selbstbezogenheit hassen, irgendeinen Teil von uns mit allen möglichen Beschuldigungen überziehen –, dann ist das nichts anderes als glatter Selbstmissbrauch.

Wenn du also die folgende Übung »Sich erden: der Atemkörper« machst, lade ich dich ein, alles, was du über Achtsamkeit, Transzendentale Meditation, Kristalle und Chakren gehört hast, einmal außer Acht zu lassen. Einschließlich der Vorstellung, dass deine Gedanken hier nicht erlaubt sind. Oder dass Ablenkungen unvereinbar damit sind, dass du hier allein mit dir selbst herumsitzt. Lass uns einfach einen Schritt beiseitetreten, mehr Distanz gewinnen zu all den tollen Sachen, die wir zu kennen glauben, und herausfinden, wie wir das Grundlegendste, fundamental Menschlichste überhaupt genießen können: einen richtigen Atemzug.

Ich, dein Meditationslehrer, gebe dir offiziell die Erlaubnis, nicht zu meditieren, deinen Gedanken und Gefühlen einfach freien Lauf zu lassen wie wilden Pferden – was sie ja auch sind –, und alles, was in deiner Umgebung geschieht, einfach weiterlaufen zu lassen. Gib auf. Gib das Selbstverbesserungsprojekt auf. Du bist nicht reparaturbedürftig. Stattdessen möchte ich dir vorschlagen, dein Nervensystem auf zellulärer Ebene zu nähren und einfach neugierig darauf zu sein, wohin dich das stattdessen führt.

TEIL 2 | ÜBUNGEN

Sich erden: der Atemkörper | ÜBUNG 1

IN DIESER ÜBUNG LERNST DU DAS NÜTZLICHSTE, was ein Mensch für seinen Körper überhaupt tun kann.

Zuerst musst du, wenn du einmal voll einatmen willst, deinen Körper in eine Position bringen, in der dein Atemfluss nicht behindert wird. Das erreichst du entweder, indem du aufrecht sitzt oder indem du dich auf den Rücken legst. Wenn du dich hinlegst, schieb am besten etwas unter deine Knie, zum Beispiel ein paar Kissen, damit dein Rücken keinen Schaden nimmt. Aber bitte leg dir kein Kissen unter dem Kopf. Das würde deinen Nacken in eine Fehlhaltung bringen und den Luftstrom behindern. Versuch es stattdessen mit einem Handtuch, das so gefaltet ist, dass dein Kopf nur etwa zwei bis drei Zentimeter erhöht liegt. Du kannst diese Übung zwar zur Not auch im Bett machen, aber wenn du dich auf einen Teppich oder eine Yogamatte auf dem Boden legst, ist das viel besser für deine skelettale Ausrichtung. Falls du aufrecht sitzt, versuch dabei weder starr noch schlaff zu sein.

Welche Haltung auch immer du einnimmst, leg fest, wie lange du üben willst (zehn Minuten sind großartig, wenn dir solche Übungen neu sind; zwanzig Minuten sind toll, wenn es nicht dein erstes Mal ist). Stell einen Timer auf deinem Smartphone oder einem anderen Gerät ein. Verpflichte dich dabeizubleiben, bis der Timer sich meldet. Wenn du diese eine Regel diszipliniert einhältst, wird sie dir langfristig sehr gute Dienste leisten.

Beginne damit, dass du spürst, wie es ist, in deinem Körper zu sein. Spüre, dass es ein atmender Körper ist. Atme nun tief in den unteren Bauch hinein. Vielleicht ist es am einfachsten, tief einzuatmen, wenn du sowohl beim Ein- als auch beim Ausatmen durch den Mund atmest, zumindest am Anfang. Atme in den untersten Teil des Bauches, unterhalb des Nabels, der im chinesischen System ***Xia Dantian*** genannt wird. Atme ein und spüre, wie sich der Bauch in alle Richtungen vor dir ausdehnt. Atme aus und spüre einfach, wie der Bauch zusammensinkt. Das, was bewirkt, dass dein Bauch sich so ausdehnt, ist dein Zwerchfell – ein kuppelförmiger Muskel, der direkt unterhalb der unteren Spitze deines Brustbeins ansetzt. Du kannst dir vorstellen, wie es sich beim Einatmen nach unten hin verflacht und beim Ausatmen wieder zu seiner Kuppelform zurückkehrt.

Versuch, so vollständig wie möglich ein- und auszuatmen, aber geh bitte nicht zu nachdrücklich vor. Du tust das, um dich zu nähren und deinen Körper wach und munter zu machen; das sollte sich in deiner Einstellung widerspiegeln. Atme weiter. Das mag sich zunächst ein bisschen wie Arbeit anfühlen, und du könntest währenddessen in Versuchung kommen auszusteigen, aber geh einfach darüber hinweg und mach weiter. Am Ende wird dies eine erwünschte Wirkung hervorrufen, eine Art natürliches Hochgefühl, also lass dich einfach von dieser wohltuenden Wirkung zum Weitermachen motivieren. Wenn du spürst, dass dein Bauch etwas lockerer und weicher wird, lass deine Atemzüge tiefer, langsamer und länger werden. Finde heraus, wie ruhig du den Atem werden lassen kannst – aber auch hier wäre Perfektionismus fehl am Platz. Kein Druck. Nur ein Körper, der tief ein- und ausatmet, in den Unterbauch hinein.

Spüre, wie beim Einatmen der obere Teil der Hüfte ein wenig nach vorne rollt und dir dabei hilft, einen vollen Atemzug zu nehmen. Wenn du ausatmest, gleitet die Hüfte ein bisschen nach hinten und hilft beim Ausatmen. Du kannst dabei mitgehen und die Hüfte etwas deutlicher vor- und zurückrollen lassen, um dies zu vertiefen. Atme weiter.

ZUGEGEBEN: ATMEN UND DEN BAUCH ausdehnen kann für viele von uns psychisch unangenehm sein, besonders für Frauen, die die Botschaften unserer Kultur, welche Form ein Bauch haben sollte, verinnerlicht haben. Vielleicht spricht dich dann dies an: Betrachte das In-den-Bauch-hinein-Atmen doch einmal als einen riesigen mitfühlenden, sich selbst bejahenden, sich selbst liebenden, rebellisch erhobenen Mittelfinger, den du all den entmenschlichenden Konditionierungen zeigst. Bei dieser Übung lieben wir einen dicken Bauch. Ein dicker, voller, runder Neunter-Monat-Bauch sollte im Rahmen dieser Praxis gefeiert werden. Wenn du dich deswegen schämst, sei bitte freundlich zu dem beschämten Teil deiner selbst. Sag ihm, dass es in Ordnung und sicher ist, diese Übung zu machen. Du kannst dir die lächerlichen Standards unserer Kultur sogar als eine riesige Hand vorstellen, die dich fest gepackt hat und dir die Luft abdrückt. Mit jedem Atemzug stemmst du die Finger dieser Hand um dich herum von dir ab, einen nach dem anderen, ganz allmählich.

Sobald du das Gefühl hast, dass du gleichmäßig gut und tief in den Bauch hineinatmest, lass allmählich zu, dass der Atem weiter nach oben in die Brust hineinströmt. Der Bauch füllt sich und dehnt sich in alle Richtungen aus – nach vorne, zu den Seiten, und du kannst dir sogar vorstellen, dass sich um den Rücken herum ein bisschen Raum füllt –, dann bewegt sich der Atem nach oben in den Brustkorb und bewirkt, dass sich die Rippen nach links und rechts ausdehnen. Beim Ausdehnen des Brustkorbs spürst du, dass sich die Rippen wie ein Akkordeon auseinanderspreizen. Beim Ausatmen lässt du den Brustkorb einfach in sich zusammensinken, ebenso den Bauch. Anders ausgedrückt: Beim Einatmen gehen wir von unten nach oben vor; beim Ausatmen von oben nach unten; und wir achten fortwährend darauf, nicht starr oder angespannt zu sein

Langsam, lang, tief, voll, leicht und still.

IRGENDWANN SOLLTE SICH DAS NÄHREND und befriedigend anfühlen. Du bringst neues Leben in deine Zellen – klopfst gewissermaßen Rost von den Rohren. Du entgiftest deine Organe und dehnst deine Lunge. Du versorgst dein Gehirn mit gutem Treibstoff. Du baust auch Muskeln auf. Es gibt drei Hauptmuskelgruppen, die an der Atmung beteiligt sind, und aufgrund unserer allgegenwärtigen Neigung, »das Atmen zu vergessen«, verkümmern sie. Wenn du diese Muskeln wieder aufbaust, ergibt es sich ganz natürlich, dass du im Lauf des Tages insgesamt tiefer atmest. Du denkst dann auch häufiger daran, bewusst zu atmen. Du kannst sogar an den Punkt gelangen, dass schon ein einziger bewusster Atemzug genügt, um dich wieder mit deiner Innenwelt zu verbinden und dir deine tieferen Absichten in Erinnerung zu rufen.

Genieße diesen einfachen Vorgang so lange, bis dein Timer abgelaufen ist.

ÜBUNG 2 | Innere Ressourcen heranziehen

DIE FOLGENDE ÜBUNG IST eine Visualisierungspraxis, die dich mit deinen inneren Ressourcen in Kontakt bringen soll. Manchmal, wenn wir scheinbar in einer Sackgasse gelandet sind, stimmt das gar nicht – eigentlich brauchen wir, wie die BEATLES es ausdrücken, nur »ein bisschen Hilfe von unseren Freunden« *(»a little help from our friends«)*. Diese Übung nutzt unser Vorstellungsvermögen als Eingang zum Unterbewusstsein – wo wir genau diese Hilfe finden können. Ich würde diese Übung als eine Art »Nachbarzone« der Teile-Arbeit betrachten, als eine weitere Möglichkeit, zu demselben inneren Territorium zu gelangen. Auch wenn es dir schwerfiel, zur Energie der Neugierde und der Fürsorge für deine inneren Teile zu finden, kann dir diese Übung unter Umständen sehr dabei helfen, diese Neugierde und Fürsorge in dir zu erkennen.

Setz dich bequem hin. Atme ein paarmal tief ein und aus und komme bei dir selbst an. Denk dann an eine schwierige Situation – entweder an etwas, das dich momentan beschäftigt, oder an etwas, mit dem du dich in der Zukunft auseinandersetzen musst. Es kann groß oder klein sein, es kann den Arbeitsplatz oder dein Zuhause, eine Freundin, ein Familienmitglied oder die finanzielle Situation betreffen – was auch immer.

Sobald du die Situation gefunden hast, mit der du arbeiten möchtest, stell dir vor, dass du genau jetzt damit konfrontiert wirst. Spiel den Film darüber vor deinem geistigen Auge ab. Sieh, wie sich die Situation entwickelt, nimm wahr, wie du dich in dieser Situation fühlst, was dein Körper empfindet und was du tendenziell gern tun würdest. Achte auch darauf, wer noch anwesend ist, wie sich die Anwesenheit dieser Person anfühlt, wie ihre Stimme klingt; stell dir so viele Aspekte der Situation wie möglich vor.

PLÖTZLICH STEHT DIE ZEIT STILL und alles kommt zu einem Halt. Aus dem Nichts materialisiert sich allmählich eine leuchtende Wesenheit oder Person heraus. Du weißt, dass diese Wesenheit oder Person sehr weise ist und über große Einsicht verfügt, dass du sie bewunderst und dass sie liebevoll, mutig und stark ist.

Es könnte der Buddha, MAYA ANGELOU, DAVID BOWIE, deine Großmutter oder jemand anderes sein. Beobachte, wie sich das Wesen langsam vor dir manifestiert. Wer ist es?

Wie sieht es aus? Betrachte sein Gesicht, die Augen, das Lächeln; fühle seine Gegenwart, seinen warmen Blick. Erzähle dem Wesen, während du es ansiehst, von der Situation, in der du dich befindest, und frag es, ob es dir helfen könnte. »Natürlich«, sagt es. »Nichts lieber als das.« Das leuchtende Wesen sagt: »Hier, ich zeige dir, wie ich damit umgehen würde«, und zu deiner Überraschung tritt es direkt in deinen Körper ein und übernimmt das Kommando. Du bist zwar immer noch da, aber es ist, als säßest du auf dem Rücksitz und das Wesen hätte das Lenkrad übernommen. Wie fühlt es sich an, es in deinem Körper zu haben? Fällt dir auf, dass sich deine Ausstrahlung, dein Gesichtsausdruck, sogar der Ton deiner Stimme verändert? Wenn ja, wie?

Die Zeit läuft wieder weiter. Du beobachtest, wie das leuchtende Wesen mit der Situation umgeht, sich um alle Angelegenheiten kümmert und mit allen Beteiligten kommuniziert. Wie ist das? Was sagt es? Was tut es? Wie verhält es sich und wie spricht es? Welche emotionalen Eigenschaften lässt es erkennen? Welche Art von Empathie zeigt es? Und wie kommuniziert es seine eigenen Bedürfnisse, Wünsche und Grenzen? Wie reagieren andere auf die Wesenheit, auf die Person? Nimm dir Zeit und beobachte, wie sie alles mit der ihr eigenen Anmut und Intelligenz handhabt.

Wenn deine Angelegenheiten ausreichend geregelt sind (oder zumindest so weit, wie es heute möglich war), tritt das Wesen wieder aus deinem Körper aus. Du bist ihm sehr dankbar. Dann sagt es dir, dass es einige spezielle Ratschläge für dich hat. Es beugt sich vor, bis sein Gesicht dicht an deinem Ohr ist, und flüstert dir etwas Weises ins Ohr. Was sagt es?

Schließlich streckt es die Hände aus, und du siehst, dass es einen hell schimmernden Kasten aus Gold und Silber hält. Es möchte, so sagt es dir, dass du nie vergisst, was heute hier klar geworden ist. Vor allem will es nicht, dass du deine eigene Stärke und Weisheit vergisst. In dem Kasten ist ein Geschenk für dich, das dir hilft, dich an alles zu erinnern. Es ist ein starkes, bedeutungsvolles Symbol, das nur für dich ausgesucht worden ist. Du streckst die Hand aus und öffnest langsam den Deckel des Kastens, um herauszufinden, was sich darin befindet. Was ist es?

Du nimmst den symbolischen Gegenstand aus dem Kasten und hältst ihn einen Moment liebevoll. Du wechselst einige dankbare Abschiedsworte mit dem leuchtenden Wesen. Und während du tief einatmest, löst es sich wieder in Luft auf, die gesamte Szene verschwindet mit ihm, und du kehrst sanft wieder aus der Übung in die Gegenwart zurück.

NIMM DIR NACH DER ÜBUNG ETWAS ZEIT, alles aufzuschreiben, was dir davon in Erinnerung geblieben ist, alles, was du gesehen, gefühlt und verstanden hast. Visualisierungen, die Bilder und Erfahrungen aus tieferen Schichten unseres Bewusstseins zutage fördern, sind Träumen sehr ähnlich. Wenn wir uns auf sie einlassen, sie aufschreiben und vielleicht sogar über sie sprechen, bleiben sie uns auf eine bedeutungsvolle Weise erhalten; lassen wir uns dagegen nicht auf sie ein und machen einfach weiter, dann verflüchtigen sie sich und es ist, als wären sie nie da gewesen. Es ist eine fantastische Idee, wenn du dir etwas zulegst, das dem Geschenk ähnelt, das du von dem Wesen erhalten hast. Das muss nicht der Gegenstand selbst sein. Es könnte auch ein Bild davon sein – sogar eines, das du selbst davon zeichnest. Bewahre den Gegenstand irgendwo auf oder bring ihn irgendwo an, wo du ihn siehst und er dich an die Fülle deiner Ressourcen und Ideen erinnern kann, vielleicht an deinem Spiegel oder auf dem Nachttisch.

Es mag den Anschein haben, als hättest du dir all das eingebildet, aber in gewisser Weise ist genau das der Punkt: Alles, was du dir an dem leuchtenden Wesen vorgestellt hast, ist bereits in dir. Sonst hättest du es dir nicht vorstellen können.

Das Angst-Unterbrechungs-Toolkit | ÜBUNG 3

HIER EIN BISSCHEN AUTOAUFKLEBER-WEISHEIT: »Wenn du keine Angst hast, hast du nicht aufgepasst.« Angst ist eine der vernünftigsten, angemessensten Reaktionen auf den Zustand der Welt; gleichzeitig brauchen wir es, dass du mit beiden Beinen auf dem Boden stehst, wenn wir diesen Zustand ändern wollen.

Ich habe mich mit NICK WERBER zusammengesetzt, einem aufstrebenden Coach in Brooklyn, dessen Familienaufstellungs-Workshops wohlverdient an Zugkraft gewinnen, um mit ihm über

Angst zu sprechen.* Er zog einige Techniken aus seinem Beutel voller evidenzbasierter Behandlungsverfahren hervor, wie etwa EMDR (Eye Movement Rapid Desensitization, »Desensibilisierung und Verarbeitung durch Augenbewegung«); EFT (Emotional Freedom Technique, »Technik der Emotionalen Freiheit«) und SE (Somatic Experiencing). Weiter unten findest du vier Techniken aus diesen Verfahren.

BEVOR DU DICH JEDOCH in diese kurzen praktischen Übungen vertiefst, hier noch ein wichtiger Rat: Verwechsle den Anfang nicht mit dem Ende. Wenn deine Angst auf einer Skala von null bis zehn beispielsweise bei acht oder neun liegt, können diese Techniken sie auf ein Niveau von fünf oder sechs senken. Dennoch sind sie nicht als schnelle Lösung gedacht, sondern eher als therapeutisches Mittel, um tiefer zu gehen. Anders gesagt: Wenn deine Angst bei acht liegt, bist du nicht wirklich in der Lage, dich auf andere Verfahren einzulassen, um Einsicht und Inspiration zu gewinnen. In dem Vier-Stufen-Modell, das ich in Kapitel drei vorgestellt habe – innehalten, entschmelzen bzw. die Identifikation auflösen, neugierig werden, deinen inneren Dialog umstellen –, entsprechen diese Praktiken, gegen Ängste anzugehen, dem Schritt »innehalten«. Erst wenn deine Angst auf etwa fünf auf der Skala gesunken ist, werden dir die folgenden Schritte zugänglich. Wie NICK sagt: »Für mich endet es nicht mit der Übung zur Unterbrechung der Angst. Das ist eigentlich erst der Anfang. Denn nun, da du etwas präsenter bist – ***was jetzt?***«

UNTERBRECHEN DURCH BEWEGUNG VON EINER SEITE ZUR ANDEREN

1. Nimm einen Gegenstand in die rechte Hand, irgendetwas, das groß und leicht genug ist, um es in einer Hand zu halten. Oder stell dir einfach vor, dass du einen Gegenstand in der rechten Hand hältst.

* siehe nicknwerber.com

2. Schau geradeaus. Halte deinen Blick die ganze Zeit auf diese Weise nach vorn gerichtet; du brauchst allerdings nicht zu streng dabei zu sein.
3. Halte den Gegenstand in der rechten Hand und mit entspannten Armen so, dass er sich unten in deinem peripheren Sichtfeld befindet, und bewege dann deine rechte Hand so weit wie möglich nach rechts, wo du ihn eben noch sehen kannst.
4. Bring deine rechte Hand zurück in die Mitte, gib das Objekt an deine linke Hand weiter und bewege dann deine linke Hand so weit wie möglich nach links, wo du es noch sehen kannst.
5. Bring deine Hand zurück in die Mitte, gib das Objekt an die andere Hand weiter und wiederhole das Ganze.
6. Mach so lange weiter wie nötig.

UNTERBRECHEN DURCH PERIPHERES SEHEN

1. Wähle etwas dir gegenüber aus, das du betrachten möchtest, zum Beispiel einen bestimmten Punkt an der Wand.
2. Mach, ohne deine Augen zu bewegen, eine Bestandsaufnahme all dessen, was du in deiner Peripherie sehen kannst. Nimm wahr, was sich auf der linken Seite deines peripheren Sichtfeldes befindet. Nimm wahr, was sich auf der rechten Seite befindet. Nimm wahr, was oben ist. Und was unten ist. Nimm wahr, welche Farben du erkennst, und benenne sie innerlich, zum Beispiel »blau«, »grün« und so weiter.
3. Mach weiter, bis sich deine Angst verringert.
4. Atmen kann nicht schaden.

UNTERBRECHEN DURCH DIE EFT-KLOPFMETHODE

Klopfe mit Zeige- und Mittelfinger sanft, zügig (aber nicht gehetzt oder zu stark) und rhythmisch jeweils zwischen fünf und zwanzig Sekunden auf folgende Stellen, eine nach der anderen und in dieser Reihenfolge:

1. Das dritte Auge
2. Unter einem Auge
3. Die Schläfe auf derselben Seite
4. Die Oberlippe unter der Nase
5. Die Brust mit der Handfläche
6. Umgreife dann mit der einen Hand das Handgelenk der anderen und atme tief ein und aus.

UNTERBRECHEN MIT DER VU-AH-METHODE

1. Atme tief in den Bauch hinein.
2. Sag beim Ausatmen: »Vuuuuuuu.«
3. Atme tief ein.
4. Sag beim Ausatmen: »Ahhhhhhhh.«
5. Wiederhole das drei bis fünf Minuten.

Eine neue Checkliste für Depressionen: (Über-)Lebenshilfen nacheinander vorgestellt

WENN ES DIR MISERABEL GEHT und deine Gedanken sich auf das Schlimmste richten, lass uns ein paar Dinge überprüfen, bevor du in blanke Verzweiflung verfällst. Vorab: Ich erkenne an, dass es dir gerade jetzt oder im weiteren Verlauf vielleicht sinnlos erscheint, dir das durchzulesen. Lass mich dir ein Bild vorschlagen, das ich hilfreich finde.

Stell dir einmal vor, du sitzt im Kino und siehst einen Bekannten drei Plätze entfernt von dir sitzen. Der Film hat noch nicht angefangen und du willst ihn begrüßen. Dazu musst du an den drei Personen, die zwischen euch sitzen, vorbeischauen, um deinen Bekannten direkt anzuschauen und seine Aufmerksamkeit auf dich zu ziehen. Du könntest sogar »Hey« sagen und versuchen, deine Stimme an den drei Personen vorbei weiter vordringen zu lassen, damit dein Freund dich besonders gut hört. Tu das bitte einmal mit deinen Gefühlen und Gedanken, während du dies hier durchgehst. Deine Depressionen sind die drei Personen, die zwischen dir und der Person sitzen, der du Hallo sagen willst. Schau an diesen inneren Stimmen vorbei, und konzentriere dich stattdessen auf die folgenden Fragen und Vorstellungen.

1. PRÜFE, OB DU TATSÄCHLICH WILLST, DASS ES DIR BESSER GEHT.

Manchmal meinen wir nur, wir wollten uns besser fühlen, aber in Wirklichkeit *wollen wir nur*, dass wir uns besser fühlen *wollen*. Wir können manchmal erstaunlich am Leiden hängen. Unsere psychische Erschöpfung ist dann widersprüchlich, paradox. Finde also ganz klar heraus, ob du dich wirklich besser fühlen willst. Und wenn das allem Anschein nach nicht der Fall ist – kannst du dann Neugierde entwickeln in Bezug darauf, warum nicht? Vielleicht kommt dir die Tatsache, dass du dich miserabel fühlst, auf eine Weise zugute, die du dir selbst noch nicht eingestanden hast. Bei mir war es auf vielen Etappen meines Weges so.

2. GEH NACH DRAUSSEN.

Wenn nach draußen zu gehen deinem Empfinden nach zu viel für dich ist, betrachte dieses Gefühl als eine unbewiesene Behauptung – eine Hypothese. Geh fünf Minuten nach draußen, teste deine Hypothese und bestätige, ob sie wahr ist oder nicht. Ich habe gelernt, die Kraft eines Szenenwechsels nie zu unterschätzen – die Landschaft, die frische Luft und (vor allem) den Blick in den Himmel.

3. MÖCHTE JEMAND WASSER?

Manchmal frage ich mich, wie meine Erfahrungen mit Kindheitsdepressionen und -traumata ausgesehen hätten, wenn ich damals immer genug getrunken hätte. Schon allein Dehydrierung kann bewirken, dass du dich elend fühlst – sie kann dir Kopfschmerzen bereiten, dich in Hoffnungslosigkeit verfallen lassen, dafür sorgen, dass du leblos, energielos und gereizt bist. Ich kann mich an Zeiten erinnern, in denen der Gedanke, täglich acht große Gläser Wasser zu trinken, mir wie eine kaum zu bewältigende lästige Pflicht erschien. Du brauchst jedoch nichts weiter zu tun, als jetzt mit einem Glas zu beginnen. (Und dann machst du weiter.)

4. DENKST DU AUCH DARAN, SPASS ZU HABEN?

Spielen ist das Gegenteil von Angst. Es ist das Gegenteil von Hoffnungslosigkeit. Spieltherapie für Erwachsene – ja, das gibt's.[7] Lass dich wieder in die Kindheit zurückfallen und tu etwas, was dir damals Spaß gemacht hat. Solo-Tanzpartys in der Küche, ausgeflippte Luftgitarren-Performances vor dem Spiegel und unausstehlich lautes (und falsches) Mitsingen sind ausdrücklich erwünscht.

5. ISS GUT.

In klaren Worten: Die Entscheidung für einen Salat statt eines Sandwichs kann den Unterschied zwischen einem beschissenen und einem guten Tag ausmachen. Es ist mir egal, ob du den Salat in Ranch-Dressing ertränken musst, Hauptsache, du bringst etwas Brokkoli und Salat in dich hinein.

6. ATME.

Wie können wir uns besser fühlen, wenn wir die Basis unseres Daseins vernachlässigen? Dein Atem gehört zu den wirkungsvollsten Mitteln, die dir zur Verfügung stehen, wenn es darum geht, deinen geistig-emotionalen Zustand zu beeinflussen. Die Übung »Sich erden: der Atemkörper« auf Seite 109 eignet sich hervorragend, um damit zu beginnen. Lass dir damit über mehrere Tage hinweg zehn Minuten Zeit, bevor du versuchst zu beurteilen, ob sie funktioniert.

7. RUF EINE/N FREUND*IN AN.
Bring den *Golden Girls*-Titelsong zum Einsatz. Deine Gedanken aus dem Kopf und in die Welt zu bringen, indem du sie laut aussprichst (oder sie sogar per SMS sendest), sodass andere sie empfangen, gehört zu den großartigsten Formen der Erleichterung überhaupt. Du meinst, du hättest keine Freunde oder sonstige Menschen, mit denen du über deine Depressionen sprechen möchtest? Informationen zu Beratung und Anlaufstellen findest du zum Beispiel unter www.neurologen-und-psychiater-im-netz.org/krisenotfall/akute-psychische-krise/.

8. SEI EINFACH MAL FREUNDLICH ZU ANDEREN.
Ich sage das ohne den Hauch einer Verurteilung oder Beschuldigung: Ein großer Teil der Depressionen besteht in der Konzentration auf sich selbst. Unsere Gedanken drehen sich darum, was mit *uns* los ist, wie schrecklich das alles für *uns* ist und wie unlösbar *unsere* Probleme sind. Diesen Kreislauf kannst du durchbrechen, indem du an andere denkst. Die Meditation der liebenden Güte zum Beispiel konzentriert sich darauf, anderen Gedanken des Wohlergehens zu senden, und es hat sich gezeigt, dass sie Depressionen und Ängste verringert und heitere Gefühle wie auch das Gefühl, Sinn im Leben zu finden, verstärkt. Noch besser sind ehrenamtliche Aktivitäten – Angebote findest du unter anderem im Internet.

9. BEWEG DICH.
Was zunächst wie ein Ding der Unmöglichkeit wirkt, ist oft genau das, was wir brauchen. Das gilt auch für Sport und Bewegung bei Depressionen. Leg einfach los, mit welcher Sportart auch immer. Idealerweise nimmst du an einem Kurs teil. Ich persönlich liebe auch die HASfit-Videos von Coach Kozak auf YouTube, weil sie kurz und sehr positiv sind. Wenn du die Beine nicht gut bewegen kannst, gibt es online Kardio-Videos mit Übungen im Sitzen, nur mit Armbewegungen, und ebenso gibt es Videos, in denen nur die

Beine zum Einsatz kommen. Wenn du dich bewegen kannst, dann kannst du auch deine Herzfrequenz erhöhen, ein bisschen schwitzen und deinen Serotoninspiegel erhöhen. Natürlich solltest du dich vorher ärztlich untersuchen lassen und die entsprechenden Empfehlungen befolgen.

TEIL 3

EINE ZEIT,

UM ZU VERSTEHEN

INTERMEZZO

Die heilende Kraft der Theorie

ETWAS SCHWIERIGES ODER TRAUMATISCHES zu überleben und nicht zu wissen, warum es zu dem Ereignis kam, kann ungeheuer verstörend sein. Ohne ein klares Warum können wir kein sinnstiftendes Narrativ zusammenfügen, und unser Nervensystem kann nicht zur Ruhe kommen. Unsere defensiven Anteile werden dann in einer riesigen, klaffenden Lücke der Ungewissheit zurückgelassen, und das ist für ein Gehirn, das ja die Aufgabe hat, Sinn und Bedeutung in den Dingen zu finden, unendlich frustrierend. In solchen Situationen spielt das Gehirn tendenziell Szenarien immer wieder durch und sucht fortwährend nach Hinweisen, die helfen, Lücken zu füllen, in dem Versuch, den Sinn des Ganzen zu finden. Wenn wir uns auf ein Warum festlegen können, ermöglicht uns das, die Erfahrung zu benennen und sie sprachlich besser zu erfassen; so können wir erkennen, inwiefern wir selbst und andere betroffen sind. Das wiederum aktiviert die linke Seite unseres präfrontalen Kortex, die »Kommandozentrale« unseres Gehirns.

Studien haben gezeigt, dass der linke präfrontale Kortex mit dem in Verbindung steht, was man als unser *Annäherungssystem* bezeichnet – die schicke Benennung für einer Reaktion, die wir haben, wenn wir uns sicher genug fühlen, um einer Situation mit Neugierde zu begegnen und kreativ nach einer Lösung zu suchen. Eine von der rechten Hemisphäre dominierte Reaktion des präfrontalen Kortex wird mit unserem eher defensiven *Vermeidungssystem* in Verbindung gebracht, das uns dazu veranlasst, dichtzumachen, zu Pillen oder anderen (Sucht-)Mitteln zu greifen und wegzulaufen.

Wir wissen auch, dass ein Trauma in einem nichtlinearen, nicht kohärenten System gespeichert ist, das als *implizites Gedächtnis* bezeichnet wird und dafür verantwortlich ist, dass schwierige Erinnerungen (manchmal sogar die Erinnerung an die gesamte Kindheit) so oft Lücken und fehlende Teile aufweisen. Daher können theoretische Erläuterungen, wie und warum wir so sind, wie wir sind, hilfreich sein, um solche zerstreuten Bruchstücke aus dem impliziten Gedächtnis herauszuholen. Sie können dazu beitragen, jene Teile von uns, die unverarbeitete emotionale Erfahrungen in sich tragen, aus der Fragmentierung heraus- und an einen Ort zu bringen, an dem Gefühle und Narrative endlich in Fluss kommen können. Einfach ausgedrückt: Wenn wir die bewegten Anteile benennen können, die an einer Erfahrung beteiligt sind – vor allem, wenn das schwierig ist –, kann das unser Gefühl von Klarheit und Empowerment wiederherstellen.

In diesem Sinne – dass eine heilende Kraft in der Theorie liegt – möchte ich unsere Diskussion in Teil drei dieses Buches um Erkenntnisse der modernen Neurowissenschaft erweitern, die sich im Großen und Ganzen nahtlos in das Modell der Teile-Arbeit einfügen, mit dem wir uns schon beschäftigt haben. Informationen über unser Gehirn- und Nervensystem können einen unglaublich hilfreichen Hintergrund liefern, wenn es darum geht, unsere psychischen »Anteile« nicht nur als persönliche Eigenheiten, als etwas Individuelles zu verstehen, sondern zu einem gewissen Teil auch als Reaktionsmuster auf gesellschaftliche Kräfte. Eine solche Erweiterung unseres Blickwinkels erleichtert es, unsere Diskussion in Richtung soziale Strukturen und gesellschaftliche Konditionierung zu lenken. Dazu werde ich einige dynamische neuropsychologische Systeme erörtern, die daran beteiligt sind, wie die Erfahrung sozialer Wahrnehmung gelebt wird; insbesondere gehe ich darauf ein, dass neurologische und unbewusste psychische Faktoren eine enorme Rolle spielen, wenn es um Macht, Privilegien und Ungerechtigkeit geht. Ich habe eine solche Sichtweise meiner eigenen Erfahrungen als ungeheuer hilfreich empfunden. Jede Steigerung unserer Bewusstheit stärkt unsere persönliche Freiheit, weil Bewusstheit immer zu Entscheidungen führt. Für Menschen mit vielen traumatischen Erfahrungen kann das bedeuten, dass sie neue Optionen haben, ihre Vergangenheit umzudeuten und mit größerer Handlungsfähigkeit voranzuschreiten. Für Menschen mit vielen Privilegien (die unter Umständen ebenfalls viel Traumatisches mit sich herumtragen) kann das bedeuten, dass sie präziser – und im Laufe der Zeit auch schneller – wahrnehmen, wie neuropsychologische Tendenzen und soziale Konditionierungen uns dazu bringen, unsere Privilegien abzuleugnen, sie zu schützen und aufrechtzuerhalten. Es kann bedeuten, dass wir stattdessen lernen, wie wir unsere Privilegien anerkennen, sie positiv einsetzen und teilen.

Dennoch gelten die folgenden Ausführungen nur mit Vorbehalt, denn es sind zwar plausible Theorien, doch basieren sie auf dem, was wir jetzt über das Gehirn wissen. Ich möchte dazu beitragen, dass wir bestimmte Voraussetzungen, die eine Rolle spielen, leichter erkennen können, bin aber nicht darauf aus, genaue Ursachen festzulegen. Mein Ansatz ist, diese Fragen als Gelegenheit zur Steigerung der Bewusstheit zu nutzen und eine andere Art von Genauigkeit in den laufenden Diskurs einzubringen. Ich habe mich nach bestem Vermögen bemüht, eine Sprache zu verwenden, die kein Klinik-Jargon ist, damit meine Ausführungen möglichst gut nachvollziehbar bleiben. Infolgedessen könnte einiges von dem, was ich vorbringe, als vereinfachend oder als Rechtfertigung einer Ansicht kritisiert werden, insbesondere von denjenigen, die vielleicht Dinge losgelöst von ihrem Zusammenhang lesen (wozu wir alle neigen). Sich mit Themen wie Rassendiskriminierung und Unterdrückung zu beschäftigen ist meiner Erfahrung nach eine sichere Methode, um eigene blinde Flecken und Konditionierungen offenzulegen. Solche Themen zu vermeiden würde jedoch bedeuten, einige sehr heikle Fragen zu umgehen, die nicht nur unsere äußere, sondern auch unsere Innenwelt beeinflussen.

8. VERTEIDIGER UND WEISE

Emotionale Intelligenz im Kontext aktiver Traumatisierung und Unterdrückung

»*Gerechtigkeit ist Liebe im öffentlichen Leben – so wie Zärtlichkeit Liebe im Privatleben ist.*«

Dr. Cornel West

DIE NATUR KANN UNS VIEL DARÜBER LEHREN, wie das Leben funktioniert. Wenn wir der Flora, der Fauna und den Jahreszeiten um uns herum genügend Aufmerksamkeit schenken, stellen sich unweigerlich Einsichten über unser eigenes Leben, unsere Beziehungen und die Natur des Daseins ein. Nichtmenschliche Tiere zu beobachten kann besonders aufschlussreich sein, wenn es darum geht, unsere eigenen Motive und Prozesse zu verstehen. Unser Gehirn unterscheidet sich in Wirklichkeit gar nicht so sehr von dem ihren. Wir alle haben ein archaisches limbisches System, das für unsere defensive Kampf-oder-Flucht-Reaktion verantwortlich ist. Alle Primaten haben auch einen Neokortex, der stark daran beteiligt ist, ein ausgeprägtes Gespür für soziale Verbundenheit und angemessenes Verhalten hervorzubringen. Der Hauptunterschied zwischen Menschen und den meisten anderen Primaten besteht darin, dass wir einen viel weiter entwickelten Neokortex haben als sie. Hast du dich jemals gefragt, warum Hunde im Vergleich zu Katzen eine viel expressivere Persönlichkeit und in gewisser Weise sogar etwas wie Sinn für Humor haben? Das liegt zum Teil daran, dass Hunde einen stärker entwickelten Neokortex haben. Wie merkwürdig, dass sie trotzdem – ähem – die unterlegeneren Geschöpfe von beiden sind (nur ein Scherz, nur ein Scherz!).

Wenn wir in Bezug auf menschliches Verhalten eines verstehen müssen, dann ist es das: Unser Gehirn und unser Körper sind eigentlich nicht wirklich für das 21. Jahrhundert ausgelegt. Wir sind darauf ausgelegt, Jäger und Sammler zu sein. Für eine nomadische Lebensweise sind wir besser gerüstet. Unser Verstand und unser Körper haben alles, was sie brauchen, um mit Situationen fertigzuwerden, die zwar im Vergleich zum modernen Leben einfacher, aber mit viel mehr Gefahren verbunden sind: gefährliche Raubtiere erkennen, einen geeigneten Unterschlupf finden, Gruppen, die wir nicht kennen, abwehren … Die emotionalen Reaktionen, die mit einem solchen Leben einhergehen, sind viel intensiver als das, was die meisten von uns brauchen, um sich in unserer heutigen Welt zurechtzufinden.

Das limbische System, das an allen Aggressions- und Gewalthandlungen beteiligt ist, ist im Grunde ein primitives »Wesen«. Für unsere Zwecke bezeichnen wir diesen Teil unseres Gehirns hier als »den Verteidiger«. Der bekannte Neuropsychiater DAN SIEGEL sagte einmal während einer Schulung, dass wir uns, wenn wir wütend werden, die Wut einer Fischmutter vorstellen können, die vor 500

Millionen Jahren in einem Teich in einer Höhle lebte und ihre Eier vor einem Raubtier schützen wollte. Wir können den Kampf-oder-Flucht-Mechanismus, den unsere defensiven Teile anwenden, als etwas sehen, das die Kraft einer halben Milliarde Jahre Evolution hinter sich hat. Er ist uralt, aber er ist stark.

Der Neokortex ist der Sitz unseres Mitgefühls, unseres ethischen Empfindens, unserer Willenskraft, Persönlichkeit und Problemlösungsfähigkeit sowie des Identitätsbewusstseins und des Gefühls der Verbundenheit mit anderen. Er ist einem Buddha etwas näher – sanft genug, um die angeborene Kostbarkeit allen menschlichen Lebens zu schätzen und mit anderen verbunden zu sein; stark genug, um die Gezeiten des Lebens zu überstehen. Er ist wie ein Weiser – selbstbewusst genug, um sich und seinen Wert zu behaupten; aufrichtig genug, um selbst dann das Richtige zu tun, wenn niemand zuschaut. Er ist auch der evolutionär jüngste Teil des Gehirns. Mit anderen Worten, der weise Neokortex muss die schiere Leistungskraft, die der Verteidiger – das limbische System – schon hat, erst noch entwickeln. Obwohl diese beiden Teile des Gehirns funktional eng miteinander vernetzt sind, finde ich es hilfreich, beide voneinander abzugrenzen, um zwei diametral entgegengesetzte Arten emotionaler Reaktionen zu beschreiben.

Niemand hat mich mehr über diese beiden Arten emotionaler Reaktionen gelehrt als EMMA GOLDMAN und HENRY LEE, meine beiden Katzen (zur Information: HENRY LEE ist nach dem metaphysischen Song von NICK CAVE und PJ HARVEY benannt, nicht nach dem Serienmörder). Die meiste Zeit sind sie Schmusekatzen. Versuch ruhig mal, Katzen zu finden, die noch verschmuster sind als meine – es wird nicht klappen. Dennoch beobachte ich die seltsame Metamorphose, die sie jeden Tag als Reaktion auf spezielle starke Reize durchlaufen: Schon das leiseste Knistern einer Tüte mit Katzenleckerlis, und sie verwandeln sich.

Sind sie in ihrem natürlichen Zustand, dann sind sie entspannte, friedliche, schnurrende, schmusebereite Pelzbabys. Doch sobald du die Katzenleckerlis herausholst, werden sie zu *Desperados* – gesetzlosen Banditen. Ihre Verteidiger leuchten auf. Im Bruchteil einer

Sekunde sind sie hibbelig, gedankenvoll, ängstlich. In Lichtgeschwindigkeit fressen sie hektisch alles, was ich ihnen zuwerfe. Sie drangsalieren sich auch gegenseitig und konkurrieren um mehr. Und wenn die Leckerli-Zeit vorbei ist, scannen sie wachsam den Boden – könnte ja sein, dass doch noch etwas da ist. Man sollte meinen, sie würden mir als Leckerli-Austeiler etwas Anerkennung schenken. Aber wenn ich nach der Leckerli-Zeit versuche, sie zu streicheln, springen sie von mir weg, als wäre ich eine Bedrohung. Wenn sie schließlich begreifen, dass es keine Leckerlis mehr gibt, verlassen sie den Raum.

Das hat mich früher immer völlig verwirrt. Blitzschnell gehen wir von einem Moment der Verbundenheit in einen Leckerli-Wahn über, und dann wenden sie sich gegen mich. Was hat das nur zu bedeuten?

SICHERHEIT, BELOHNUNGEN UND ZUGEHÖRIGKEIT

AUF DER NEUROLOGISCHEN EBENE werden wir Menschen von drei grundlegenden Dingen angetrieben, die wir brauchen, damit es uns gut geht: Sicherheit, Belohnungen, die positive Gefühle in uns auslösen, und Zugehörigkeit. Diese intrinsischen zentralen Motivationen korrelieren mit drei Abschnitten des Gehirns: Hirnstamm, Mittelhirn und Neokortex. Wenn wir das Gefühl haben, dass wir in Sicherheit sind und unsere Grundbedürfnisse befriedigt werden, dann hängt das mit dem Hirnstamm zusammen. Wenn in einer Situation Belohnungen vorhanden sind – etwa wenn wir etwas Neues lernen, einer erfüllenden Arbeit nachgehen oder an den Strand fahren, um die Sonne und die Wellen zu genießen –, hängt das mit Bereichen des Mittel- und Zwischenhirns zusammen. Wenn wir das Gefühl haben, dass wir dazugehören, wenn wir mit anderen verbunden sind und uns gesehen, geschätzt und verstanden fühlen, dann hängt das mit dem Neokortex zusammen. Das Leben, das uns alle durchströmt, richtet sich fortwährend in diese Richtungen aus, so wie eine Pflanze immer zur Sonne hin wächst. Selbst diejenigen, die ihren Hass äußern und üble Gewalttaten begehen, glauben, sie müssten dies tun, um in Sicherheit zu sein (denk an Neonazis, die »Juden raus« skandieren), um belohnt zu werden (denk an in- und ausländische Terroristen, die glauben, ihnen würde im Himmel besonderer Lohn zuteil) oder um dazuzugehören (denk an CHARLES MANSON und seine Anhänger, die sich selbst »Familie« nannten).

Die Befriedigung dieser Bedürfnisse ist für EMMA und HENRY grundsätzlich gewährleistet: Sie (fr)essen besser als ich (Sicherheit), wir spielen oft (Belohnung) und bei uns zu Hause wird viel »geköpfelt« (Zugehörigkeit). Diese Voraussetzungen führen bei ihnen fast automatisch zu einem psychischen Zustand, der wissenschaftlich als »Schmusekatzen«-Zustand bekannt ist. Aber täusch dich nicht: So oft wir Menschen auch darüber fantasieren, dass wir gern ein Katzen- oder Hundeleben hätten, das Leben eines Tieres ist voller Ängste. In diesen Katzen sind wildere Instinkte fest verankert, die darauf ausgelegt sind, mit enormer Unsicherheit und Ungewissheit fertigzuwerden. In der Wildnis müssen fleischfressende Tiere jedes Mal, wenn sie hungrig werden, ein anderes Lebewesen jagen und fressen. Und sie sind der ständigen Bedrohung ausgesetzt, selbst bei lebendigem Leibe gefressen zu werden.

Überdies sind EMMA und HENRY Katzen aus dem Tierheim, gerettet aus den Straßen von New York City. Ihre frühesten Erfahrungen waren Nahrungsknappheit und eine fehlende schützende Unterkunft. Daher assoziieren sie mit Fressen – sogar mit Katzenleckereien – Überleben. Sie hören das Rascheln jeder Tüte im Haus, in der ein Leckerli sein könnte, und sofort kommen ihre inneren Verteidiger zum Vorschein. In solchen Momenten sind sie buchstäblich andere Wesen – ambivalent in Bezug auf unsere Verbundenheit, wie ein Laser nur auf eine Sache konzentriert: *Hol dir den Leckerbissen! Friss die Leckerlis! Leckerlis!! Moment – keine Leckerlis mehr da? Wir verschwinden. Du bist für uns gestorben, Alter.*

Wie die Sozialreformerin DOROTHEA DIX einst schrieb: »Wer hungrig ist, will keinen Kuss.« – Dasselbe gilt für uns Menschen. In dem Maße, wie wir das Gefühl haben, dass wir in Sicherheit sind, dass das Leben grundsätzlich gut ist und wir dazugehören (was das Gefühl umfasst, relativ wertvoll zu sein, gut genug zu sein, gesehen, gehört und respektiert zu werden und zu »zählen«), können wir nach Belieben im Zustand des »Weisen« bleiben. Sind diese Grundbedürfnisse jedoch nicht ausreichend erfüllt, geraten wir in Stress, und dann gewinnen tendenziell unsere entwicklungsgeschichtlich sehr alten Impulse die Oberhand. Stress reißt uns buchstäblich mit sich in einem unbewussten Prozess, der keinen Raum dafür lässt, Dinge zu hinterfragen oder sich in andere einzufühlen. Vielmehr verdinglicht unser Gehirn Menschen bzw. Lebewesen und Erfahrungen, und zwar in eng gefassten Gegensatzpaaren wie »sicher versus unsicher« und »wir gegen sie«. Im System der inneren Familie werden einige Verteidiger-Teile von uns tatsächlich »Feuerwehrleute« genannt. Man kann sich solch reaktive Verteidiger so vorstellen, dass sie ganz plötzlich eingreifen und gut ausgerüstet sind, um eine heldenhafte Arbeit zu leisten, aber nicht so viel Zeit zum Nachdenken haben. Schließlich brennt ein Gebäude.

Bitte bedenke all das, wenn wir nun eine wahre Geschichte durchgehen (wobei alle persönlichen Details geändert wurden, um die Vertraulichkeit zu wahren).

EMOTIONALE RESILIENZ IM ZUSAMMENHANG MIT ARMUT

Triggerwarnung:
Gewalt und Tod von Kindern !

DER HOHE NEUROLOGISCHE PREIS, den Dauerstress fordert, ist der Grund dafür, dass Armut eine der traumatisierendsten Bedingungen ist, unter denen ein Mensch leben kann. Man kommt nie aus dem

Überlebensmodus heraus. Obwohl ich nicht aus eigener Erfahrung über die tiefsten Tiefen der Armut und des Rassismus schreiben kann, muss ich doch berichten, was ich in jenen Tagen gesehen habe, als ich mich bemüht habe, Menschen in einer solchen Situation beizustehen. Ich übertreibe nicht, wenn ich sage, dass dies vielleicht die radikalste und allgegenwärtigste Form des Terrorismus ist, die es gibt. Um ehrlich zu sein: Ein Teil von mir bezieht die folgende Geschichte mit ein, um die Verbindung zwischen elenden Umständen und unseren Gefühlen verständlicher zu machen; ein anderer Teil von mir tut es aus der Überzeugung heraus, dass solche Geschichten in den Mittelpunkt gerückt werden müssen, wenn es uns ernst damit ist, unsere innere Arbeit damit zu verbinden, auch für andere da zu sein und Anteil zu nehmen.

Zwei Jahre lang führte mich meine soziale Arbeit mit Kindern regelmäßig in Wohnprojekte in New York City. Was ich dort sah, räumte all meine noch bestehenden Vorstellungen darüber aus, dass wir doch in einer integrierten Gesellschaft leben. Zu sehen, wie riesige, fast zur Gänze nichtweiße Communities abgeschnitten in einer parallelen, nicht gleichberechtigten Gesellschaft lebten, sprengte die Grenzen meines akademischen, rein theoretischen Verständnisses dessen, wie systembedingte Unterdrückung funktioniert. Versteh mich nicht falsch, ich bin in den Projekten vielen Menschen begegnet, die unermüdlichen Glauben und Hoffnung verkörperten, Liebe ausstrahlten, mir Freundlichkeit entgegenbrachten und das Leben feierten. Dennoch ist es eine Sache, das Konzept der Marginalisierung theoretisch zu verstehen; eine ganz andere hingegen, sich den Menschen in ihrer Marginalisierung, in die sie gezwungen worden sind, anzuschließen; und wieder eine ganz andere, in ihrem Zuhause als Betreuer mit ihnen zu arbeiten. Technisch gesehen war ich da, um zu helfen. Auch von dem her, was ich wollte, war ich da, um zu helfen. *Ehrlich betrachtet* war ich jedoch ein weiterer Fremder, dem viel Autorität zugestanden worden war, um ihnen ihr Leben zu diktieren.

Die Polizeipräsenz in den Projekten war stark. Blendend helles Flutlicht umgab viele Gebäude und wurde die ganze Nacht angelassen. Dort lernte ich, dass emotionale Resilienz für die gutherzigen

Menschen, denen ich dort meistens begegnete, nicht bedeutete, Bewusstheit für Körper und Geist zu entwickeln. Vielmehr hatte ich den Eindruck, dass sie versuchten, so gut wie möglich für ihr Leben und ihre Familie zu sorgen und gleichzeitig die Augen für die ganz realen Gefahren um sie herum offenzuhalten.

Als ich zum ersten Mal eine Familie in meiner neuen Rolle als Sozialarbeiter besuchte, informierte mich die Kollegin, die mich schulte, dass dort wenige Tage zuvor ein etwa fünf- oder sechsjähriges Mädchen in einem Treppenhaus ermordet worden war. Der Mörder war immer noch auf freiem Fuß.

Wir klopften an die schwere Stahltür der Einzimmerwohnung. Ein fünfjähriges Mädchen, das wir BETTY nennen werden, öffnete die Tür. Sie berichtete innerhalb weniger Minuten nach unserer Ankunft noch einmal von der schrecklichen Begebenheit. Ihr Bruder war in einer Pflegefamilie untergebracht worden, nachdem ihre Mutter ihn körperlich auf unangemessene Weise bestraft hatte – und dennoch hatte man BETTY dort gelassen. Das Mädchen, für ihr Alter sehr klein – möglicherweise durch Stress oder Unterernährung oder beides –, war vielleicht das klügste und talentierteste aller Kinder, die ich bei dieser Arbeit kennengelernt habe. Aber ihre Situation war so, dass die Stärken, die sie hatte, fast zwangsläufig durch die toxische Umgebung gefiltert wurden.

BETTY lernte schon früh, dass Angriff die beste Verteidigung ist. Sie war hochgradig manipulativ, ihre Ausdrucksweise hätte selbst einen Seemann erröten lassen, und sie neigte oft zu körperlicher Aggression. Schon in so jungem Alter hatte sie eine verblüffende Fähigkeit, Schwachstellen anderer zu erkennen. Einmal wurde sie im Lauf eines gerichtlich angeordneten, beaufsichtigten Kontrollbesuchs (oft eine demütigende Erfahrung für alle beteiligten Parteien) gewalttätig und wurde von meiner Supervisorin zurückgehalten. BETTY schrie sie an: »Du *Fotze*! Dein ganzes Leben hast du noch nie jemandem auch nur einen Tag geholfen!« Meine Supervisorin blickte mich mit offenem Mund an. Das kleine Mädchen hatte die größte Unsicherheit, die mitfühlend-engagierte Sozialarbeiter*innen überhaupt haben können, herausgegriffen und zugeschlagen. Sie tat es wie jedes extrem aufgeweckte Kind, das darauf hin konditioniert war, zu verstehen, dass sein Überleben ständig in Gefahr war. BETTYS tägliches Leben hatte sie darauf vorbereitet.

Bevor wir die Neuropsychologie unserer Gefühle im Zusammenhang mit aktiver Traumatisierung weiter erkunden, muss eines einfach gesagt werden: Kinder können keine Fehler machen. Kinder können nicht im Unrecht sein. Sie leben nicht mit einer Einstellung, in der richtig oder falsch existiert; keiner von uns wurde mit einer solchen Einstellung geboren. Vielmehr zwingen wir Erwachsenen ihnen ein solches Denken auf. Kinder leben in einer Welt spontaner, gedankenloser Impulse. Alles, was sie *überhaupt* tun, ist, die Lebenskraft in ihrem Inneren zu erkunden und spontan zu äußern. Sie wissen noch nicht, was diese Welt und dieses Leben ist, und ihre einzige Möglichkeit, es herauszufinden, besteht darin, es mit dem Versuch-und-Irrtum-Prinzip zu probieren. Und sie werden dadurch konditioniert, dass das Ergebnis ihres Tuns – *du ahnst es schon* – zu einer Steigerung ihres subjektiven Gefühls der Sicherheit, Belohnung und Zugehörigkeit führt – oder auch nicht.

Es mag zwar verlockend sein, BETTY als »Problemkind« zu bezeichnen, wie es so oft geschieht, doch solche Urteile sind irreführend. Sie sind nicht im Einklang mit dem, wer und was wir Menschen in Wahrheit sind, mit unserer angeborenen Weisheit und mit der unvorhersehbar vielfältigen Art, wie diese Weisheit geformt werden kann. BETTY handelte in Wirklichkeit, ohne dass es ihr bewusst war, ohne es zu wollen. Es geschah instinktiv, getrieben von biologischen Notwendigkeiten. Als Kind galt das auch für dich und mich, egal wie viel Unwahres, Falsches wir verinnerlicht hatten.

WIR SIND GEZWUNGEN, TRAUMATA ZU WIEDERHOLEN

IN SEINEM BUCH *Trauma-Heilung – Das Erwachen des Tigers* erzählt PETER LEVINE, der vielleicht bedeutendste Trauma-Experte weltweit, von einem Fernsehbericht, in dem gezeigt wurde, wie Gepardenjunge von einem räuberischen Löwen gejagt wurden. Der erwachsene Löwe entdeckte die Jungen, während die Gepardenmama unterwegs war, um ihnen das Mittagessen zu holen. Der Löwe jagte sie und war schneller als die Jungtiere, aber diese waren beweglicher. Es gelang ihnen, dem Räuber zu entkommen, indem sie im Zickzack hin- und herliefen und den schnellen Löwen vom Kurs abbrachten. Schließlich schafften es die Jungen, einen Baum hinaufzuklettern, für den das erwachsene Raubtier zu schwer war, und sicherten so ihr Überleben.

Was dann geschah, ist jedoch sehr aufschlussreich. Als die bedrohliche Bestie verschwunden war, stürzten die Jungtiere vom Baum und *inszenierten noch einmal,* was sie gerade durchgemacht hatten. Sie wechselten sich ab, wobei eines von ihnen das Raubtier spielte, während die anderen Gepardenkinder im Zickzack vom Spiellöwen weg und auf den Baum kletterten. Immer wieder probten und *durchlebten* sie diese Erfahrung *noch einmal.* Das hatte, so können wir plausibel schließen, zwei entscheidende Vorteile. Zum einen war es für sie ein Weg, sich von dem intensiven Stress, beinahe gefressen worden zu sein, zu befreien. Und zweitens: Sie nutzten den Stress produktiv – um ihre wichtige neue Überlebenstechnik zu üben. Der durch die schreckliche Erfahrung erzeugte Stress dient letztendlich einem außergewöhnlich adaptiven Zweck und half ihnen, sich besser an ihre Lebensumstände anzupassen.

Wenn es um uns menschliche Tiere geht – egal, ob wir in einer Sozialwohnung oder in einer Villa leben –, müssen wir aus biologischen Gründen gezwungenermaßen traumatische Erfahrungen wiederholen. Entscheidend ist, zu verstehen, dass nicht jeder Stress in *traumatischen* Stress und nicht jeder traumatische Stress in eine *posttraumatische Belastungsstörung* mündet. Das, was in der Zeit nach intensiven widrigen Erfahrungen passiert, ist enorm bestimmend dafür, wie sich alles im Nervensystem konsolidiert. Wenn wir in der Lage sind, den Stress abzubauen, ihm einen Sinn zu geben (zum Beispiel, wenn der Gerechtigkeit Genüge getan wird), wenn wir im Anschluss an das Erlebnis Anerkennung erhalten und einfühlsam gewürdigt werden, verändert das die Art und Weise, wie sich das Ereignis im Körper auswirkt. Wenn wir dagegen verurteilt werden und zu hören bekommen, es sei unsere Schuld gewesen oder wir würden uns das nur ausdenken oder übertreiben, dann wird das Ereignis sich wahrscheinlich auf ganz andere Weise im Körper festsetzen. Wenn uns bei jedem Gang durch die Straße hinterhergepfiffen oder -gerufen wird oder wir damit zu kämpfen haben, dass wir zu den Menschen mit Behinderung bzw. zu den anders Befähigten gehören, wenn wir in Armut leben müssen und von Gewalt umgeben sind oder wenn wir nach einem traumatischen Erlebnis mit sonstigen anhaltenden Stressfaktoren konfrontiert sind, dann steigt die Wahrscheinlichkeit, dass das Erlebnis akuten traumatischen Stress oder PTBS nach sich zieht.

All das führt mich zu der Frage: Wo in unserer sogenannten menschlichen Zivilisation gibt es Orte, an denen wir den Stress solcher beängstigenden Erfahrungen abbauen können? Orte, an denen wir den Erfahrungen einen Sinn geben können? Um wahrheitsgemäß darüber zu sprechen, während man uns einfühlsam und mit offenen Armen begegnet? Schon die meisten privilegierten Menschen haben es in unserer Welt schwer, solch herzliche Orte zu finden, ganz zu schweigen von einem fünfjährigen farbigen Mädchen aus einer New Yorker Sozialwohnungssiedlung. Wo sonst kann sich also dieser natürliche Instinkt, das zu wiederholen, was uns in Schrecken versetzt hat, Ausdruck verschaffen? Wenn du dir vorher ein Urteil über BETTY und ihr Verhalten gemacht hast, bitte ich dich, es unbedingt noch einmal zurückzunehmen und die kurze Zusammenfassung ihres Werdegangs jetzt noch einmal zu lesen.

Mein ausdrücklicher Auftrag als Sozialarbeiter – der Mutter zu helfen, Kontakt zu (Beratungs-)Stellen für psychische Gesundheit und Arbeitsvermittlung aufzunehmen, sie dabei zu unterstützen, bessere Erziehungspraktiken zu erlernen, und ihr zu helfen, aus der Armut herauszukommen – erwies sich als Fantasievorstellung. In meinen anderthalb Jahren Arbeit mit dieser Familie verbesserte sich gar nichts. Es ging nur weiter abwärts. BETTYS alleinerziehende Mutter war eine lesbische PoC-Frau, die selbst in Wohnsiedlungen in der Bronx aufgewachsen war.

Sie hatte schweren sexuellen Missbrauch überlebt und war eine trockene Alkoholikerin, die für ihre Traumata oder ihre Sucht niemals eine echte Therapie erhalten hatte. Wie sollte sie einen Job finden, wenn sie zusätzlich zu ihrem Gefühlschaos eine Tochter hatte, die kein Kinderbetreuungsdienst aufnahm, und einen Sohn mit einer Autismus-Spektrum-Störung, der von ihr getrennt in einer Pflegefamilie lebte? Die für die Pflegeunterbringung zuständige Stelle verlangte, dass sie zweimal wöchentlich für Besuche unter Aufsicht, endlose Gerichtstermine und wöchentliche Hausbesuche zur Verfügung stehen sollte; weiterhin sollte sie bei den ärztlichen Untersuchungsterminen ihres Kindes dabei sein und außerdem ihre eigenen wöchentlichen Therapiesitzungen und Elternkurse einhalten. Ich habe gesehen, wie Mütter angesichts solcher Anforderungen ihre Arbeit verloren haben. Ich habe auch erlebt, dass Eltern ihre Kinder nicht zu sich zurückholen durften, weil sie nicht an diesem zeitintensiven, seelisch erschöpfenden Verfahren teilnehmen konnten; sie hätten sonst ihre Arbeit verloren und hatten noch andere Kinder zu versorgen.

Diese Frau hatte auch keinen Einfluss darauf, wann die meisten dieser Aktivitäten geplant waren, und *alle* wurden von ausgebrannten, unterbezahlten Sozialarbeiter*innen ausgeübt, die Berufseinsteiger*innen waren. Und nach alldem musste sie nach Hause gehen und versuchen, sich um ein hochaggressives kleines Mädchen zu kümmern, das nur zu gut wusste, dass ihre Mutter sie nicht vor der Verzweiflung und Gewalt ihrer Umgebung schützen konnte. Diese schönen, aufgeweckten, lustigen, kreativen Menschen – voller Gefühl und Schwung, so wie du und ich – hatten beide keine Chance, ihr Trauma zu verarbeiten und ihre Situation zu verbessern, ganz zu schweigen davon, den Sohn und Bruder aus der Pflegefamilie nach Hause zu holen.

Das ist einer von bis zu fünfzehn Fällen, um die ich mich damals kümmern musste. Und alle waren ebenso komplex und schrecklich. Gegenwärtig gibt es allein in New York City – der Finanzhauptstadt der Welt – etwa 17.000 ähnliche Fälle wie diesen.

DIE GESCHICHTE VON BETTY UND IHRER FAMILIE gehört zu denen, die in unserem angespannten politischen Diskurs tendenziell polarisieren. Du kennst meinen Standpunkt zu dieser Frage, aber ich weiß, dass viele andere die Geschichte lesen und ganz andere Schlussfolgerungen ziehen würden: Verschwendung von Steuergeldern in Verbindung mit ineffektiven Regierungsprogrammen, der hohe Preis der zerrütteten Familien. Im nächsten Kapitel möchte ich genau auf diesen Bereich näher eingehen – nicht auf die Geschichten selbst, sondern darauf, wie wir Geschichten interpretieren. Was passiert in unseren Köpfen, wenn ein Mensch oder eine Gruppe anders wirkt oder allem Anschein nach sogar in einer anderen Realität lebt? Durch welchen neuropsychologischen Mechanismus wird Anderssein zu einem Auslöser von Voreingenommenheit und Hass?

9. WARUM WIR HASSEN

Unterschwellige Voreingenommenheit besser verstehen

»*Wir können unsere Zusammengehörigkeit nicht verlieren.*
Aber wir können sie vergessen.«

Brené Brown

EBENSO WIE EIN MENSCH, der giftige Luft einatmet, merkt, dass seine Lungen mit der Zeit vergiftet werden, ist es für uns unmöglich, in einer strukturell rassistischen, sexistischen, transphoben und nach sozialen Schichten geordneten Gesellschaft zu leben, ohne

Stereotypen über uns und andere zu verinnerlichen. Das spielt sicherlich eine Rolle bei offener Bigotterie: Wenn man Gruppen von Menschen, die nicht einem selbst oder dem Kreis derer, mit denen man sich identifiziert, ähneln, zu »anderen« macht und absichtlich diskriminiert. Es resultiert auch, allgemein und sogar gegen unseren Willen, in einer impliziten Voreingenommenheit. Implizite Voreingenommenheit bezeichnet das Phänomen, dass man unterschwellig positive oder negative unbewusste Gefühle gegenüber Menschen und Gemeinschaften hegt, je nachdem, ob diese Menschen einem selbst oder einer Gruppe ähneln, mit der man sich identifiziert.* Wie jemand, der giftige Luft einatmet und seine giftige Umgebung ablehnt, sich dagegen ausspricht und etwas dagegen tut, während seine Lunge dennoch die Schadstoffe aufnimmt, so hat auch unsere verinnerlichte unterschwellige bzw. implizite Voreingenommenheit nichts mit unseren expliziten, erklärten Überzeugungen oder Werten zu tun, egal wie leidenschaftlich wir sie vertreten.

Das bedeutet zwangsläufig, dass wir alle ausnahmslos Vorstellungen unserer Kultur verinnerlicht haben: über weiße Überlegenheit, männliche Überlegenheit, Überlegenheit wegen geschlechtsrollenkonformen Verhaltens, über die Überlegenheit körperlicher Leistungskraft, jugendliche Überlegenheit, die Überlegenheit konventioneller Schönheit und des Nicht-dick-Seins, neurotypische Überlegenheit, die Überlegenheit der Oberschicht – die ganze Palette. Die gesellschaftlichen Strukturen leben in uns allen. Das bedeutet auch, dass niemand von uns mehr wie besessen herauszufinden braucht, ob wir rassistisch, sexistisch usw. sind oder nicht. Wir sind es. Wir alle sind es. Fall abgeschlossen. Und jetzt liegt noch ein Stück Arbeit vor uns, denn wir können diese verinnerlichten Vorstellungen mit der Wurzel ausreißen. Da eine solche vorsätzliche Veränderung immer mit Bewusstheit beginnt (die wiederum mit Erkenntnis und Erfahrung beginnt), beginnen wir unsere Erkundung hier.

* Viel mehr über implizite Voreingenommenheit (»implicit bias«) erfährst du auf der Website des Kirwan Institute for the Study of Race and Ethnicity an der Ohio State University, http://kirwaninstitute.osu.edu.

Es heißt, dass etwa 70 bis 90 Prozent unserer geistigen Prozesse unbewusst ablaufen. Unser Gehirn verarbeitet Informationen und leitet Wahrscheinlichkeiten und Möglichkeiten in einem solchen Umfang und mit einer solchen Geschwindigkeit ab, dass es die Kapazitäten unseres (bewussten) Bewusstseins übersteigt. Doch trotz der Tatsache, dass unser Schädel Supercomputer beherbergt, die bewusster sind, als wir mitbekommen, sind die Informationen, die uns in unserem täglichen Leben als Anhaltspunkte dienen, sehr begrenzt. Die subjektiven Sinnesinformationen, die uns zur Verfügung stehen, erzählen nur einen winzigen Bruchteil der Geschichte dessen, was objektiv um uns herum geschieht. Daher versucht unser Nervensystem ständig, die Lücken dessen, was wir nicht wissen, zu füllen, indem es die Informationen, die wir haben, neu verarbeitet und immer wieder Wahrscheinlichkeiten und Kosten-Nutzen-Analysen der Situation durchführt. Das ist enorm viel Hirnaktivität, und all das läuft darauf hinaus, dass wir eine Zukunft vorherzusagen versuchen, die wir naturgemäß gar nicht kennen können, damit wir unsere Ressourcen schützen und unsere Chancen auf Sicherheit (oder Überleben), Belohnungen und Zugehörigkeit erhöhen können.

Wenn es um unbewusste Voreingenommenheit geht, liegt der Kern der Sache in der Wahrnehmung. Wir Menschen neigen dazu, so zu denken, zu fühlen und zu handeln, als sei das, was wir wahrnehmen, auf jeden Fall wahr. Viele von uns wissen, dass unsere subjektive Wahrnehmung in hohem Maße fehlbar und von Natur aus unzuverlässig ist, und dennoch fallen wir immer noch dem Glauben zum Opfer, es gebe eine objektive, korrekte Wahrnehmung der Realität. Bekanntlich heißt es unter anderem bei ANAÏS NIN: »Wir sehen die Dinge nicht, wie sie sind, wir sehen sie, wie wir sind.« Das heißt, in dem Moment, in dem wir jemanden oder etwas wahrnehmen, ist das Wahrgenommene schon durch etliche komplexe Prozesse gefiltert worden, die von unserem neurobiologischen und psychischen System gesteuert werden. Mit anderen Worten, wir sehen die Dinge nicht so, wie sie sind, sondern wir sehen ein – stark verändertes – Faksimile der Realität. Es ist viel eher wie ein »Verbinde die Punkte«-Puzzle, bei dem die Punkte die Sinneseindrücke sind, die wir aufnehmen; und das, was die Lücken zwischen den Punkten ausfüllt (die manchmal ziemlich weit auseinander liegen), sind fest verdrahtete biologische Instinkte, soziale Konditionierung, familiäre Konditionierung, Traumata, Fantasien und Hoffnungen sowie Stimmung und Veranlagung – und das ist nur der Anfang. Wenn wir bedenken, wie viele Informationen und Erfahrungen in nur einen dieser Faktoren, wie zum Beispiel die familiäre Konditionierung, einfließt, dann gewinnen wir einen kleinen Eindruck davon, welch ein umfassender Prozess das Wahrnehmen ist. Wir erkennen allmählich, dass wir sehr wahrscheinlich das Puzzle mit den Verbindungspunkten einer Ziege erhalten und es beispielsweise in ein Zebra verwandeln, während die Person, die direkt neben uns sitzt, am Ende vielleicht eine Figur aus *Harry Potter* vor sich hat.

In diesem Kapitel geht es um einige »Punkte-Verbinder«, die unser Gehirn im Zusammenhang mit unterschwelliger Voreingenommenheit ohne unser Wissen und unsere Erlaubnis verwendet. Damit sollen die impliziten Vorurteile, die wir alle haben, hier nicht wegerklärt oder gerechtfertigt werden. Vielmehr stelle ich das Folgende im vollen Bewusstsein der Plastizität unseres Gehirns und unserer innewohnenden Fähigkeit zur Veränderung fest. Merkwürdigerweise beginnen die implizite und die unverhohlen offene Voreingenommenheit mit etwas anderem, das die Neurowissenschaft als »Biases« – »Verzerrungen« – bezeichnet. Es beginnt mit einem *biologischen Bias* und erstaunlich ausgeklügelten Tendenzen, die dynamisch mit unseren psychischen Gegebenheiten *und dann erst* mit der Welt um uns herum interagieren.

Unbewusste Voreingenommenheit hat also alles mit komplexen neurologischen Reaktionssystemen zu tun, die mit missbrauchenden sozialen Strukturen verflochten sind. Voreingenommenheit und Bigotterie nehmen nämlich in unserem Kopf schon lange bevor uns unsere empfundene Reaktion bewusst wird, Gestalt an, und so erfordert es etwas Schulung und auch Übung, um auf den tieferen Ebenen, wo wir die Voreingenommenheit an ihrer Wurzeln packen und rückgängig machen können, etwas zu verändern. Obwohl es nicht notwendig ist, über die neurologischen Grundlagen von Voreingenommenheit

Bescheid zu wissen, um diese Arbeit zu tun – die einfach darin bestehen kann, mehr Zeit damit zu verbringen, offen mit Menschen aus uns noch unbekannten Gruppen zu kommunizieren –, glaube ich doch, dass eine solche Theorie vielen von uns in zweierlei Hinsicht helfen kann.

Zum einen zeigt sie deutlich, dass uns auch hier noch einiges zu tun bleibt. Etwas über die neuropsychologischen Aspekte unserer Tendenz zur Voreingenommenheit zu lernen, kann denjenigen (*ähem* – weißen Linksliberalen) von uns helfen, die meinen, das Lesen von Zeitungen wie der *New York Times* reiche aus, um zu gewährleisten, dass man wahrlich progressiv sei. Die Theorie hilft uns, zu erkennen, ob wir nur über Voreingenommenheit *informiert* sind oder ob wir in der Lage sind, unsere eigene unvermeidliche Neigung zur Voreingenommenheit *wahrzunehmen*.

Zweitens trägt sie dazu bei, individuelle Scham- oder Schuldgefühle zu lindern, die wir vielleicht deswegen haben. Es hat zwar niemand von uns implizite Voreingenommenheit allein geschaffen – sie war schon lange vor unserer Geburt vorhanden –, doch wenn wir uns davon befreien wollen, für uns selbst und für andere, dann liegt das in unserer Verantwortung. In Kapitel 14 werden wir mehr darüber erfahren, wie Scham und Schuld unser Wachstum in diesen Bereichen hemmen.

Im folgenden Abschnitt untersuchen wir eine plausible Theorie darüber, wie unser Gehirn Punkte miteinander verbindet – genauer gesagt, wie unser Nervensystem zum Phänomen der unbewussten Voreingenommenheit beiträgt, der eigentlichen Wurzel der *offenen* Voreingenommenheit. Ich möchte in aller Vorsicht darauf hinweisen, dass das Folgende nicht die ganze Geschichte all der insgesamt beteiligten Variablen erzählt – nicht erzählen kann. Ich biete hier keine rechtfertigende Erklärung für Ungerechtigkeit an. Vielmehr biete ich Ideen und Einsichten an, die – so hoffe ich – bei unseren Bemühungen, die schädlichen Wurzeln der Voreingenommenheit auszugraben, nützliche Werkzeuge sind.

PUNKTE-VERBINDER NR. 1

Die Geschichtenerzählerin: Die Inselrinde

EINE DER HAUPTAUFGABEN UNSERES GEHIRNS besteht darin, aus dem, was wir erleben, eine schlüssige, sinnstiftende Erzählung zu konstruieren. Es gibt eine Region unseres Gehirns, die wir gerade erst zu verstehen beginnen, die sogenannte Inselrinde, die erwiesenermaßen eine große Rolle bei diesem Prozess spielt. Die *Inselrinde* ist auf rätselhafte Weise an einer Vielzahl von Prozessen beteiligt, zum Beispiel an der Verdauung, an Krampfanfällen, Glücks- und Begeisterungszuständen und Vorstellungen von Göttlichkeit, um nur einige zu nennen.

Wissenschaftler*innen haben herausgefunden, dass bei Versuchspersonen, die mit scheinbar unlösbaren Problemen konfrontiert werden, die »geschichtenerzählende« Inselrinde aufleuchtet und die Betreffenden mit großer Wahrscheinlichkeit zu dem Schluss gelangen, dass die Antwort entweder gleich um die Ecke liegen *muss* oder dass die Antwort nicht unergründlich ist, sondern einfach im Willen Gottes oder der Natur des Universums liegt. Denk darüber nach: Wenn etwas wirklich Unerklärliches passiert, wirst du überwiegend zwei Argumente hören:

1. »Es muss irgendeine logische Erklärung geben.«
2. »Es ist ein Wunder.« (Oder »Es soll so sein« oder »Das Universum will mich etwas lehren«.)

WENN ES UM DAS KONSTRUIEREN VON BEDEUTUNG geht, hält sich die Inselrinde offenbar an die Maxime, dass Ungewissheit um jeden Preis ausgemerzt werden müsse. Es geht um Leben und Tod, wirklich! Wenn wir keine Geschichte über das, was vor sich geht, erschaffen können, dann sind wir wahrscheinlich weniger in der Lage, uns zu verteidigen, sobald etwas Bedrohliches auf uns zukommt.

PUNKTE-VERBINDER NR. 2

Die Pessimistin: Negativitätsdominanz

VOR KURZEM BIN ICH UMGEZOGEN, in die Berge. Ich bin mir nicht sicher, ob ich an Geister glaube, aber ich glaube, dass es in meiner neuen Wohnung vielleicht spukt. Zumindest sagt mir das meine Inselrinde. Nachts höre ich immer wieder Geräusche aus der Wohnung unter mir, obwohl sie leer steht. In der ersten Nacht hörte ich deutlich eine Tür schlagen und rannte die Treppe hinunter, noch dazu mit einem Steakmesser, nur um … nichts vorzufinden. Einige Nächte später war dasselbe Geräusch wieder da, und erneut hechtete ich halbnackt mit einem Küchenmesser die Treppe hinunter. Nichts. Wahrscheinlich ist ein Waschbär oder ein anderes Tier auf Futtersuche der Übeltäter, aber wenn ich das gleiche Geräusch noch einmal höre, werde ich es bestimmt nicht darauf ankommen lassen, das herauszufinden. Wenn es ein Waschbär ist und ich also recht habe, kein Ding. Wenn es aber ein Eindringling ist und ich mich irre – *sehr großes Ding*. Bei solchen Chancen spiele ich nicht. Der Einsatz wäre zu hoch.

Dasselbe galt für unsere Vorfahren. Mit dem Unterschied, dass sie inmitten viel größerer, unmittelbarerer Bedrohungen lebten. Und genau wie du und ich wollten sie sich nicht auf das Risiko einlassen, dass das Rascheln vor ihrem Haus nicht der Wind, sondern ein Bär war. So entwickelten wir eine sogenannte Negativitätsdominanz, eine allumfassende Neigung zu einer pessimistischen Interpretation der Ereignisse, es sei denn, wir haben die Gewissheit, dass es sicher ist, unsere Erfahrungen in positivem Licht zu sehen und entsprechend zu interpretieren. Das ist einer der Gründe, warum unser limbisches System viel leichter zu aktivieren ist als unser neokortikales System. Unser evolutionäres Training hat uns darauf hin konditioniert, kein Risiko einzugehen, wenn es um Sicherheit geht, aber es ist nicht wirklich hilfreich, um zu bestimmen, ob die Bedrohung wirklich real ist.

PUNKTE-VERBINDER NR. 3

Das Sektenmitglied: Die Bestätigungstendenz

1964 WOLLTE DER HARVARD-PROFESSOR ROBERT ROSENTHAL herausfinden, was geschähe, wenn die Erwartungen der Lehrenden an ihre Schüler*innen dadurch verändert würden, dass Informationen über die Testergebnisse ihrer Schüler*innen manipuliert wurden. Er führte einen standardisierten IQ-Test für Kinder an einer Schule in der Stadt South San Francisco durch – änderte jedoch überall die Titelseite des Tests zu »Harvard Test of Inflected Acquisition«. Dann sagte er den Lehrenden, der Test würde Schüler*innen mit außergewöhnlichem Potenzial identifizieren. Er wählte mehrere Kinder völlig willkürlich aus und teilte den Lehrenden mit, der Test dieser Kinder habe sie als begabte »Aufblüher« identifiziert, bei denen in den kommenden Jahren eine signifikante Steigerung ihres IQ zu erwarten sei.

ROSENTHAL begleitete die Kinder zwei Jahre lang und stellte fest, dass bei diesen Kindern im Vergleich zu ihren Mitschüler*innen tatsächlich eine stärkere IQ-Steigerung zu verzeichnen war. Da er zudem auch andere Variablen kontrolliert hatte, gelangte er zu dem Schluss, dass dieses Ergebnis auf die veränderten Wahrnehmungen und Erwartungen der Lehrenden in Bezug auf die Schüler*innen zurückzuführen war, die nach dem Zufallsprinzip ausgewählt worden waren. Bei einer genaueren Untersuchung stellte er fest, dass die Lehrenden bei diesen Kindern durchweg öfter als bei ihren Mitschüler*innen nickten und sie auch häufiger berührten und anlächelten.

»Sehen heißt glauben«, sagt man, aber für unser Gehirn funktioniert es genau umgekehrt: Glauben heißt sehen. Was auch immer nach unserer Überzeugung der Fall ist, unser Gehirn macht sich auf die Suche nach Beweisen, die es bestätigen. Wenn wir beispielsweise glauben, dass die Gruppe, der wir angehören, etwas Besonderes ist, dann werden wir wahrscheinlich einige Fakten finden, die unsere

Behauptung bestätigen. Wenn ich dann die Mitglieder meiner Gruppe als etwas Besonderes behandle, wird es wahrscheinlich das Beste in ihnen zutage fördern und damit die Bestätigung meiner Überzeugung noch einmal verdoppeln.

Wenn ich die Überzeugung vertrete, dass eine andere Gruppe abstoßend ist, kann ich wahrscheinlich auch dafür Beweise »finden«, die zu meiner Erzählung passen. Wenn ich dann Menschen aus dieser Gruppe so behandle, als seien sie abstoßend, wird das wahrscheinlich Reaktionen bei ihnen hervorrufen, die ich im Weiteren dann verwenden kann, um mein negatives Narrativ über sie zu stützen.

Die Wahrheit ist: Wir nehmen nicht so viel wahr, wie wir schlussfolgern, und wir ziehen lieber Schlüsse, die für uns schon vorher Sinn ergeben. Wir alle haben ein inneres »Sektenmitglied«, dem die Aufgabe zukommt, Beweise zu finden, dass das, was wir glauben, wahr ist.

PUNKTE-VERBINDER NR. 4

Verteidiger vereint ... gegen Verletzlichkeit

UNSERE VERTEIDIGUNGSSYSTEME müssen also eine Geschichte erzählen *und* diese Geschichten sind tendenziell eher pessimistisch, *und* unsere Verteidiger sind auch Meister darin, Gründe zu finden, warum wir pessimistisch sein sollten – und genau hier beginnt unser Problem mit Menschen aus sogenannten anderen Gruppen. Wenn wir von der Vorstellung der Gleichheit bzw. Gleichberechtigung ausgehen, dann gehen wir davon aus, dass wir alle zusammen auf einer horizontalen Ebene existieren – auf dem gleichen Level stehen.

Unter dem Gesichtspunkt des Überlebens ist es jedoch viel besser, eine vertikale Wahrnehmung der Realität zu konstruieren, in der es Ungleichheit und Hierarchie gibt. In einem solchen hierarchischen Realitätskonstrukt kann man sich in der eigenen Vorstellung hoch oben im Turm eines Schlosses sehen – bestätigt dadurch, dass man sich der Gruppe zugehörig fühlt, die das Schloss betreibt –, in Sicherheit vor allen zwielichtigen Gestalten unten, und in der Lage, den Horizont zu überblicken, um alle sich nähernden Angreifer vorher schon zu sehen. Ich hier oben, du da unten.

Sollte also zum Beispiel eine Familie illegaler Einwanderer aus Mexiko oder einem anderen südamerikanischen Land sich anschicken, die Mauern unseres Turms zu erklimmen und nach unserem metaphorischen Fenster zu greifen, indem sie darum bittet, mit Anstand und Respekt behandelt zu werden, dann ist das auf der Ebene unseres Nervensystems potenziell furchteinflößend. Vor allem, wenn unsere Wahrnehmung durch Nachrichtensender und Staatschefs der Welt beeinflusst wird, die immer wieder Botschaften wiederholen, dass diese Turmkletterer wahrscheinlich Mitglieder von Drogenkartellen und Vergewaltiger seien. Und vor allem auch, wenn wir es versäumt haben zu prüfen, ob das, was diese Person uns sagt, überhaupt auf echten Fakten beruht. Es ist wirklich so: Wenn *irgendeine* weniger privilegierte Gruppe ihre Macht für sich beansprucht und Gleichbehandlung fordert, fühlen sich die Privilegierten tendenziell selbst unterdrückt.

Gleichberechtigung ist von Natur aus mit Verletzlichkeit verbunden – es ist eine sozialer Zustand, in dem wir von unserem Turm herabsteigen, anderen Menschen ins Gesicht sehen und bereit sein müssen, die Welt mit ihren Augen zu sehen. Damit einhergehend müssen wir uns für echte Verbundenheit öffnen, und das bedeutet, so zugänglich zu sein, dass wir durch die Erfahrungen und Weltanschauungen anderer verändert werden können. Es bedeutet, die Möglichkeit zu schaffen, dass wir eines der verletzlichsten und zartesten Empfindungen haben, die ein Mensch empfinden kann: dass wir uns irren, dass unsere konstruierte Wahrnehmung der Realität uns im Stich gelassen hat. Darum bringen wir die Rolle, die Angst bei der Voreingenommenheit spielt, in Benennungen wie Trans*phobie*, *Angst* vor Trans-Menschen, und Xeno*phobie*, *Angst* vor Fremden, zum Ausdruck. Homophobie zum Beispiel ist eine Verteidigungsreaktion auf das Gefühl, dass Homosexualität in irgendeiner Weise eine furchterregende Bedrohung darstellt. Wir alle haben schon jemanden sagen hören: »Ich habe nichts gegen Schwule, solange sie es für sich behalten.« Das ist gleichbedeutend damit, zu sagen: »Ich fühle mich von Homosexuellen nicht bedroht, solange ich nicht daran erinnert werde, dass sie existieren, dass sie zählen und ein Leben haben, das sie in der Öffentlichkeit führen müssen, genauso wie ich.«

Die vielleicht elementarste, grundlegendste Lektion, die wir aus der heutigen Politik lernen können, ist die, dass die Realität verbogen werden kann. Unsere Wahrnehmung ist unglaublich formbar. Zwei Menschen können nebeneinander stehen, sich genau dasselbe ansehen und überzeugt sein, dass ihre äußerst unterschiedlichen subjektiven Interpretationen dieser Sache tatsächlich objektiv sind. Das geht zwar schon unser ganzes Leben lang so, aber wir haben es noch nie so wahrgenommen – bis jetzt, da die Auswirkungen zunehmend desaströs sind.

UND HIER IST DER HAKEN AN DER SACHE: Emotionale Verletzlichkeit ist riskant. Sie bedeutet zwangsläufig, dass wir uns für Empfindungen öffnen, die wir mit Gefahr und Verlust verbinden. Sehr selten ergibt sich emotionale Verletzlichkeit als Folge unbewusster automatischer Neigungen; häufiger ist es eine bewusste Entscheidung, die wir treffen müssen, weil wir erkennen, dass sie in unserem eigenen Interesse liegt. Denn was ist letztendlich riskanter: uns für die uns innewohnende Wahrheit zu öffnen, dass alle Wesen Sicherheit, Zugehörigkeit und grundlegendes Glück wollen und es verdienen, gleichberechtigt behandelt zu werden – oder den Weg weiterzugehen, auf dem wir uns jetzt befinden?

DIE PUNKTE VERBINDEN

Hier die neuropsychologische Gleichung:

EIN GEHIRN, das nur interpretieren, nicht aber objektiv wahrnehmen kann
+ **DIE UNFÄHIGKEIT,** Ungewissheit zu ertragen, und das zwingende Bedürfnis, Sinn zu konstruieren
+ **DIE UNBEWUSSTE »VOREINSTELLUNG«,** von einer Bedrohung auszugehen
+ **DER UNBEWUSSTE DRANG,** Beweise für den Sinn zu finden, den wir konstruieren
+ **DIE ANGEBORENE TENDENZ** zur negativen Interpretation von Beweisen
+ **PRIMITIVE, EFFIZIENTE VERTEIDIGUNGSSYSTEME,** die uns in unserer Verletzlichkeit schützen
+ **DIE ANWESENHEIT EINER PERSON**, deren Eigenschaften anders sind als die, an die wir gewöhnt sind
= **KAMPF-FLUCHT-REAKTION:** das Bedürfnis, diese Person anzugreifen oder von ihr wegzukommen alias unbewusste Voreingenommenheit

SOLCHE THEORIEN HABEN MIR GEHOLFEN zu verstehen, warum ich während meiner gesamten Schulzeit geschlagen und schikaniert wurde. Ich entsprach nicht den Gender-Normen und konnte deshalb nicht klar eingeordnet werden (Jahrzehnte später kann ich meine Gender-Identität, wie es scheint, immer noch nicht selbst einordnen). Mit jemandem wie mir konfrontiert, erlagen meine Tyrannen allen oben beschriebenen Tendenzen – sie brauchten eine Geschichte, die sie über mich erzählen konnten, suchten nach einer negativen, fanden so viele Details wie nötig, um sie zu untermauern, und sammelten ihre inneren und äußeren Verteidiger, um mich zu bestrafen und ihre Geschichte zu bestätigen. Da ich »sonderbar«

war, galt ich gleichzeitig als bedrohlich und verletzlich – ein ideales Angriffsobjekt –, und häufig, so schien es mir, wurde das, was ich tat, in diesem doppelten Licht gesehen. Wenn ich reagierte, sagte man mir, ich solle mich entspannen. Wenn ich protestierte, sagte man mir, es sei meine Schuld. Als ich akute psychische Symptome entwickelte, wurde mir oft gesagt, dass ich nur auf Aufmerksamkeit aus sei. Mit erstaunlicher Regelmäßigkeit behaupteten andere in meinem Namen, dass ich negative Aufmerksamkeit *mochte* und mich deshalb so seltsam verhielt. Es wurde so verwirrend, dass ich nicht einmal mehr wusste, was für mich selbst wirklich stimmte.

DIE NEUROPSYCHOLOGISCHEN PROZESSE, die ich in diesem Kapitel beschreibe, spielen sich zwar auf der persönlichen und zwischenmenschlichen Ebene ab, aber ich denke, du wirst unschwer erkennen, wie die Ausbreitung dieser Muster auch die makrostrukturelle Ebene beeinflusst. Das soll nicht heißen, dass die einzige Möglichkeit, implizite Voreingenommenheit anzugehen, das Arbeiten auf der persönlichen Ebene ist – bei Weitem nicht. Aktivismus und politische Veränderungen auf der Ebene der Wohnviertel, Organisationen, Städte, Bundesländer und der Regierung können alle dazu beitragen, die Voraussetzungen, unter denen unterschwellige Voreingenommenheit gedeiht, wie extreme Vermögensungleichheit, Patriarchat und Rassentrennung, zu beseitigen.

Unseren Geist und unsere Beziehungen zu betrachten ist etwas, das wir alle in Übereinstimmung mit dem Empowerment-Modell dieses Buches jederzeit tun können. Auf der Ebene der Beziehungen besteht vielleicht der beste Weg, Voreingenommenheit mit der Wurzel zu beseitigen, darin, mit Menschen, die in verschiedenster Hinsicht anders sind als wir und deren Körper, Identität und Leben nicht unserem eigenen ähneln, in Kontakt zu sein und zu bleiben – und dann zuzuhören, uns einzufühlen, Fragen zu stellen und aus unserer Komfortzone herauszutreten. Und um als Individuen in die Mechanismen einzugreifen, die Wahrnehmung erzeugen, müssen wir auf der neurologischen und psychischen Ebene arbeiten. Das darf nicht zugunsten der vor uns liegenden anderen, konkreteren Aufgaben beiseitegeschoben werden. Denn jeder Versuch, sich mit gesellschaftlichen Systemen auseinanderzusetzen, ohne die evolutionären neuropsychologischen Zusammenhänge von Gruppen und Individuen zu verstehen, wird langfristig kaum Erfolg haben. Zudem würden wir dann mit großer Wahrscheinlichkeit auf ewig in einer Haltung verharren, in der wir auf andere mit dem Finger zeigen und versuchen, das Krebsgeschwür der Marginalisierung »da draußen« aus Systemen und anderen Menschen »herauszuschneiden«, ohne jemals »hier drinnen« zu betrachten, auf welche Art es in uns selbst aktiv ist. Darum biete ich am Ende des dritten Teils kontemplative Übungen an, die uns Gelegenheit geben sollen, auf dieser Ebene an uns selbst zu arbeiten.

Der Ansatz der Teile-Arbeit, der in diesen Übungen und auch sonst in diesem Buch zum Tragen kommt, ist ein äußerst praktischer Weg, wie wir an unsere eigene implizite Voreingenommenheit herangehen können. So können wir damit beginnen, dass wir Gefühle in uns – manche stärker ausgeprägt, manche eher unterschwellig – wahrnehmen und benennen, die in uns angesichts von Menschen aufkommen, die anders sind als wir. Und wir können diese Gefühle zu einem Gespräch auffordern – ihnen Fragen stellen, herausfinden, welche Arbeit sie zu tun versuchen, und erkennen, ob diese Arbeit auf sinnvolle Weise getan wird.

10. DIE NEUROPSYCHOLOGIE DER IDENTITÄTSPOLITIK

Warum es wichtig ist,
dich als das anzunehmen, was du bist

JEDEN MORGEN SCHMÜCKE ICH MEIN HANDGELENK mit drei schmalen *Malas* (Gebetsketten). Ich trage sie nun schon seit Jahrzehnten und mit einer bestimmten Absicht – allerdings nicht mit der, die die meisten vermuten. Die Malas sind nicht von einem Guru gesegnet worden, und sie sind mir nicht besonders heilig. In gewisser Weise sind sie sogar entbehrlich – sie reißen dauernd. Ich trage sie nicht, um cool auszusehen; ehrlich gesagt, sind sie mir sogar im

Weg. Ich trage sie nur aus einem Grund – und nur aus diesem: Identität. Um mir selbst zu erklären, wer ich bin: ein spirituell Praktizierender. Um mir meine tiefere Natur und mein Bestreben, mich ständig dafür zu öffnen, in Erinnerung zu rufen.

Es mag überflüssig erscheinen, eine sichtbare Erinnerung an meine eigene Identität zu brauchen. Vielleicht hast du aber auch schon bemerkt, dass es schwierig ist, eine tägliche Meditationspraxis aufrechtzuerhalten. Nur wenige, die es versuchen, ziehen es tatsächlich durch. Es ist erstaunlich, wie sich die Hindernisse »einfach so« mehren, wenn man sich, nun ja, auf irgendeine Herausforderung einlässt. Wie oft wehren wir uns gegen Dinge, die wir wollen. Und selbst wenn wir es zeitweise tatsächlich schaffen, täglich zu praktizieren, kann es wie eine Sisyphusarbeit erscheinen, da der Stress und der Aufruhr in der Welt immer wieder den Nutzen unserer Meditation zunichtemachen. Nun, aussteigen ist für mich keine Option, dafür sind meine Überzeugungen zu tief und haben sich meine Erfahrungen mit dem Prozess des Erwachens zu deutlich eingeprägt. Davon abgesehen sorgen meine psychischen Probleme dafür, dass mich mehr als ein Tag ohne Meditation wahrscheinlich zu einem Menschen macht, den du nicht um dich haben willst – und ich auch nicht. Von daher: Ich bin zu allem bereit. Ich bin immer dann bereit, bittere Medizin zu nehmen, wenn es sich lohnt. Und meine langfristige Beziehung mit dem täglichen Meditieren ist es mehr als wert.

Dass ich meine tägliche Praxis einhalte, bringt jedoch keines der erwähnten Hindernisse, keine dieser Gegenkräfte zum Verschwinden. Ich bemühe mich wie jede*r andere auch, mich jeden Morgen auf den Hintern zu setzen. Ich brauche jede nur erdenkliche Hilfe, wenn es darum geht, meinen Ausreden den Boden zu entziehen. Mein vielleicht mächtigster Verbündeter beim Aufrechterhalten der täglichen Praxis, des Studiums und der Selbsterkundung ist der Umstand, dass dies alles zu meiner Identität gehört. Ich bin ein spirituell Praktizierender. Punktum. Daran ist nichts zu rütteln. Darum befinden sich gut sichtbar an meinem linken Handgelenk, lästig und für meinen Geschmack zu trendy, die Malas, die mich an meine Beziehung zur nicht sichtbaren Welt erinnern. Das ist meine Art, eine

Fahne zu hissen. Und mit dieser offen sichtbaren Fahne bleibe ich mit größerer Wahrscheinlichkeit bei der Stange. Etwas daran hilft mir, die Hindernisse zu überwinden.

Doch dabei ist nicht irgendeine magische oder göttliche Ursache im Spiel. Weit gefehlt! Wie wir gesehen haben, ist Zugehörigkeit eines unserer menschlichen Grundbedürfnisse. Wenn wir uns zugehörig fühlen, leuchtet unser präfrontaler Kortex auf, jener Teil des Gehirns, der beteiligt ist, wenn wir beharrlich sind und der Versuchung widerstehen, in Bezug auf uns oder unsere Werte zu erlahmen. Der präfrontale Kortex ist auch an Dingen beteiligt, die als *Leidenstoleranz* und *emotionale Verhaltensregulierung* bezeichnet werden, wissenschaftliche Benennungen für: »die Teile von uns, die Ärger ertragen können, kühl und gefasst bleiben und nicht ausflippen«. Der präfrontale Kortex wird auch stimuliert, wenn wir uns auf ein Ich-Gefühl einstimmen, ein Gefühl dafür, wer wir sind und was wirklich wichtig ist –, und das ist am einfachsten, wenn wir das Gefühl haben, zu einer bestimmten Gemeinschaft oder Gruppe zu gehören.

Wenn wir also Teile unserer Identität bejahen, spricht das unser neuropsychologisches Erbe als Menschen auf einer tiefen Ebene an. Es lohnt sich zu lernen, es geschickt zu tun.

»WIR SPRECHEN LAUT. Unsere Sprache ist bunt. Unser Essen ist scharf. Und wenn wir zusammenkommen, tanzen wir gerne *Merengue*. So feurig, wie unser Essen ist, schwingen wir auch gern die Hüften: mit Leidenschaft, mit Hingabe. Und wisst ihr, warum? Nicht so sehr, weil es hübsch aussieht, sondern weil es das ist, was uns *lebendig* gehalten und uns durch harte Zeiten hindurchgeholfen hat, Zeiten ohne Essen, Zeiten der Kolonialisierung und des Völkermords.«

Drei Tage, in deren Verlauf wir uns eingehend mit dem Thema »Undoing Racism« – »Rassismus rückgängig machen« – beschäftigt haben, neigen sich dem Ende zu, und ich bin erschöpft von dem, was mir die Augen so weit geöffnet hat. Seit drei Tagen sitzen wir hier in einem Raum, etwa fünfzig Personen aus allen Gesellschaftsschichten, und sprechen über unsere Erfahrungen. Drei Tage saß ich neben einem Afroamerikaner, der, als es um unsere Erfahrungen mit der Polizei ging, erzählte, er sei im letzten Jahr siebzehn (!) Mal mit dem Auto an den Straßenrand gewunken worden und hätte nie auch nur eine einzige Vorladung erhalten. Er war stellvertretender Direktor einer Grundschule und sprach von seiner Leidenschaft, schwarzen Jungen ein Vorbild zu sein. Die (paraphrasierten) Äußerungen weiter oben über feuriges Essen und leidenschaftlich geschwungene Hüften als Mittel zum Überleben stammen von einer Moderatorin der Veranstaltung. Sie war puerto-ricanischer Abstammung und eine der Ersten ihrer Familie, die auf dem US-amerikanischen Festland geboren wurde.

Nach drei Tagen voller solcher Geschichten begann ich zu verstehen, wie wichtig es ist, die Komplexität meines eigenen ethnischen und kulturellen Erbes und meiner eigenen Identität zu hinterfragen. Warum fühle ich mich so viel mehr im Einklang mit Aspekten der indischen und tibetischen spirituellen Kultur als mit der mexikanischen, obwohl ich in einem mexikanischen Elternhaus aufgewachsen bin? Warum habe ich das Gefühl, dass die Entfremdung von der niederländischen und deutschen Seite meiner Abstammungslinie sogar noch größer ist? Ich bin zwar nicht mit dieser Seite der Familie aufgewachsen, aber ist das wirklich der Grund? Was habe ich zurückgelassen bei meinen Identitätsentscheidungen, die ich getroffen habe, um zu überleben und im Lauf meines Heranwachsens in der amerikanischen Kultur zurechtzukommen? Inwiefern ist die Tatsache, dass ich hellhäutig bin und als Weißer durchgehen kann, bei diesen Fragen ausschlaggebend? Es verschafft mir zwar Privilegien, aber die Entfremdung von meiner kulturellen Identität und die damit einhergehende Verwirrung sind auch ein ziemlich großer Verlust. Welche verbalen und nonverbalen Botschaften über Rasse, über das Mexikanischsein, habe ich aufgeschnappt, als ich zu jung war, um sie infrage zu stellen? Welche starken emotionalen Kräfte waren in meiner Familie im Spiel und haben diese Botschaften geprägt?

Als Kind und Jugendlicher empfand ich mich eigentlich nicht als Teil *irgendeiner* ethnischen Kultur. Ich wuchs zwar etwa zehn Meilen von der mexikanischen Grenze entfernt mit Bohnen und Reis auf, in einer Stadt mit überwiegend braunhäutigen Bewohner*innen, aber das Gefühl, der mexikanischen Kultur anzugehören, fehlte mir irgendwie. Ich habe mich nie als Mexikaner *gefühlt*. Ich bin nicht mit dem inneren Empfinden von »das sind meine Leute« aufgewachsen. Vielmehr hatte ich nach meiner Pubertät das Gefühl, »ich habe eigentlich gar keine Leute«. Ich lehnte jede kleinste Andeutung von Mainstream-Kultur ab, sei sie mexikanisch oder amerikanisch, und nahm stattdessen die abweichlerischen Subkulturen der Metal- und Punkmusik auf. Die Ablehnung schloss die ländliche Kultur auf der väterlichen Seite mit ein. Ich war einfach nicht in seinem Heimatstaat Oklahoma aufgewachsen, und die Erfahrungen, die ich dort machte, haben mich … nun ja, verbrannt.

Und wie war es auf der mexikanischen Seite? Was beeinflusste die Art, wie ich selbst Rassismus verinnerlichte? Habe ich ihn verinnerlicht, nachdem ich Opfer von Bandengewalt durch andere mexikanische Jugendliche wurde? Habe ich wegen meines Traumas alles aufgegeben – des Traumas von anderthalb Jahrzehnten physischer und psychischer Gewalt, der ich wegen meiner Weigerung, mich den Geschlechternormen anzupassen, und weil ich »komisch« war, ausgesetzt war? Oder lag es vielleicht daran, dass ich zu viele Märchen über Mexiko gehört hatte – ich solle mich besser von der Grenze fernhalten, weil ich, sobald ich die Grenze überquerte, von korrupten Polizisten entführt oder verhaftet werden könnte. Von solchen Mythen, die in Berichten über Ausnahmefälle wurzeln, wimmelt es in Grenzstadt-Kulturen. Oder vielleicht hatte es weniger mit den angeblichen Problemen der mexikanischen Kultur zu tun als mit der starken Anziehung, die das Weißsein auf meine Familie ausübte – wie auf so viele Generationen amerikanischer Familien verschiedener Herkunft und Ethnien.

Es fällt mir schwer, meinen bi-ethnischen PoC-Status anzunehmen, weil ich das Privileg habe, hellhäutig zu sein und nach meinem Empfinden noch nie unter Rassismus gelitten habe. Doch dann denke ich darüber nach, inwiefern Rassismus meine Familie tatsächlich beeinflusst hat. Verschiedene Mitglieder meiner Familie nennen die englische Version ihres Namens – obwohl sie auf ihrer Geburtsurkunde anders heißen –, weil sie gemerkt haben, dass sie von anderen besser behandelt werden, wenn sie ihren Namen auf diese Weise ändern – vor allem am Telefon, wo niemand sie sehen kann. Was die mexikanischen Familienmitglieder mütterlicherseits angeht, die nicht gemischter Herkunft und deutlicher als Mexikaner erkennbar sind, so kann ich mir nur vorstellen, dass sie bei jedem Schritt eine Angst vor Diskriminierung empfanden, die sie verinnerlicht hatten. Ich frage mich, ob und wie weit das unterschwellig oder auch gar nicht so unterschwellig bis zu mir durchgesickert ist.

Letztendlich habe ich die Punk-Subkultur für mich gewählt, um die dunkelsten Tage eines Lebens mit PTBS und Depressionen zu überstehen. Später wandte ich mich, um zu heilen, einer Spiritualität zu, die fest im indischen Boden verwurzelt ist. Dass ich eine Identität übernommen habe, in deren Abstammungslinien ich nicht hineingeboren worden bin, geschah tatsächlich aus einer gewissen Verzweiflung heraus. Mit einem Familientrauma zu leben bedeutet schließlich, ständig das Gefühl zu haben, voller Heimweh und gleichzeitig heimatlos zu sein. Ich bin einfach nur froh, dass ich etwas gefunden habe, das mehr bewirkt hat, als mich nur irgendwie durchzubringen, und dem eine emotionale und spirituelle Transformationsfähigkeit zukommt. Ganz ehrlich: Es hat mir etwas gegeben, das ich brauchte, und ich bin nicht sicher, ob ich es anderswo gefunden hätte. Dagegen *bin* ich mir ziemlich sicher, dass mich meine Sucht umgebracht hätte, wenn die Spiritualität nicht gewesen wäre.

Doch es ist noch komplexer: Ich kann meine Malas abnehmen – meine Familie ihre braune Haut aber nicht. Ebenso wenig wie ein Mensch südasiatischer Herkunft. Obwohl alle Menschen, wie gesagt, Identitätsformen brauchen, die ihnen Zugehörigkeit vermitteln und die sie feiern können, wird nicht allen Identitätsformen dasselbe Maß an Anerkennung, Respekt oder Macht zugebilligt. Ganz im Gegenteil – wir leben jetzt in einer schon seit Langem überfälligen Periode, in der wir uns mit Identitäten auseinandersetzen, die dazu benutzt wurden, Menschen, die als Außenseiter gelten, zu unterdrücken, auszubeuten und zu erniedrigen.

Um dieses Thema weiter zu vertiefen, müssen wir uns mit dem

Weißsein und der Kultur der weißen Vorherrschaft befassen – und nicht nur mit ihren offensichtlich ins Auge springenden Manifestationen, wie etwa dem Ku-Klux-Klan oder anderen weißen nationalistischen Gruppen. Wir müssen die weiße Vorherrschaft in ihrer kulturellen (sozialen) und identitätsbildenden (individuellen) Erscheinungsform betrachten. Denn diesen beiden Erscheinungsformen zufolge gilt es als normal und gut, dass Reichtum, politische Macht, institutionelle Führung und soziales Prestige Weißen in solchem Maße zufließen, dass es in keinem Verhältnis mehr zu dem Bevölkerungsanteil steht, den sie repräsentieren, während gleichzeitig die Tatsache, dass das so ist, meistens nicht anerkannt wird.

Paradoxerweise gilt Weißsein inzwischen mit einer solchen Selbstverständlichkeit als das, was normal ist und die Standards in unserer Kultur setzt, dass weiße Menschen weitgehend unfähig sind zu erkennen, dass sie überhaupt eine ethnische Identität haben, obwohl sie der bei Weitem mächtigsten Ethnie des Landes angehören. Deswegen ist es für Weiße sehr hilfreich, nach »Wurzeln, die tiefer liegen als das Weißsein«, zu suchen – nach einer Ethnizität, die an die jeweiligen (im Falle der USA meistens europäischen) Vorfahren, an die Erde, an eine spirituelle Tradition oder an etwas anderes gebunden ist, das gesünder und ganzheitlicher ist als der schöngefärbte patriarchalische Konsumkapitalismus.

Wir alle brauchen Identitätsformen, soziale Orte, Aspekte unserer selbst, die unser Zugehörigkeitsgefühl bekräftigen. Unser Gehirn braucht sie, unser Körper braucht sie, unser Herz braucht sie. Und wenn sie im Laufe der Geschichte angegriffen wurden und heute noch immer angegriffen werden, ist das umso mehr ein Grund, sie nicht nur als akzeptabel und in Ordnung, sondern auch als wichtig zu bejahen und zu feiern. Der Versuch, von unserer Welt – einer Welt, in der Rassismus, Sexismus und Homophobie unsäglichen Schaden angerichtet haben und weiterhin enorm mächtig sind – direkt in eine Welt zu gelangen, in der Identitätsunterschiede als unwichtig angesehen werden, geht an unserer gelebten Realität vorbei. Das ist, als würde man eine imaginäre Welt, die Borniertheit und Intoleranz überwunden hat, erst als Ideal postulieren und dann die schwierige

Arbeit des Anerkennens, des tiefen Zuhörens und der ausgleichenden Gerechtigkeit umgehen, die notwendig ist, um dieses Ziel zu erreichen. Es ist auch respektlos gegenüber der erstaunlich reichen Diversität und den Nuancen, die sich in den Kulturen der marginalisierten Völker – oft ganz direkt als Antwort auf den unglaublichen Druck und sogar die existenziellen Bedrohungen, denen sie ausgesetzt waren – entwickelt haben.

Das ist einer der Gründe dafür, dass der Slogan »Black Lives Matter« proklamiert wird: Er weckt unser Bedürfnis, *so, wie wir sind*, dazuzugehören. Er ruft neuropsychologische Faktoren auf den Plan, die mit emotionaler Resilienz in Beziehung stehen. Angesichts eines Traumas kann er hilfreich sein, um sich von der Bedeutung zu lösen, die dem limbischen System entspringt – *»Das passiert mir als Individuum. Vielleicht ist es Zufall, vielleicht meine Schuld. Ich bin dem allein ausgesetzt und bin mir nicht sicher, was ich tun soll …«* und zu diesem menschlicheren Gefühl zu gelangen: *»Das passiert uns als Gemeinschaft. Es ist kein Zufall. Es passiert meinem Volk seit Jahrhunderten. Es ist unser Kampf. Andere Menschen verstehen genau, was ich durchmache. Das weckt in mir den Wunsch zu handeln.«*

Merkst du den Unterschied? Unser Gehirn merkt ihn. Auch unser Körper. Und dieser Unterschied ist sehr bedeutsam, wenn es darum geht, wie Gehirn und Körper auf unsere Erfahrungen reagieren und sie verarbeiten. Er wirkt sich darauf aus, wie jemand, der Unterdrükkung ausgesetzt ist, seinem psychischen Tod weiterhin widersteht.

Darum brauchen wir *Gay-Pride*-Paraden. Darum muss der *Cinco de Mayo** in Amerika auf den Straßen gefeiert werden. Darum ist die Sichtbarkeit von Trans-Menschen entscheidend. Darum müssen körperliche Leistungsfähigkeit und Gesundheit bei allem, was wir tun, mit berücksichtigt werden. Darum ist es schön und zeugt gleichzeitig auch von einer tiefen Komplexität, dass immer mehr Buchstaben zu »LGBTQ+« hinzugefügt werden. Darum sollten Obdachlose

* Ein mexikanischer Feiertag zum Gedenken der Schlacht von Puebla am 5. Mai 1862, bei der die mexikanische Armee über eine zahlenmäßig überlegene französische Expeditionsarmee siegte (Anm. d. Lekt.).

und Arme nicht Strafgesetzen und politischen Richtlinien unterworfen sein, mittels derer versucht wird, sie wegzuschicken oder aus dem Blickfeld zu bugsieren. Deshalb brauchen wir Räume, wo wir uns sicher fühlen. Darum sind Räume, die ausschließlich Frauen vorbehalten sind, notwendig. Darum sollten wir die kleinen Unannehmlichkeiten sprachlicher Erweiterungen tolerieren und dadurch Rücksicht auf andere nehmen. Darum müssen wir lernen, ohne Abwehrhaltung zuzuhören, wenn jemand an unseren Privilegien oder unserer Aggressivität Anstoß nimmt.

Wenn Menschen mit Stolz verkünden, wer und was sie sind, zeugt das von Stärke. Das gilt sowohl für mich, einen privilegierten Autor, der versucht, jeden Tag zu meditieren, damit er nicht einer lebenslangen Depression erliegt, und es gilt für die Familien von JASON HARRISON, ERIC GARNER, JOHN CRAWFORD III, TAMIR RICE, JEREMY REED, PHILLIP WHITE, FREDDIE GRAY, SANDRA BLAND, MICHAEL BROWN, HEATHER HEYER, ITALI MARLOWE, BRIANNA »BB« HILL und zahllose andere Menschen, die durch sinnlose Gewalt getötet wurden, weil sie waren, wer sie waren.

INTERMEZZO

Warum das Identitätsbewusstsein in all seinen gesellschaftlichen Ausprägungen zur spirituellen Kultur gehört

IN DEN VORIGEN KAPITELN HABEN WIR die neuropsychologischen Zusammenhänge der unbewussten Voreingenommenheit und der Identitätsbejahung unter einem breiten Blickwinkel betrachtet. In diesem Intermezzo möchte ich den Fokus auf das Thema eingrenzen, inwieweit Fragen zur Identität in spirituellen Gemeinschaften zum Tragen kommen. In solchen Gemeinschaften findet man oft eine besondere Form der unbewussten Voreingenommenheit: Voreingenommenheit gegen Emotionalität, dagegen, nicht friedlich zu wirken und zu »politisch« zu klingen.

Ich werde mich hier in erster Linie auf buddhistische und andere von östlichen Weisheitslehren beeinflusste Gruppen konzentrieren, da dies die Gemeinschaften sind, in denen ich mich derzeit am meisten engagiere, aber ich weiß, dass ähnliche Vorurteile auch in anderen spirituellen und religiösen Kreisen bestehen.

Der buddhistischen Kanon enthält eine reiche Mythologie, aber es gibt noch einige Mythen der heutigen Zeit, die nur darauf warten, entlarvt zu werden, nämlich: dass der Buddha nicht politisch gewesen sei, dass Spiritualität und soziopolitisches Bewusstsein bzw. Handeln sich nicht mischen und dass Praktiken des Bejahens der eigenen Identität nicht mit der Sicht der *absoluten Wirklichkeit* in Einklang zu bringen seien.

SHAKYAMUNI WAR EIN PUNK-ROCKER

BUDDHA SHAKYAMUNI LEBTE, ähnlich wie Jesus, in ständiger Konfrontation mit Sexismus, Klassendenken, spaltendem Materialismus und anderen Formen sozialer Entfremdung. Zunächst einmal war der Buddha *obdachlos*. Zum Luxus seiner fürstlichen Geburt und seines königlichen Status sagte der Buddha »Nö«. Stattdessen entschied er sich dafür, in der Wildnis zu leben. Dann gab er seine Lehren an Menschen aus den niedrigsten, am meisten geschmähten, »unberührbaren« Kasten Indiens weiter, denen es verwehrt war, Spiritualität zu lernen und zu praktizieren. Er schloss auch Frauen mit ein, die in vielen Teilen Südasiens als eine niedrigere Lebensform betrachtet wurden (und immer noch werden).

Dieser Frauenfeindlichkeit begegnete ich in meinen Ashram-Tagen, die nur von kurzer Dauer waren. Offengestanden war sie der Grund, weshalb ich wieder ging. Erinnerst du dich an die *Mangal-Aarthi*-Strophe, über die ich in der Einleitung gesprochen habe? Sie wurde gesungen, während Cis-Männer im Tempel vorn und Cis-Frauen im Tempel hinten standen. Dieser Brauch wurde vor allem wegen des vorherrschenden Glaubens aufrechterhalten, Frauen hätten geringere spirituelle Fähigkeiten als Männer. Es wurde gelehrt, mitunter sehr genießerisch – und das ist wörtlich gemeint –, dass »Frauen der Jumbo-Becher der geistigen Welt sind, Männer aber der Super-Jumbo-Becher. Frauen haben einen Liter, Männer das Doppelte, so ist es nun mal.«

Daher ist die Auffassung weit verbreitet, dass die besten Chancen einer Frau auf Erleuchtung darin bestünden, einen gesitteten, frommen Mann zu heiraten, um in seinem spirituellen Windschatten ins Große Jenseits zu gelangen. Das war dann umso verwirrender, als mir auch gesagt wurde, das sei der Grund, weshalb ich im Zölibat leben und die Bindungen zu allen Frauen abbrechen müsse; sie würden meinen Jumbo-Becher verwässern (also: Frauen brauchten mich, aber ich musste mich von den Frauen fernhalten?).

Wenn du dich jetzt fragst, wie ein feministischer Mensch, der sich seiner selbst bewusst ist, auch nur das eine Jahr, das ich unter solchen Umständen verbrachte, überlebt hat: Nun ja, ich habe mir immer wieder überlegt, dass mein politisches Anliegen davon getrennt bleiben müsse, da es bei dem Ganzen ja um eine transzendente Angelegenheit ging. Doch diese Transzendenz-Story hatte ein Verfallsdatum.

Die traditionelle Vaishnava-Sekte der Vedanta-Praktizierenden, um die es hier geht, hat diese Praktiken seither verändert und ist, was solche lächerlichen und haltlosen Behauptungen anbelangt, viel zurückhaltender geworden. Zu diesem Fortschritt kam es, weil die Frauen gefordert haben, dass ihre gesellschaftliche Stellung als gleichberechtigt anerkannt wird. Ohne diese Forderung würden sie immer noch hinten stehen und angestrengt nach vorn spähen, nur um einen kurzen Blick auf die Gottheiten Radha-Govinda auf dem

Schrein zu erhaschen. Sich der eigenen Identität bewusst zu sein gehört in die Spiritualität hinein, es sei denn, wir wollen in die Zeit um 500 v. Chr. zurückfallen.

Dem Buddha war die entmenschlichende Beschaffenheit zahlreicher sozialer Strukturen um ihn herum bewusst, und er erkannte, dass echte Spiritualität zwangsläufig damit einhergeht, dass wir unsere volle Menschlichkeit einfordern. In vielen buddhistischen Texten mahnt der Buddha seine Schüler*innen, bestimmte gesellschaftliche Normen nicht gutzuheißen, unter anderem auch den Materialismus des Marktes und traditionelle Familienwerte. Einiges weist darauf hin, dass er für die herrschende vedische Orthodoxie ein sehr großer Störfaktor war: Als die Bhagavad Gita (die vielleicht zentralste Schrift der vedischen Religion) schließlich aufgeschrieben wurde, geschah dies nachweislich auch in dem Bemühen, die unterdrückerische Ordnung, die der Buddha demontiert hatte, wieder zusammenzufügen.

In buddhistischen Kreisen behaupten manche, dass jegliches Bekräftigen der eigenen Identität falsch sei. Buddhistische Praktizierende haben sich zum Beispiel so dazu geäußert:

- »Sich auf die Identität zu konzentrieren, verfestigt nur ein falsches Ich-Gefühl. Uns geht es um Transzendenz.«
- »Im Reich der Leerheit gibt es weder Ethnie noch Geschlecht.«
- »Diese Welt ist das *Samsara* (der Kreislauf des Leidens), und wir werden sie nie in Ordnung bringen; wir können nur für unsere individuelle Befreiung arbeiten.«

ÖSTLICHE SPIRITUELLE VORSTELLUNGEN über Leerheit, Karma und Transzendenz sind zudem in den breiten Hauptstrom der westlichen nichtkonfessionellen Spiritualität eingeflossen. Dort findet man zahlreiche Variationen von Vorstellungen und Haltungen wie »Wir sind alle eins«, »Menschen sind Menschen« und »Liebe ist farbenblind«.

Stimmt: Es ist alles eins. Stimmt auch: Es gibt viele. Stimmt: Wir sind nicht dieser Körper; unsere wahre Natur ist etwas jenseits davon. Stimmt auch: Wir sind dieser Körper; der Körper selbst ist das unverzichtbare, kostbare Mittel, das uns ermöglicht, unsere tiefere Natur zu entdecken. Stimmt: Leiden ist ein innewohnendes Merkmal dieser Welt, und letztlich werden wir daran nichts ändern. Stimmt gleichzeitig aber auch – und zwar ganz besonders: Der Schlüssel zur persönlichen Befreiung liegt im Mitgefühl, also paradoxerweise und unvermeidlich in einer *zwischenmenschlichen* Situation. Das lässt sich auch an dem erkennen, was viele für die grundlegendste Lehre des Buddha halten: am Achtfachen Pfad. Im Folgenden habe ich die vier Elemente dieses Pfades, die zwischenmenschliche Beziehungen betreffen, kursiv markiert:

1. Rechte Anschauung
2. Rechte Absicht
3. *Rechte Rede*
4. *Rechtes Handeln*
5. *Rechter Lebensunterhalt*
6. *Rechte Anstrengung*
7. Rechte Achtsamkeit
8. Rechte Versenkung (Meditation)

Unsere wechselseitige Abhängigkeit ist so groß, dass unsere persönliche Freiheit es im wahrsten Sinne des Wortes *erfordert,* mit dem subjektiven Leiden aller Lebewesen zu arbeiten. Und das bedeutet, andere an dem Punkt, an dem sie stehen, ernst zu nehmen. Mitgefühl bedeutet anzuerkennen, dass du und die Welt der jeweils anderen Person miteinander verbunden sind und dass ihre Anstrengungen deine Anstrengungen sind – *unsere* Anstrengungen. Wie um alles in der Welt könnten wir privilegierte Praktizierende uns ehrlich auf diese Praxis einlassen, wenn uns die grundsätzliche Offenheit fehlt, die Welt mit den Augen derer zu sehen, die marginalisiert sind? Keine transformative Empathie, kein befreiendes Mitgefühl, keine durchdringende Erkenntnis der Wechselbeziehung mit *Shunyata* – Leerheit, grundlegende Offenheit – kann entstehen, wenn wir das Gespräch so schnell abbrechen.

»Es ist alles eins« ist die Ebene der absoluten Wirklichkeit. »Es sind viele« ist die Ebene der relativen Wirklichkeit. Diese beiden Wirklichkeiten existieren in gewisser Weise nebeneinander und sind beide gültig. Es ist unmöglich, die eine ohne die andere zu haben, *und* man kann die eine auch nicht benutzen, um der anderen zu entfliehen. Der beliebte Zen-Lehrer SHUNRYU SUZUKI sagte bekanntlich: »Nicht eins, nicht zwei.« Als ich zum ersten Mal die Definition hörte, was einen erleuchteten Menschen ausmacht, war es diese: »Ein Mensch, der Verblendung und Weisheit gleichzeitig sieht. Ein Mensch, der nach Las Vegas gehen und gleichzeitig Himmel und Hölle sehen würde.«

In der hinduistischen Vedanta-Philosophie gibt es ein Sanskrit-Mantra: Achintya bheda abheda tattva. Wörtlich übersetzt: unbegreifliche Verschiedenheit-Nichtverschiedenheit-Wirklichkeit. Mit anderen Worten: Die Natur der Wirklichkeit ist eins und viele – was verwirrend ist. Das Relative und das Absolute tanzen zusammen, und das ist nicht zu begreifen. Meine wunderbare erste wahre Lehrerin, AMMA, eine Non-Dualistin, schätzt folgendes Gebet sehr:

Om
Purnamadah purnamidam
Purnat purnamudacyate.
Purnasya purnamadaya
purnam evavasisyate.

Übersetzung: Dieses ist ganz und jenes ist ganz. Aus dieser Ganzheit ist jene Ganzheit gekommen. Nimmt man jene Ganzheit aus dieser Ganzheit heraus, bleibt nur Ganzheit übrig.

Anders ausgedrückt: »Es gibt eine absolute Realität, in der alles eins ist, und unsere Realität ist die, aus der die unterschiedliche Vielheit entnommen ist. Wenn man die vielen aus dem Einen entnimmt, bleibt irgendwie nur die Einheit übrig. Tatsächlich sind die vielen für sich genommen das Eine selbst. Ehre die vielen als das eine.«

Angelegenheiten des Spirituell-Geistigen und Angelegenheiten der materiellen Welt überschneiden sich. Das Absolute tanzt für immer mit dem Relativen. Unsere wahre Natur geht über die begrenzten Vorstellungen, eine Person zu sein, hinaus, die uns unser ganzes Leben lang bestimmt haben. Aber um Ram Dass zu paraphrasieren: »Du muss erst wissen, dass du jemand bist, bevor du erkennst, dass du niemand bist.« Und dieser Kreislauf, jemand zu sein und niemand zu sein, wird so lange andauern, wie wir leben.

TEIL 3 | ÜBUNGEN

ÜBUNG 1 | **Herzatmung**

NIMM DIR EINIGE MOMENTE ZEIT, um deine Körperhaltung so auszurichten, dass du aufrecht, ausgeglichen und entspannt sitzt. Beginne mit der Bauchatmung, so wie du es in der Übung »Sich erden: Der Atemkörper« auf Seite 109 getan hast. Atme durch die Nase oder den Mund ein und durch den Mund aus. Lass den Atem vordringen bis in die entferntesten Bereiche des Bauches, bis unterhalb des Nabels. Erlaube dem Bauch, sich beim Einatmen angenehm auszudehnen, und entspann dich, während er beim Ausatmen in sich zusammensinkt. Atme langsam, lang, tief und ruhig.

Welche Haltung auch immer du einnimmst, leg fest, wie lange du üben willst (zehn Minuten sind großartig, wenn dir solche Übungen neu sind; zwanzig Minuten sind toll, wenn es nicht dein erstes Mal ist). Stell einen Timer auf deinem Smartphone oder einem anderen Gerät ein. Verpflichte dich dabeizubleiben, bis der Timer sich meldet. Wenn du diese eine Regel diszipliniert einhältst, wird sie dir langfristig sehr gute Dienste leisten.

Dehne den Atem nach zwei oder drei Minuten noch weiter aus. Wenn der Bauch ganz voll ist, atme weiter und lass den Atem das Innere des Brustkorbs, den Bereich des Herzens, ausfüllen. Wenn es sich gut anfühlt, kannst du nach dem Ausatmen innehalten und das Gefühl genießen, dass der Körper ganz mit Atem gefüllt ist. Du kannst auch am Ende der Ausatmung ein paar Sekunden eine sanfte Pause zulassen und alles einen Pulsschlag lang anhalten lassen. Fahre zwei bis drei Minuten so fort.

Löse dich von der tiefen Atmung und genieße das Gefühl der Weite, das sie dem Körper gebracht hat. Lass dein Bewusstsein in die Mitte deines Brustkorbs vordringen, in den Raum des Herzens, und stell dir vor, deine Nase sei dort im Herzraum. Atme ins Herz hinein und aus dem Herzen heraus und fühle, wie es sich dabei hebt und senkt.

Achte bei der Herzatmung darauf, welche Gedanken, körperlichen Empfindungen und Emotionen, welche Geräusche im Raum und welche anderen Sinnesreize deine Aufmerksamkeit erregen. Anstatt zu versuchen, all das auszuschließen, atme es ein. Stell dir beim Einatmen vor, dass dein Atem wie ein Traktorstrahl* ist, der absolut alles in deiner Erfahrung im Raum des Herzens bündelt. Bündle es so tief im Herzen, wie du kannst, wenn möglich bis in dein Rückgrat *hinter* dem Herzen. Zieh es alles mit jedem Einatmen gesammelt in dich hinein. Lass dann, während du ausatmest, einfach los. Stell dir vor, die Energie all dessen, was im Herzen gesammelt worden ist, entfaltet sich einfach und verteilt sich im Körper – im Rumpf, im Becken, in den Armen, Beinen, Fingern und Zehen.

Es könnte ein paar Minuten dauern, bis du den Dreh heraus hast, aber mach einfach weiter. Atme alles, was du in deiner äußeren und inneren Erfahrung wahrnimmst, weiterhin in den Herzraum hinein, und fühle dann die Befreiung, während du ausatmest. Statt mit »Ablenkungen« zu kämpfen, sammle sie alle ein. Lass sie zu deiner Konzentration, zu deiner Vitalität beitragen. Lass dann jedes Ausatmen fast wie ein Seufzer der Erleichterung sein, eine Pause von aller Anstrengung, ein Moment, um einfach das höchste Geschenk des Lebens zu würdigen: in diesem menschlichen Körper zu leben.

* von einem entsprechenden Projektor ausgestrahltes, gebündeltes Kraftfeld, das auf ein Zielobjekt hin fokussiert wird. Dieser Strahl kann – ähnlich wie ein Schleppseil – das Objekt räumlich in einer bestimmten Entfernung zum Projektor halten bzw. es auf die Position des Projektors heranziehen. Dies ist allerdings ein fiktives Instrument und kommt vorrangig in der Science-Fiction-Literatur vor (Anm. d. Lekt.).

ÜBUNG 3 | Unbewusste Voreingenommenheit neu »verdrahten«

LASS UNS MIT DEN GUTEN NACHRICHTEN beginnen: Wir sind durchaus in der Lage, uns zu verändern. Egal, wie stark wir in unseren Gewohnheiten schon festgelegt sind. Egal, wo wir im Leben stehen. Das Gehirn ist plastisch, formbar, es verändert sich ständig. Die Frage ist also nicht: Können wir uns verändern? Die Frage ist: Was wollen wir verändern? Das Gehirn verändert sich auf der Grundlage dessen, worauf wir achten, und seine Aufmerksamkeit wird von dem angezogen, was neu, für uns persönlich relevant oder besonders intensiv ist. Die folgende Kontemplation bezieht all diese Prinzipien mit ein.

Setz dich bequem hin. Nimm dir einen Moment Zeit, um im Körper anzukommen. Atme ein paarmal tief aus und ein. Versuche, bei dem, was nun kommt, nicht zu hetzen. Respektiere das Tiefgehende, mit dem du dich jetzt befasst, indem du dir Zeit nimmst und ernsthaft bei der Sache bist.

Denk an eine Person, mit der du gern zusammen bist, an den Klang ihrer Stimme, ihre Haarfarbe, ihre nach oben gebogenen Mundwinkel beim Lächeln, an die Kleidung, die sie vielleicht tragen könnte. Stell dir vor, sie sitzt dir direkt gegenüber. Denk nun an einige der vielen guten Eigenschaften: an ihren Anstand, ihren Humor, daran, wie hart sie arbeitet, an eure gemeinsam verbrachte Zeit, alles an der Person, was du positiv mit ihr in Verbindung bringst. Bleib für eine Weile hier und verharre in dem Gefühl, diese Person wegen ihrer Menschlichkeit wertzuschätzen.

Lass uns nun einige andere Dinge an diesem Menschen betrachten, die dir gefallen. Vor allem, dass er in vielerlei Hinsicht genauso ist wie du. Genau wie du hat er manchmal zu kämpfen. Genau wie du ist er verletzt worden, wurde ihm das Herz gebrochen, fühlte er sich von anderen betrogen. Genau wie dein Leben ist auch seins kompliziert, hektisch, schwer zu bewältigen. Genau wie du hat diese Person große Träume, die sie mit unstillbarer Sehnsucht erfüllen. Genau wie du hat sie manchmal das Gefühl, sie sei nicht gut genug oder unzulänglich und es deshalb nicht wert, das Leben zu führen, dass sie wirklich führen will. Sie kämpft mit ihrer Orientierung. Sie hat in engen Beziehungen zu kämpfen. Auch sie liebt. Auch sie lacht. Genauso wie du sehnt sie sich danach, ein schönes Leben zu haben – was auch immer ihre Version davon ist –, und Schmerz, Bedrängnis, Scheitern und Angst zu vermeiden. Sie ist in fast jeder Hinsicht genau wie du. Es ist, ehrlich gesagt, ziemlich schön, das so tief anzuerkennen. Schick ihr hier ein bisschen Liebe. Sende einen energetischen Wunsch aus, dass es ihr gut gehen möge, dass sie glücklich ist und sich wohlfühlt. Nimm wahr, wie sich das anfühlt.

Wenn du bereit bist, atme ein paarmal durch und lass die Person sich in Nebel auflösen.

Denk jetzt an jemanden, von dem du meinst, er oder sie sei anders als du. Im Idealfall ist es jemand aus einer Kultur, mit der du bislang wenig zu tun hattest. Die Person könnte einer anderen Ethnie angehören oder aus einem anderen Land kommen. Sie könnte trans sein. Sie könnte intersexuell sein. Sie könnte schwul oder bi sein. Sie könnte eine Religion ausüben, die du nicht wirklich »nachvollziehen« kannst. Vielleicht hat dieser Mensch einen höheren oder niedrigeren Lebensstandard als du. Er ist vielleicht arbeitslos. Er hat vielleicht ein gesundheitliches Problem wie Krebs oder AIDS. Er hat vielleicht einen Körper, der auf sonstige Weise anders ist, zum Beispiel ein Gesicht, das nicht dem Üblichen entspricht, oder ihm fehlt ein Körperteil. Er könnte im Rollstuhl sitzen. Er könnte dick sein. Vielleicht nimmt er Drogen. Vielleicht kommt er dir aus einem anderen Grund »anders« vor.

Wähle jemanden aus. Du brauchst nicht unbedingt mit einer »perfekten« Person zu arbeiten. Jede, die du im Grunde nicht so gut »verstehst«, genügt. Denk darüber nach, wie sie aussieht, wie ihre Stimme klingt, welche Haarfarbe sie hat, wie ihr Lächeln, ihr

Körper, ihre Haut aussieht, wie ihr allgemeines Auftreten ist, welche Kleidung sie tragen könnte. Stell dir vor, dass sie direkt neben dir sitzt … ganz nah.

Lass zu, dass deine Reaktionen an die Oberfläche kommen. Dies ist ein Raum, in dem nicht geurteilt wird und der zudem privat ist. Jeglicher Widerwille, jegliche Abneigung, Furcht, Verurteilung oder sogar Abscheu, die du vielleicht empfindest, kannst du hier zugeben und dich dabei sicher fühlen. Es mag zwar beunruhigend sein, sich solche Gefühle einzugestehen, aber wir können und werden uns nicht ändern, solange wir nicht ehrlich zugeben, was vor sich geht. Lass es also hochkommen. Lass alle Gefühle, Gedanken und Wahrnehmungen hochkommen, die du angesichts dieser Person hast.

Wie zuvor, betrachten wir auch hier nun einige andere Aspekte der Person und ihres Lebens, die dem Leben, das du führst, auffallend ähnlich sind. In vielerlei Hinsicht ist sie genau wie du. Genau wie du hat sie manchmal Schwierigkeiten. Genau wie du ist sie verletzt worden, war todunglücklich, fühlte sich von anderen betrogen. Genau wie dein Leben ist auch ihres kompliziert, hektisch, schwer zu bewältigen. Genau wie du hat diese Person große Träume, die sie mit unstillbarer Sehnsucht erfüllen. Genau wie du hat sie manchmal das Gefühl, sie sei nicht gut genug oder unzulänglich und es deshalb nicht wert, das Leben zu führen, dass sie wirklich führen will. Sie kämpft mit ihrer Orientierung. Sie hat in engen Beziehungen zu kämpfen. Auch sie liebt. Auch sie lacht. Genauso wie du sehnt sie sich danach, ein schönes Leben zu haben – was auch immer ihre Version davon ist – und Schmerz, Bedrängnis, Scheitern und Angst zu vermeiden. Sie ist in fast jeder Hinsicht genau wie du. Sie verdient genauso viel Respekt wie du. Sie verdient es, mit dir an einem Tisch zu sitzen.

Verweile. Nimm wahr, was sich in dir verändert. Vielleicht spürst du mehr Abneigung, vielleicht bist du etwas weicher geworden. Das ist in Ordnung. Verweile.

▶ **WENN DU ABNEIGUNG EMPFINDEST.**
Kannst du auf die direkte Erfahrung der Abneigung neugierig werden? Geh dabei der mentalen Geschichte, die du über diese Person hast, nicht weiter nach, ebenso wenig Fragen wie der, warum du Ablehnung empfindest oder warum du ein schlechter Mensch bist. Leg das einfach beiseite. Wie ist die Erfahrung der Abneigung an sich? Wie macht sie sich im Körper bemerkbar? Fühlt sie sich schwer an? Angespannt, eng? Befindet sie sich an einer bestimmten Stelle? Werde neugierig auf die Gefühle, die du empfindest, und bleib bei ihnen. Es gibt hier kein anderes Ziel, als neugierig zu sein und dabei präsent zu bleiben. Atme in die körperlichen Empfindungen oder Gefühle hinein. Bleib dabei. Mit der Zeit wirst du dadurch allmählich Dinge erfahren. Das Gefühl wird sich verändern. Es ist gut, dass du ehrlich damit umgehst. Wir alle haben dieses Problem. Du tust einen großen Schritt, indem du es angehst.

▶ **WENN SICH DAS GEFÜHL VERÄNDERT HAT.**
Schick der betreffenden Person etwas Liebe. Sende einen energetischen Wunsch aus, dass es ihr gut gehen möge, dass sie glücklich ist und sich wohlfühlt. Nimm wahr, wie sich das anfühlt.

Darüber nachdenken, woher wir kommen: Versöhnung, Dankbarkeit und Blick nach vorn | ÜBUNG 3

SETZ DICH BEQUEM HIN, atme ein paarmal durch, und mach es dir gemütlich.

Nimm dir etwas Zeit, um zu überlegen, wie viele Variablen zusammenkommen mussten, nur damit du in diesem gegenwärtigen Moment hier bist. Wie hast du dir die Ressourcen angeeignet, um dir dieses Buch zu beschaffen? Was war alles nötig, damit du körperlich und geistig in der Lage bist, dieses Buch zu lesen oder es dir anzuhören und es zu verstehen? Denk an die Infrastruktur, die Nahrung, das Wasser, den Strom, die Rohmaterialien für das Haus, in dem du wohnst, und vieles mehr, was zusammenkommen musste, damit du in diesem Augenblick hier sein kannst. Denk an die Bäume, die gefällt wurden, um dieses Buch herzustellen – und an den Regen, das Sonnenlicht, den Erdboden und die Mikroorganismen, die in das Wachstum dieser Bäume eingeflossen sind. Denk an die Weisheitsüberlieferungen des Buddhismus und des Hinduismus, an Bewegungen für soziale Gerechtigkeit, Neurowissenschaften und Psychologie, die im Laufe der Zeit umsichtig entwickelt, bewahrt und über Generationen hinweg weitergegeben wurden (im Fall des Buddhismus und des Hinduismus über Jahrtausende hinweg), in der Hoffnung, dass sie für dich – eigens für dich – in irgendeiner Weise nützlich oder hilfreich sind. Spüre jegliche dankbaren Gefühle oder Worte, die dir in den Sinn kommen, wenn du dieses riesige Erbe betrachtest.

Denk an die Menschen, die früher das Land bewohnt haben, in dem du heute lebst. Weißt du, wer sie waren? Wenn nicht, könntest du es vielleicht nach dieser Übung herausfinden. Führ dir vor Augen, dass Menschen hier ihr ganzes Leben verbracht haben, Generationen von Familien. Denk daran, dass sie harte Winter oder Sommer – oder beides – und große Widrigkeiten überstehen mussten. Denk an die Nahrung, die hier angebaut wurde. Stell dir vor, was sie zum Zeitvertreib getan, welche Spiele ihre Kinder gespielt haben. Mach dir bewusst, dass genau hier in der Gegend Abertausende Menschen verfolgt wurden und gestorben sind. Spüre die Reue, die vielleicht deswegen in dir aufsteigt. Sei dankbar dafür, dass du in relativer Sicherheit dort sein kannst, wo du bist.

Überlege, welche Rolle ausbeuterische Arbeit beim Aufbau der Infrastruktur, die dich umgibt, gespielt hat. Denk an den Aufbau der Landwirtschaft und einer gesunden Wirtschaft, an den Bau von Eisenbahnen und Brücken, die den Transport der Rohstoffe, aus denen deine Stadt gebaut wurde, möglich machten. Bedenke, dass viele dieser Menschen ihre Arbeit nur aus Angst vor dem Verhungern oder vor unsäglichen Strafen – weil ihnen keine andere Wahl blieb – getan haben. Bedenke, dass viele von ihnen bei der Arbeit gestorben sind, und dass du davon profitierst. Spüre jegliche Reue, die angesichts dessen aufkommt. Würdige sie. Danke ihnen von Herzen für ihre unglaubliche Plackerei.

Betrachte die Arbeit von zugewanderten Arbeitskräften, die oft stark unterbezahlt sind. Wenn du in den Vereinigten Staaten lebst, ist es sehr wahrscheinlich, dass du die ganze Woche über Lebensmittel konsumiert hast, die von illegalen Einwanderern geerntet, gereinigt, verpackt und versandt worden sind. Denk daran, dass sie Steuern gezahlt haben, die die Infrastruktur und die Wirtschaft, in der du lebst, unterstützen. Mach dir bewusst, dass sie nie ohne die Angst leben können, abgeschoben zu werden – in vielen Fällen zurück in lebensfeindliche und lebensbedrohliche Umstände. Bedenke, dass sie Eltern und Kinder haben und von einem guten Leben träumen, genau wie du. Erkenne an, dass viele von ihnen tatsächlich zurückgeschickt werden, und zwar in Umstände, die nahezu sicher Folter und sogar Tod bedeuten. Lass die Gewissensbisse und alle anderen Gefühle, die du diesbezüglich hast, hochkommen. Danke diesen Menschen für ihren Beitrag zu deinem Wohlergehen.

Denk zu guter Letzt darüber nach, wie deine Familie dorthin gelangt ist, wo du geboren wurdest. Sind deine Vorfahren eingewandert? Falls ja, aus welchem Land kamen sie? Wurden sie unfreiwillig in deine Heimat gebracht? Wie waren ihre Lebensbedingungen? Überleg dir, was frühere Generationen deiner Familie dort, wo sie damals lebten, durchgemacht haben könnten. Betrachte ihren Lebenskampf mit Mitgefühl. Danke ihnen für ihren Beitrag.

Wie willst du mit all dem vor Augen heute in die Welt gehen und darin leben? Wie willst du all deine menschlichen und sonstigen Beziehungen und Vorfahren würdigen und was für ein Vorfahre, was für eine Vorfahrin willst du für die Menschen der Zukunft sein?

TEIL 4

EINE ZEIT,

UM DINGE ZU KLÄREN

11. WENN JEMAND AUF DICH LOSGEHT

Das Geschenk der Böswilligkeit eines anderen Menschen nicht annehmen

»*Ein gutes Leben zu führen ist die beste Rache.*«

George Herbert

IN DEN ERSTEN BEIDEN TEILEN DIESES BUCHES haben wir schon begonnen, die Arbeit mit den Teilen als einen Weg zu einer kreativeren, produktiveren Beziehung zu unseren Gefühlen zu erkunden. In Teil drei haben wir zudem eine neurowissenschaftliche und neuropsychologische Betrachtungsweise miteinbezogen, um den Blick auf soziale Fragen zu erweitern. Hoffentlich haben die Übungen am

Ende von Teil drei verdeutlicht, dass viele Methoden, mit deren Hilfe wir unsere inneren Teile besser kennenlernen können, auch hilfreich sind, um unsere Verbundenheit mit anderen Menschen zu verstärken und sie auf einer tieferen Ebene zu verstehen. In diesem letzten Teil des Buches werden wir alles, was wir bisher angewandt haben, zu einer Synthese zusammenführen – Teile-Arbeit und Neurowissenschaft, das Arbeiten mit unseren inneren Teilen und mit anderen Menschen –, während wir bestimmte schwierige Alltagssituationen, mit denen wir alle konfrontiert sind, betrachten.

Der Ansatz der Teile-Arbeit öffnet uns die Tür für die Erfahrung der unglaublichen Nuancen unseres reichen Innenlebens. Dennoch wäre es naiv, so zu tun, als wären Gefühle lediglich eine individuelle Angelegenheit, losgelöst von der Komplexität sozialer Voraussetzungen, von äußeren Beziehungen und vom Situationszusammenhang. Vielleicht liegt die wahre Kraft der Teile-Arbeit hierin: Als Ergebnis dessen, was wir aus unserem Inneren zutage gefördert haben, können wir das, was in anderen vorgeht, klarer sehen. Viele von uns fürchten, mit einem solch offenen Herzen in der Welt zu leben, bedeute, dass wir alle möglichen toxischen Menschen in unseren engeren Umkreis lassen müssten. Oder sie fragen sich, was sie tun sollen, wenn andere ihnen dumm kommen. Wie können wir immer wieder aufs Neue die Funken beherzten Liebevollseins und liebevoller Beherztheit nähren, wenn andere Menschen aus der Reihe tanzen oder sich einfach nicht darum scheren? Wie können wir uns hohe Ziele stecken, wenn uns andere immer wieder unter der Gürtellinie attackieren? Bedeutet wahrhaftig sein, dass wir den Kontakt zu allen abbrechen, die aus unserer Sicht in ihrer Unwissenheit verharren? Bedeutet selbstbewusst zu sein, dass wir unser Leben von allen Menschen bereinigen, die nicht so hoch hinaus wollen wie wir – oder die sich zwar bemühen, aber nicht so sehr, wie sie es unserer Meinung nach tun sollten? Was tun wir, wenn wir selbst auf Abwege geraten oder von anderen öffentlich bloßgestellt werden?

FRANK HERBERT hat geschrieben, dass das Rätsel des Lebens kein Problem sei, das von Menschen zu lösen sei, sondern eine Wirklichkeit, die man erfahren müsse. Und obwohl er damit klar auf existenziellere Fragen abzielte, ist diese Vorstellung meines Erachtens auch für zwischenmenschliche Fragen wie die obigen relevant. Ich glaube nicht, dass es eine klare Antwort darauf gibt oder es überhaupt eine geben kann. Für uns als bewusste, ethische Menschen kommt es meiner Meinung nach eher darauf an, uns mit diesen Fragen und Erfahrungen um ihrer selbst willen auseinanderzusetzen, weil es einfach richtig ist, es zu tun. Ich denke, es geht darum, das Licht eines kritischen, offenen Bewusstseins in diese komplexen Fragen zu bringen – nicht, um »den richtigen Weg« zu finden, sondern einfach, weil der Prozess dieses Engagements viele Lehren in sich birgt und ein Nährboden für Wachstum ist. Meiner Meinung nach geht es darum, unseren Überzeugungen über die Kostbarkeit des Lebens möglichst treu zu bleiben, und wenn wir dabei bisweilen scheitern und hinfallen, immer wieder aufzustehen – besser als vorher. Es ist kein Problem, das es zu lösen gilt, sondern eher ein Prozess, den wir in unserem Inneren entdecken müssen. Und das tun wir im Namen der Liebe – im Namen dessen, was auch als Gerechtigkeit bekannt ist.

ES WAR EINMAL EINE NONNE, die viele Jahre in einem entlegenen Kloster meditierte. Eines Tages fand sie endlich Zugang zur tiefen Quelle inneren Friedens, die sie die ganze Zeit gesucht hatte. Es war allerdings kein gewöhnlicher Zustand der inneren Ruhe. Die Energie in ihr war schimmernd, warm und schön. Der Frieden erzeugte eine gewisse Anziehung, eine Zugkraft, eine Überzeugung genau im Zentrum ihrer Brust. Es war, als sehnte sich ihr weites Herz selbst danach, sich zu äußern, eine Verbindung zu anderen herzustellen. Die Nonne beschloss, dass es an der Zeit sei, das Kloster zu verlassen und sich in die nächstgelegene Stadt zu begeben. Sie verabschiedete sich, packte ihre Sachen und machte sich auf, um ihre Offenbarung zu teilen mit der Welt und denen, die sie brauchten.

Die Nonne, strahlend in ihrem erhabenen Zustand, lief so lange, bis sie den perfekten Ort fand, um anzufangen: einen Basar unter freiem Himmel. Nachdem sie so lange von allem abgeschottet im Kloster gelebt hatte, irritierten sie jedoch die Hektik und Aggressivität des Ortes. Ein Mann versetzte ihr im Vorbeigehen einen Stoß, blieb aber nicht stehen, um sich zu entschuldigen. Ein anderer rief ihr auf aggressive Weise anzügliche Dinge hinterher. Und während sie noch versuchte, diese Erfahrung abzuschütteln, sagte ihr wieder ein anderer Mann, sie solle doch mal lächeln. Die Händlerin am Gemüsestand wollte ihr das Doppelte des angegebenen Preises für ihre Einkäufe abknöpfen. Ein Teenager versuchte, sie zu bestehlen. Überall um sie herum hasteten Menschen umher, nur auf ihre eigenen Angelegenheiten und Wünsche fixiert, und die Nonne, die gedacht hatte, sie könne für diese Menschen als eine Art Retterin fungieren, geriet immer mehr aus der Fassung.

Überrascht schloss sie daraus: »Der innere Frieden, den ich gefunden hatte, war zwar schön, aber allem Anschein nach nicht real. Ein echtes weites Herz würde angesichts von Aggressionen nicht so schnell schrumpfen. Wahre Verwirklichung ist bedingungslos, unerschütterlich.«

Also kehrte die Nonne zu ihrer Meditation zurück. Dieses Mal begab sie sich tief in die Berge, wo sie bei den Bäumen und Tieren sitzen und dabei die warme Sonne und die kühle Brise auf ihrem Gesicht spüren konnte. Im Zwiegespräch mit der Erde, vielleicht der höchsten Lehrerin von allen, dauerte es nicht lange, bis der große innere Frieden sich wieder einstellte.

Erneut begab sie sich zum Markt. »Ich will wissen, ob es diesmal wirklich echt und endgültig ist«, dachte sie. Auf der Straße kam ihr ein wütender Mann entgegen. Er hielt sie an: »Entschuldigung, aber wo ist denn Ihr Mann?! Wo sind Ihre Kinder?! Ihr dummen, selbstsüchtigen, kinderlosen Nonnen. Ihr tragt nichts zur Gesellschaft bei. Ihr solltet lieber zu Hause bleiben und euch um den Haushalt kümmern. Sie und Ihresgleichen hasse ich!«

Er redete immer weiter. Und doch stellte die Nonne fest, dass sie sehr neugierig auf ihn war. Sie sah seine Mimik, seine Gesten, bemerkte die Angst an ihm. Sie nahm außerdem die Angst- und Abwehrgefühle wahr, die in ihrem eigenen Körper aufstiegen, und blieb mit diesen Gefühlen in Kontakt, auch während sie genau hinhörte. Der Mann schimpfte weiter über sie, aber statt automatisch darauf zu reagieren, nahm sie jedes Wort, das er sagte, in sich auf und antwortete: »Oh wirklich? … Interessant, dass Sie das so empfinden. Bitte, erzählen Sie mir mehr davon.«

Der Mann wurde noch wütender. »Hören Sie mir überhaupt zu?! Ich sage, dass ich Sie hasse.«

»Oh ja, das haben Sie durchaus deutlich gemacht«, sagte sie. »Aber, lassen Sie mich Ihnen eine Frage stellen: Angenommen, ich bin zu Hause und höre ein Klopfen an der Tür. Ich öffne sie, und vor mir steht eine Person, die hereinkommen möchte. Ich empfange sie als Gast in meinem Haus. Als der Gast hereinkommt, bemerke ich, dass er etwas in der Hand hält. ›Hier, ich habe dir ein Geschenk mitgebracht‹, sagt er mir. Ich sehe mir das Geschenk an und entscheide, dass ich es nicht haben will. Und so sage ich ihm: ›Vielen Dank, aber – Nein. Ich weiß das Angebot zwar zu schätzen, aber ich kann dein Geschenk nicht annehmen.‹ Sagen Sie mir nun, wem gehört das Geschenk?«

»Dem Gast natürlich.«

»Genau! Und ebenso habe ich Sie heute in meinem Haus, in meinem persönlichen Bereich, willkommen geheißen und habe Ihnen zugehört. Und Sie sind hier wirklich willkommen – aber dieses Geschenk der Aggression und des Hasses, das Sie mir geben? Das will ich nicht haben. Sie dürfen es behalten.«

DIESES GLEICHNIS GIBT UNS EIN IDEALES BEISPIEL, wie wir als wacher Mensch durch diese Welt gehen können. Es erinnert uns daran, dass wir die Aggressionen, die wir in uns aufnehmen, wenn wir über den Markt gehen, minimieren können. Und sie verdeutlicht, dass wir in unserem Umgang mit anderen mehr Möglichkeiten haben, als wir denken. Die Nonne in der Geschichte hat die nötige Gelassenheit, nicht nur mit ihrem Inneren – ihrem Gefühl der Angst und Abwehr – in Kontakt zu bleiben, sondern auch zu erkennen, dass der Mann, der sie anspricht, nicht aus Wut besteht. Vielmehr ist Wut nur ein Teil von ihm – ein Teil, dem sie den Zutritt verweigern kann. Aber all das läuft auf eine entscheidende Fähigkeit hinaus: Unterscheidungsvermögen, Einsicht. Einsichtig, bewusst, klar erkennend, welche Gefühle zu wem gehören – so kann sie das »Geschenk« der Feindseligkeit, das ihr der zornige Mann geben will, ablehnen. Sie bildet eine Art geistigen Muskel heraus, den auch wir entwickeln können und der wichtig ist für uns.

Eine Klientin erzählte mir erst neulich, sie habe, nachdem sie diese Geschichte gehört hatte, einen Zettel auf ihren Schreibtisch gelegt, auf dem steht:

Welche Gefühle gehören zu wem?

Zurück an den Absender.

DIE ANTWORT DER NONNE LÄUFT der Intuition von Grund auf zuwider. Wie wir bereits in unserer Diskussion über Neuropsychologie gesehen haben, sagt uns das limbische System angesichts von Feindseligkeit, wir sollten uns von der wütenden Person entfernen, uns wehren oder uns vor ihr abschotten. Kulturell haben wir diese Impulse in eine konventionelle Logik über den Umgang mit Missbehagen im zwischenmenschlichen Umgang übersetzt: Dreh die Kopfhörer auf volle Lautstärke, geh weg und schreib vielleicht eine Schimpftirade darüber in den sozialen Medien. Die spirituelle Version davon, habe ich mir sagen lassen, besteht darin, ein Kraftfeld um mich herum zu visualisieren, das alle schlechten Schwingungen, die auf mich zukommen, von mir ablenkt. Diese Optionen sind zwar nicht unbedingt schlecht, aber sie alle bringen eine gewisse Anspannung mit sich, einen Widerstand gegen das, was die Welt uns ganz natürlich und beharrlich präsentiert.

Solche Methoden sind auch mit ziemlich viel emotionaler Arbeit verbunden – etwas, mit dem viele von uns ohnehin schon mehr als genug zu tun haben. Der Weg, den die Nonne geht, ist ein anderer. Sie bleibt im Vollbesitz ihrer Macht. Sie bleibt mit ihrem Körper verbunden. Ganz bewusst lässt sie sich von dem Mann nicht ihren Frieden rauben. Sie heißt ihn sogar willkommen. Und weil sie richtig erkennt, dass die Energie, die er bei ihr abladen will, einfach nur seine eigene Feindseligkeit ist, nimmt sie seine Worte nicht persönlich und kämpft in keiner Weise dagegen an. Sie führt »beziehungsmäßig« eine Jiu-Jitsu-Bewegung aus, die bewirkt, dass er durch den Schwung seiner eigenen Wut hinfällt. Er kommt auf sie zu, aber sie tritt einfach beiseite und am Ende fällt er auf die Nase.

Das ist die Macht des Unterscheidungsvermögens.

MIR FALLEN TAUSEND SITUATIONEN EIN, in denen jemand mir auf die üble Tour kam und ich das Geschenk angenommen habe. In denen ich *nicht* innegehalten und mir in Erinnerung gerufen habe: »Ach ja – dein Bullshit muss ja nicht zu meinem werden.« Ich habe die boshaften Bemerkungen und die Ignoranz der Betreffenden sofort aufgegriffen, als wäre es mein Problem, und habe dagegen angekämpft. Ob ich in einem solchen Moment automatisch reagiere und dafür sorge, dass die Situation eskaliert, oder nicht, auf jeden Fall lasse ich die Person in meinen Kopf einziehen. Selbst wenn ich die Angelegenheit für einige Zeit loslasse, wird sie um vier Uhr morgens wieder da sein, wenn ich nicht wieder einschlafen kann, und wird an mir nagen. Wahrscheinlich stellen sich dann tausend geistige Wiederholungen des Szenarios ein (eine vorsichtige Schätzung), die sich im Kreis drehen. Bei jeder Wiederholung denke ich mir eine neue, clevere Retourkutsche aus, von der ich mir gewünscht hätte, dass sie mir in der Situation eingefallen wäre. Ich plane meine Rache auf viele verschiedene Arten. Ich ärgere mich über alle ähnlichen Situationen, in denen ich mich schon einmal befunden habe. Ich verallgemeinere den Vorfall in Bezug auf etliche andere Personen oder Kategorien: Er wird zum Beweis dafür, dass mit den Männern etwas nicht stimmt, mit den New Yorkern, den Konservativen, mit irgendeiner anderen Gruppe … oder dafür, dass das Leben von Natur aus unfair ist, oder dafür, dass zwangsläufig etwas mit mir nicht stimmen kann, »weil ich das immer wieder anziehe und manifestiere«.

Ich bin bestimmt der Einzige, der das tut, oder?

Aus der Perspektive der Neurowissenschaften und der erfahrungsabhängigen Neuroplastizität ist diese fast universelle, allzu gewohnheitsbedingte Reaktion unglaublich schädlich. Schließlich verändert sich das Gehirn mit jeder Erfahrung, die wir machen, und wenn wir unsere bewusste Aufmerksamkeit auf etwas richten, prägt sich diese Erfahrung unserem neurologischen System stärker ein. So wird bei jedem geistigen Rückblick auf einen Konflikt die negative Erfahrung immer fester verdrahtet, wie eine Rille in einer Schallplatte, die immer tiefer wird. Je persönlicher wir eine Erfahrung nehmen, umso intensiver empfinden wir sie wahrscheinlich auch, was dann noch mehr Bereiche unseres Gehirns in Beschlag nimmt. Wenn wir uns zum Beispiel wiederholt bei unseren Freund*innen über etwas beschweren, das schlecht gelaufen ist (so wie wir es ganz natürlich hin und wieder tun), dann lösen wir eine ganze Reihe neuer neurologischer Abläufe aus, die an sozialen und sprachlichen Funktionen beteiligt sind. Auf diese Weise vertiefen wir nicht nur die neuronalen Bahnen, die sich uns einprägen, sondern wir vervielfachen auch die Zahl der beteiligten neuronalen Bahnen.

Ich behaupte nicht, es sei sinnlos, zu reagieren. Ich sage dir nicht, dass du dich nicht mit Negativem und Schädlichem auseinandersetzen sollst, wenn es dir begegnet. Ich sage nicht, dass es falsch gewesen wäre, wenn die Nonne lieber das Weite gesucht oder um Hilfe gerufen hätte. Ein Teil von mir wünscht sich, die Nonne hätte den Typen tatsächlich mit Jiu-Jitsu unschädlich gemacht. Doch ich möchte hier eher ein sehr klebriges Netz beleuchten, in dem sich viele von uns verfangen haben. Ich frage: Was würde sich ändern, wenn wir in solchen Situationen wirklich unterscheiden könnten, welche emotionale Energie zu wem gehört?

Unterscheidungsvermögen kann die kostbare Zeit und Energie, die uns bei solchen Interaktionen entzogen werden, drastisch reduzieren. Es kann uns Dutzende (oder Hunderte) Fahrten auf dem geistigen Karussell wiederkehrender Gedanken ersparen. Unterscheidungsvermögen kann man als »gute Grenzen haben« auffassen, aber ich sehe es gern auch so, dass es dabei um Effizienz geht. Es gibt tausend verschiedene Möglichkeiten, wie ich mich uneigennützig für andere einsetzen kann. Jedes Mal, wenn jemand versucht, seine beschissenen Gefühle auf mich zu projizieren, und ich anbeiße, schmälert das zwangsläufig meine anderen Bemühungen, tatsächlich zu helfen. Ich kann die Zeit und Energie darauf verwenden, auf Facebook herumzudiskutieren und mich zu streiten, oder ich kann meine begrenzten Ressourcen einsetzen, um für Menschen da zu sein, mich zu organisieren und auf der Straße zu protestieren. Ich kann entweder Stück für Stück dem Burn-out immer näherkommen, indem ich bei jeder Kleinigkeit auf Konfrontation gehe, oder ich kann mir meine Empörung aufsparen für Situationen, in denen es wirklich darauf ankommt.

Offensichtlich empfinde ich das als wahr für mich. Es muss aber nicht wahr für dich sein. Du fühlst dich vielleicht zu etwas ganz anderem aufgefordert, hast andere Überzeugungen. Ich fühle mich zum Beispiel nicht dazu aufgerufen, mich von der rassistischen Wut oder den Kommentaren anderer im Internet herunterziehen zu lassen; ich möchte einfach weiterhin antirassistische Arbeit unterstützen. Aber vielleicht ist es dir wichtig, solchen Leuten Paroli zu bieten und dich entweder mit ihnen auseinanderzusetzen oder mit ihnen ins Gespräch zu kommen – oder sie sogar wie ein Troll zu provozieren. Dennoch: Wie würde ein solches bewusstes Unterscheidungsvermögen, von der wir hier sprechen, deine Reaktion und die Auswirkungen der Begegnung auf dich verändern?

In Wahrheit wäre es wirklich übel, der wütende Mann im obigen Gleichnis zu sein. Wut ist ein angstvoller Zustand und darin steckenzubleiben, ist eine ganz eigene Hölle. Wir werden nicht für unsere Sünden bestraft; wir werden von ihnen bestraft. Eine unschuldige Passantin aggressiv anzugehen, ist an sich schon eine Strafe. Ich würde es hassen, ein Mensch zu sein, der in solchen Verhaltensweisen gefangen ist. Es ist und bleibt wahr, dass die Verachtung des wütenden Mannes nichts mit der Nonne zu tun hatte – er wusste gar nichts über sie. Außerdem ist Wut eine sekundäre Emotion. Sie ist stets eine Reaktion auf Schmerz (ebenso wie Mitgefühl). Anteile von uns, die Wut in sich tragen und Aggression nach außen richten, sind defensiver Natur – und was wir verteidigen, sind verletzliche Stellen: jene Teile von uns, die schmerz-, scham- und angstbehaftet sind. Wir können infolgedessen den logischen Schluss ziehen, dass der Mann in dem Gleichnis eine schmerzliche Erfahrung gemacht haben muss, die er eindeutig nicht gelöst hatte und immer noch mit sich herumtrug. Seine zornigen Teile wollten gewährleisten, dass seine Verletzlichkeit nicht aufgedeckt wurde, und so suchte er sich ein Opfer, das er als verletzlicher empfand als sich selbst, um dieses toxische Gefühl der Macht auszuagieren: die Nonne. So betrachtet, ist der Mann, den wir normalerweise als Aggressor ansehen würden, jemand, der unser Mitleid und unser Mitgefühl verdient.

Der Großteil menschlichen Verhaltens ist ein Versuch, die Last unserer Gefühle zu verringern. Wir versuchen ständig, uns damit, wie es uns ergeht, weniger allein zu fühlen. Je extremer der Ausdruck unserer Gefühle, desto extremer das verzweifelte Bestreben, uns auf einer tiefen Ebene gehört und verstanden zu fühlen. Aus solch gewohnheitsmäßigen Zyklen können wir aussteigen, sobald wir unsere psychischen Anliegen selbst in die Hand nehmen und erkennen, wie wir innehalten, unsere Gefühle verarbeiten und Verantwortung für sie übernehmen können, bevor wir reagieren.

12. »WIR MÜSSEN REDEN«

Schwierige Gespräche bewältigen

» *Es gibt einen Weg, wie Liebe*
in jeder Situation vorhanden sein kann,
und der besteht darin, sie zu schenken.
Es gibt keine Situation, in der das nicht möglich ist.
Manchmal wirkt es harmonisch und leicht,
manchmal wie ›Das mach ich nicht mehr mit‹.«

Susan Piver

ES IST AN DER ZEIT, DASS WIR LERNEN, zwischen (oberflächlicher) Nettigkeit und (echter) Freundlichkeit zu unterscheiden. Beides wird zwar allzu oft miteinander verwechselt, aber eigentlich handelt es sich um ganz verschiedene Dinge. Bei »nett« geht es darum, sich sozial angemessen zu verhalten, ein gutes Ansehen zu wahren und die inneren Botschafter auszusenden, damit sie für alle eine Show abziehen. »Nett« ist das, was wir einsetzen, um unsere tief verwurzelte Angst zu verdecken, nicht liebenswert zu sein, dass mit uns etwas nicht stimmt und wir uns eigentlich nicht gut einfügen, nicht wirklich dazugehören. Oft ist es auch eine Anpassungsreaktion an Missbrauch, wenn man ein Gefühl verinnerlicht hat wie »Wenn ich hier eine unerwünschte Entscheidung treffe, werde ich vielleicht gemieden, angebrüllt oder geschlagen«. »Nett« ist eine Maske, die wir anlegen. »Nett« ist unverbindlich; wir halten uns damit andere vom Leibe. »Nett« kennt nur süßliches Aroma. »Nett« ist oft daran beteiligt, auf irgendeine Weise Schaden anzurichten. »Nett« wird stark überbewertet.

»Freundlich« hingegen hat keine Angst davor, unbeliebt zu sein. »Freundlich« stellt das, was ethisch, moralisch, fürsorglich und mitfühlend ist, über das, was sich gesellschaftlich »gehört«. »Freundlich« umfasst alle Geschmacksaromen, von süß über herzhaft bis hin zu scharf. »Freundlich« gibt dem, was richtig und wahr ist, Vorrang vor den Folgen. »Freundlich« ist näher, verletzlicher. »Freundlich« mag schwieriger sein, aber es ist viel befriedigender. »Freundlich« birgt nicht den fiesen Nachgeschmack von Falschheit in sich. »Freundlich« scheut sich nicht, Nein zu sagen. Freundlichkeit hat keine Angst davor, das zu sagen, was »wahr und echt und heilsam« ist, wie der Buddha es ausdrückte. »Freundlich« hat vor nichts Angst, weil es darauf vertraut, dass es, komme was wolle, einfach mit der Situation arbeitet.

Im vorhergehenden Kapitel haben wir uns mit Unterscheidungsvermögen in Bezug auf Emotionen befasst und gesehen, dass wir mithilfe der Sicht der Teile-Arbeit erkennen können, welche emotionalen Teile in uns selbst und in anderen aktiv sind. Das gibt uns mehr Klarheit und verleiht unseren Reaktionen stärkeren Nachdruck. Aber die Geschichte, mit der ich diese Lektion veranschaulicht habe, das Gleichnis von der Nonne und dem wütenden Mann, hat eine Schwäche: Sie beschreibt einen Konflikt zwischen Fremden. In den meisten Fällen von Spannungen oder Konflikten – und mit Sicherheit in den emotional wichtigsten Fällen – haben wir es mit Menschen zu tun, mit denen wir schon länger eine Beziehung haben: mit Partner*innen in einer Liebesbeziehung, mit Familienmitgliedern, Kolleg*innen, Freund*innen. Deshalb werden wir in diesem Kapitel einen Ansatz der Teile-Arbeit erkunden, denn er bezieht sich auf etwas, das ein bisschen heikler ist als ein einzelner Fall von emotionalem Jiu-Jitsu: die Kunst, ein schwieriges Gespräch zu führen. Das ist eine Situation, in der unsere Fähigkeit, »nett sein« bleiben zu lassen und zu »freundlich sein« überzugehen, wirklich auf die Probe gestellt wird.

WERDE DIR KLAR ÜBER DAS WANN

DU KANNST DAS AKRONYM »HALT« VERWENDEN, um zu erkennen, wann du keine schwierigen Gespräche führen solltest. Wenn du **h**ungrig, **a**ufgebracht, **l**ethargisch oder einsam und **t**raurig bist, fehlen dir wahrscheinlich die nötige Geistesgegenwart und die inneren Ressourcen, um dich an deine besseren Absichten zu erinnern. Ein entscheidender Aspekt für die erfolgreiche Bewältigung solcher Durststrecken ist die sogenannte *kognitive Flexibilität*. Es ist sinnvoll, davon auszugehen, dass du dich in schwierigen Gesprächen getriggert fühlen wirst und den Drang hast, in die gewohnten alten Reaktionsmuster zu verfallen. Du kannst vernünftigerweise davon ausgehen, dass die Situation eine Menge geistiger Flexibilität von dir verlangt, damit du nicht automatisch reagierst und dich an deine mühsam erworbenen Fähigkeiten reifen Kommunizierens erinnerst. Das gilt besonders dann, wenn du vor einem Gespräch mit jemandem stehst, den du in der Vergangenheit als schwierig empfunden hast. Verwende HALT als ein Stichwort, um einzuschätzen, ob du die Geistesgegenwart hast, es wie beabsichtigt durchzuziehen. Wenn du hungrig, aufgebracht oder beides bist, wenn du einsam, lethargisch, traurig und überlastet bist oder zu wenig Schlaf bekommen hast, lass das Gespräch am besten erst einmal sein, sofern möglich. In diesem Leben erhalten wir nur wenige Gelegenheiten für einen zweiten Versuch. Stolpere deshalb nicht einfach hinein. Mach es richtig.

WERDE DIR KLAR ÜBER DAS WARUM

WENN DU IN EINE SITUATION GERÄTST, die sich eher wie ein Minenfeld anfühlt als wie ein Familienessen, eine taktvolle Trennung oder eine Betriebsversammlung, dann mach dir klar, warum du überhaupt dorthin gehst. Wir müssen uns stets bewusst machen, dass wir uns nicht aus einer zwingenden Verpflichtung heraus in eine solche Situation begeben, sondern nur deswegen, weil wir uns dafür entscheiden. Ja, das Arbeitstreffen ist obligatorisch, aber du selbst wählst deinen Arbeitsplatz. Ja, du fühlst dich vielleicht verpflichtet, mit deinem Partner zum Feiertagsdinner seiner Familie zu gehen, aber ein Gefühl der Verpflichtung ist nicht dasselbe, als würde man dich dazu zwingen. Du bist erwachsen und kannst Nein sagen. Ja, es wäre angemessener, wenn du das Trennungsgespräch oder das Gespräch zum Aufzeigen von Grenzen, oder *was auch immer* für ein schwieriges Gespräch stets persönlich führen würdest, aber auch hier hast du jedes Recht, das Gespräch per E-Mail oder gar nicht zu führen. (Und, ja, es gibt da Ausnahmen von der Regel.) Solange deine Entscheidungen echter Freundlichkeit entspringen und ethisch vertretbar sind, bist du nicht für die Gefühle verantwortlich, die am anderen Ende der Situation erzeugt werden. Du bist nicht verpflichtet, das Geschenk der Böswilligkeit anzunehmen, von wem auch immer. Das Leben ist hart, Enttäuschungen sind unvermeidlich, und solange deine Handlungen freundlich und ethisch fundiert sind, liegt es nicht an dir, wenn andere noch nicht gelernt haben, mit ihren Gefühlen richtig umzugehen.

Es liegt allerdings bei dir, wie und warum du überhaupt irgendwo hingehst – darum hier der klare Hinweis: Du selbst wählst die Situation.

WERDE DIR KLAR ÜBER DAS WIE

ICH BIN EIN NEW YORKER, der Menschenmengen hasst. In einer Menschenmenge werde ich klaustrophobisch und nervös. Ich gehöre nicht zu denen, die einfach Ohrstöpsel einstecken und alles ausblenden können. Solche Leute sind Superheld*innen. Ich dagegen bin ein schwacher Normalsterblicher. Dennoch: Wenn ich mich in einer so tollen Stadt aufhalten möchte, muss ich zu manchen Zeiten einfach Situationen ertragen, die genauso gut mit dem Warnhinweis »Sofortige Panikattacke garantiert – einfach näherkommen reicht« versehen werden könnten.

Am Union Square gibt es einen Lebensmittelladen, in dem ich früher häufig einkaufen ging, weil es der einzige Laden mit Bioprodukten war, die ich mir leisten konnte. Drinnen war es, als hätte jemand verkündet, in einem der Artikel in den Regalen sei ein Diamantring versteckt, und alle wollten ihn unbedingt finden. Das ist nicht übertrieben. Ich hatte das folgende Ritual: Vor dem Betreten des Ladens hielt ich inne, atmete und sprach mir selbst aufmunternd zu. Ich nahm die belastende Situation geistig vorweg, indem ich mir selbst erklärte, dass ich geduldig sein, präsent bleiben, um mich herum Hektik und Aggressivität erwarten und während all dem Gelassenheit bewahren müsse.

Die Kunst, Grenzen zu setzen und schwierige Gespräche zu führen, besteht hauptsächlich darin, sich frühzeitig vorab auf die Situation einzustellen. Nachdem du dir die Zeit genommen hast und dir darüber klar geworden bist, dass du dich für eine bestimmte Situation entscheidest, ist es wichtig, dir darüber klar zu werden, wie du in diese Situation hineingehst. Wer bist du? Wer willst du in dieser Welt sein? Welche Werte hast du? Welche Energie ist deinem Gefühl nach die beste, um sie in zwischenmenschliche Situationen einzubringen? Welche Teile von dir lädst du ein, die Show zu leiten, und welche bittest du, diesmal hinter den Kulissen zu warten?

Meine Antworten auf all diese Fragen lassen sich auf zwei Dinge herunterbrechen: Fürsorge und Integrität. Wenn dem, was ich sage und tue, die Energie der Fürsorge zugrunde liegt, geht es mir am besten. Auch meine soziale Angst ist dann am niedrigsten. So introvertiert und sozial ungeschickt ich auch sein mag, wenn ich innehalte und mir in Erinnerung rufe, dass ich mich wirklich nur in eine Situation hineinbegebe, um in aller Herzlichkeit mit anderen zusammenzukommen, dann sind Gruppensituationen und andere Interaktionen, die mir viel abverlangen, leichter zu bewältigen. Großherzigkeit erweist sich so als ein besseres soziales Schmiermittel als Alkohol. Aber wir brauchen auch ein starkes Rückgrat, um diese Absicht aufrechtzuerhalten.

WERDE DIR DARÜBER KLAR, FÜR WEN

AM ENDE SEINER KURSE LÄSST MEIN FREUND und Lehrer ETHAN NICHTERN seine Schüler*innen das Gelübde chanten, eine Woche lang jeden Tag zu meditieren (und in der folgenden Woche legen sie das Gelübde aufs Neue ab). Darin hat er die folgende einprägsame Formulierung aufgenommen: »*Hiermit verpflichte ich mich – für mich selbst und für niemanden sonst …*« Es ist sinnvoll, diese Klausel in eine solche Verpflichtung aufzunehmen, da wir oft unbewusst erwarten, dass die Bestrebungen anderer sich mit unseren decken. Angenommen, du hättest herausgefunden, dass einige Kursmitglieder zu Hause nicht meditieren oder dass sogar der Lehrer einen Tag ausgelassen hat – du könntest in Versuchung geraten, das Meditieren ebenfalls wieder sein zu lassen. Ein Teil von dir, der weniger standhaft ist, könnte sich das als Begründung zunutze machen, um nicht zu erscheinen. Und so etwas könnte sogar noch eher eintreten, wenn es darum geht, als Vorkämpfer für Freundlichkeit durch die Welt zu gehen. Es kann sehr verlockend sein, unsere Werte und Verpflichtungen zurückzunehmen, wenn wir mit der Neigung anderer konfrontiert werden, schlafwandelnd durch die Welt zu gehen.

Es ist natürlich logisch zu fragen: »Warum soll ich freundlich sein, wenn andere aggressiv sind?« Ich muss jedoch hier auf die Geisteshaltung des automatischen Reagierens hinweisen. »Was soll ich machen, etwa die Leute auf mir herumtrampeln lassen?«, ist gewöhnlich die Frage, die dann folgt. Und die Antwort ist Nein. Verdammt noch mal, Nein. Wir diskutieren in diesem Moment im wahrsten Sinne des Wortes darüber, wie es gelingt, das nicht zuzulassen. Aber wir wollen freundlich sein können, und zwar so, dass es im Einklang ist mit dem, was wir wirklich sind und in der Welt sein wollen. Und wenn das so ist, dann müssen wir es bedingungslos sein. Unsere Fürsorge und Integrität dürfen nicht davon abhängen, ob andere freundlich sind oder nicht. Sie müssen für uns selbst gelten, für niemanden sonst.

Manchmal praktiziere ich etwas, das ich »alles verzeihen« nenne. Wenn ich weiß, dass eine Person toxisch handelt und ich dennoch entschieden habe, mich in ihrer Nähe aufzuhalten, übe ich mich darin, das, was sie sagt, und die Energie, die sie in die Umwelt projiziert, von Augenblick zu Augenblick loszulassen. Ich verzeihe ihr immer wieder, atme und stelle mich immer wieder auf das Gefühl der Fürsorge ein. Und das tue ich für mich. Ich empfinde Fürsorge, weil sich das am besten anfühlt. Für mich selbst, niemanden sonst.

Freundlichkeit ist auf diese Weise ein bisschen egoistisch.

DAS SCHMALZ-SANDWICH

NACHDEM WIR UNS MIT DER SITUATION auseinandergesetzt, uns an unsere freundliche Absicht erinnert und uns bestätigt haben, dass wir uns diese von niemandem wegnehmen lassen, sind wir jetzt bereit, uns dem schwierigen Gespräch, welches auch immer es sein mag, zu stellen. Ich gebe dir ein paar Floskeln mit, die du für das anstehende Gespräch verwenden kannst. Die grundlegende Formel ist das, was ich »Das Schmalz-Sandwich« nenne. Sie ist besser bekannt als die »Sandwich-Methode« oder »Das positive Sandwich«, aber Letzteres ist super-schmalzig, also habe ich es etwas abgeändert. Nichtsdestotrotz geht es hier darum, das Heikle, das wir sagen wollen, wie in einem Sandwich zwischen zwei positive Aussagen zu quetschen.

Zum Beispiel nimmt sich eine Freundin von dir schon seit einiger Zeit Freiheiten in eurer Beziehung heraus. Sie stützt sich zwar bei allen möglichen Anliegen auf dich, und du bist auch gern für sie da, aber dir fällt auch auf, dass sie sich, wenn du sie mal brauchst, seltener meldet oder dir kaum zuhört. Du empfindest in dieser Beziehung schon seit geraumer Zeit einen gewissen Groll, und du weißt jetzt, dass das ein Zeichen für ein Ungleichgewicht ist, das die Liebe und Gutherzigkeit in eurer Freundschaft zu gegebener Zeit töten kann und wird. Die Sandwich-Methode könnte so ablaufen:

▶ **DAS BROT:** »Vielen Dank, dass du dich mit mir triffst. Ich habe vorhin an unsere Freundschaft gedacht und daran, wie viel du mir bedeutest. Ich freue mich, wenn wir zusammen Zeit verbringen. Ich wollte mit dir aber auch mal über einige Entwicklungen in unserer Beziehung sprechen.

▶ **DER BELAG:** »Neulich, als ich mich in einer Krise wegen x, y und z an dich gewandt habe, ist mir aufgefallen, dass das Gespräch sofort wieder auf dich und deine Situation zurückkam, noch bevor ich überhaupt ausgesprochen hatte. Ich stelle fest, dass das ziemlich häufig passiert, und ich weiß nicht, ob du dir dessen bewusst bist. Deswegen hat ein Teil von mir das Gefühl, dass ich in unserer Beziehung nicht vollständig wertgeschätzt werde.«

▶ **DAS BROT:** »Versteh mich nicht falsch, ich unterhalte mich gern mit dir und höre auch gern, was sich bei dir gerade tut. Ich hoffe, dass wir die Art, wie wir kommunizieren, ein bisschen weiterentwickeln können, sodass sie uns beiden genügend Raum gibt.«

PUFFER HINZUFÜGEN

MIR PERSÖNLICH FÄLLT ES SCHWER, es überhaupt bis zum Sandwich zu schaffen. Allein der Gedanke daran weckt in mir den Wunsch, ein schönes großes Loch in den Boden zu graben und mich darin zu verkriechen. Ich fürchte mich vor der Gegenreaktion. Ich habe Angst, das Falsche zu sagen. Ich habe Angst, so getriggert und aufgestachelt zu sein, dass ich überreagiere – dazu neige ich nämlich mitunter. Ich habe die kulturelle Norm verinnerlicht, solche Unstimmigkeiten einfach unter den Teppich zu kehren und vor sich hin gären zu lassen, bis beide Parteien verbittert sind und schließlich auseinandergehen. Ich sehe auch, wo all das von Angst getrieben ist. Ich bin sehr darauf bedacht, meinen ängstlichen Teilen ein guter Elternteil zu sein, und gute Eltern lassen ihre Kinder nicht den Haushalt führen. Ich habe beschlossen, dass ich schmerzliche Wahrheiten angenehmen Lügen vorziehe. Ehrlich gesagt gibt es für mich nichts Absurderes, als vor der Wahrheit, koste es, was es wolle, davonzulaufen. Da ich aber weiß, dass meine Konditionierung mir vorschlagen wird, die Aussprache ganz zu vermeiden, brauche ich für mich mehr als das Sandwich. Ich füge vorab noch einige weitere Schichten hinzu.

Bevor ich dem Sandwich überhaupt nahekomme, beginne ich mit etwas Harmlosem, etwas, das zu sagen mir leichtfällt. Denn selbst wenn das Sandwich mit etwas Positivem beginnt, ist mir doch bewusst, dass ich gleich das Sandwich anwenden will, und schon allein das Positive auszusprechen, macht mich zu nervös. Also beginne ich so:

»Ich würde gern mal mit dir über etwas sprechen.«

Das ist ganz neutral, leicht zu sagen, und sobald ich es gesagt habe, gibt es kein Zurück mehr. Anschließend bekenne ich mich dazu, dass ich auch nur ein Mensch bin, zum Beispiel so: »Ich bin ein bisschen nervös. Solche Gespräche sind für mich eine Herausforderung, und es könnte sein, dass etwas falsch rüberkommt. Wenn ich herumdruckse und nach den richtigen Worten suche, muss ich dich vielleicht bitten, es noch einmal anders sagen zu dürfen. Nur damit du schon mal Bescheid weißt.«

Daraufhin füge ich das Sandwich ein: »Hier ist etwas, was ich an dir schätze. Hier ist das, was ich ansprechen möchte. Und hier ist noch etwas anderes, was ich an dir schätze.«

Dann schließe ich mit einer Einladung, beispielsweise: »Ich freue mich, wenn du mir sagst, was du darüber denkst. Auch das, worin du mir nicht zustimmst.«

DER TANGO

VERLETZLICHKEIT UND ABWEHR tanzen zusammen. Etwas an einer Person zu kritisieren berührt mit hoher Wahrscheinlichkeit etwas Verletzliches in ihr. Es spielt keine Rolle, wie liebevoll du dabei bist, wie fest eure Beziehung ist oder wie viel ihr gemeinsam durchlebt habt: Wenn wir verletzt sind, kommen unsere Reaktionen, die vom »prähistorischen« limbischen System gesteuert werden, und unsere defensiven Teile ins Spiel, und wir werden zu einem anderen Menschen. Wir verlieren die Fähigkeit, logisch zu denken, und haben einen Tunnelblick; der Zusammenhang spielt dann für uns keine Rolle mehr. Unser Körper übernimmt die Kontrolle, und nicht selten stellen sich unsere Abwehrreaktionen fast unwillkürlich ein.

Dennoch gibt es zwei Kategorien an Verteidigungssystemen bzw. der Abwehr: präventive und reaktive. Unser präventives – vorbeugendes – Abwehrsystem ist ziemlich neutral: Es hilft uns, das Leben wie ein Verwaltungsbeamter oder eine Botschafterin zu managen. Unser reaktives Abwehrsystem kommt dagegen zum Zuge, wenn wir uns in irgendeiner Weise zu ungeschützt fühlen; es geht einher mit dem Gefühl, dass wir extremer werden müssen, um uns zu behaupten. Wut, Dumpfheit und Sucht fallen in das Gebiet dieses Systems.

In emotional aufgeladenen Gesprächen kannst du zu 99 Prozent sicher sein, dass du es mit dem Abwehrsystem deines Gegenübers zu tun hast. Die Frage ist, mit welchem. Das Verteidigungs- bzw. Abwehrsystem, mit dem wir zu tun haben wollen und das am ehesten zu einem klugen, konstruktiven Ergebnis führt, ist das präventive System. Wenn wir ein Gespräch mit einer neutralen Aussage wie »Ich würde gern mit dir reden« beginnen, wird die angesprochene Person zwar wachsamer werden, aber so ist es viel wahrscheinlicher, dass wir auf ihre Botschafter treffen, als wenn wir mit »Was du gestern getan hast, hat mich wirklich geärgert« beginnen. Wenn du vor einem schwierigen Gespräch stehst, dann visualisiere in deinem Gegenüber einfach einen inneren Botschafter und einen inneren Verteidiger und wende das Schmalz-Sandwich an, um dich an den Botschafter zu wenden.

IN EINER UNMÖGLICHEN SITUATION

NATÜRLICH GIBT ES SITUATIONEN, in denen keine der oben genannten Methoden anwendbar ist. Es gibt Situationen, in denen du (zumindest vorübergehend) jeden Anspruch der gegenseitigen Verständigung aufgeben und auf deine Sicherheit bedacht sein musst. Es gibt Menschen, die einfach nichts für dich sind, und umgekehrt. Es gibt Situationen, in denen keine Entwicklung möglich ist, weil jemand einfach da steht, wo er steht, und zwar aus vielfältigen Gründen. Aber das ist sein Geschenk, und du brauchst es nicht anzunehmen. Du brauchst dich überhaupt nicht darauf einzulassen. In unmöglichen Situationen besteht unsere einzige Aufgabe darin, zu gewährleisten, dass wir weggehen und dabei innerlich im Einklang bleiben. Zu manchen Zeiten kann man nichts weiter tun als dafür sorgen, dass man sich morgens beim Aufwachen selbst respektiert. Es mag schade sein, es mag unglaublich wehtun, es mag darauf hinauslaufen, jemanden im Stich zu lassen, aber manchmal ist das eben die einzige echte Option, die uns bleibt.

13. MIT SOCIAL-MEDIA-KRITIK UMGEHEN

Vom gewohnheitsmäßigen zum bewussten Vorgehen

»Willst du gehört werden, musst du die Sprache desjenigen sprechen, der dir zuhören soll.«

Robin Wall Kimmerer

IN DEN BEIDEN VORANGEGANGENEN KAPITELN haben wir uns damit befasst, wie wir Gefühle unterscheiden und in schwierigen Gesprächen vorgehen können. Natürlich erhalten solche Themen angesichts all der Kommentare in den sozialen Medien und anderswo im Internet, wo es von Missverständnissen nur so wimmelt und automatische Reaktionen tendenziell zunehmen, eine ganz neue Dimension. Wenn wir jedoch mit Geschick und Einfühlungsvermögen an solche Minenfelder herangehen, können wir sie in Bereiche voller Gelegenheiten für Wachstum und Verständnis umwandeln.

Wenn andere nicht unserer Meinung sind, greifen wir in unserem Denken tendenziell auf eine Variante der beiden folgenden Erklärungen zurück:

1. Sie haben einfach nicht alle Informationen, so wie ich – und wenn sie sie hätten, würden sie mir nicht widersprechen.
2. Mit denen stimmt etwas grundlegend nicht.

WIE WIR IM DRITTEN TEIL GESEHEN HABEN, ergeben solche Reaktionen aus neurologischer und evolutionärer Sicht einen gewissen Sinn – es sind Abwehrhaltungen, getragen von unserem Bedürfnis, Verletzlichkeit zu vermeiden und zu einer Gruppe zu gehören, mit der wir uns identifizieren. Auf welcher Seite wir uns bei einer Meinungsverschiedenheit auch befinden, mit hoher Wahrscheinlichkeit werden einige Reaktionen aktiviert, die sehr tief in uns verankert sind, und die Chance auf echte Verbundenheit verringert sich rapide. Das scheint besonders auf Interaktionen zuzutreffen, die in der unglaublich unsensiblen Arena der sozialen Medien stattfinden, wo Empathie so leicht den Bach runtergeht und Fehlinterpretationen im Überfluss vorhanden sind. Dann tritt die Call-out-Kultur des öffentlichen Anprangerns – inzwischen meist »Cancel-Culture« genannt – auf den Plan. Eine Plage für die einen, ein notwendiges Übel für die anderen, ein gottgegebenes Recht für viele.

In einer gewissen Hinsicht ist die Call-out-Kultur nur die jüngste Manifestation tiefer evolutionärer Instinkte, doch in anderer Hinsicht ist sie etwas sehr Neues. Seit unserer Geburt haben wir uns mit den heiklen Aspekten des sozialen Lebens auseinandergesetzt. Damit, in sozialen Medien zur Rede gestellt zu werden, allerdings weniger: Für diejenigen, die vor der Internet-Ära geboren wurden, ist das etwas

Neues, und für jene, die in diese Ära hineingeboren wurden, gibt es keine ältere Generation, die ihnen den besten Umgang damit vermitteln könnte. Wie wäre es aber, wenn ein unglaublich intelligenter, weltkluger, nachdenklicher Mensch uns ruckzuck helfen könnte, *genau* zu erkennen, wie wir damit umgehen sollen?

Ich machte mich auf und fand diesen Menschen. Sein Name ist AARON ROSE. Er ist ein Coach für Persönlichkeitsentwicklung, dessen Workshops über den gesunden Umgang mit sozialen Medien, Konflikten und Call-Out-Kultur mir vor einiger Zeit auf Instagram ins Auge gesprungen sind.* Ich hatte das Glück, an seinen übersprudelnden Gedanken zu diesen Themen teilhaben zu dürfen.

Gleich zu Beginn rief mir AARON etwas in Erinnerung, das man meiner Meinung nach nur zu leicht vergisst: Soziale Medien sind *mächtig*. Unsere Worte und Aktivitäten im Internet können große Auswirkungen haben (und haben sie tatsächlich). Ich weiß, dass ich soziale Medien sehr oft als Bereich betrachte, in dem ich mich äußere und ausdrücke (im Gegensatz zum Kommunizieren), als Ort, an dem ich Menschen über meine Arbeit informiere. Es war erfrischend, dass mir jemand in Erinnerung rief: *Nein, dieses Medium gibt uns immense Macht*. (Vergessen wir nicht, dass ganze Revolutionen über Twitter organisiert wurden.) Und mit Macht geht Verantwortung einher.

Es erweist sich, dass wir bestimmte Dinge tun können, um unser Onlineverhalten dem Verhalten in unserem restlichen Leben (oder zumindest dem Verhalten, das wir dort anstreben) anzugleichen. AARON hat dafür ein *Protokoll*, ein Verfahren, an das wir alle uns halten können, wenn wir im Internet angeprangert werden. Er hat auch einige sehr einleuchtende Best-Practice-Gedanken darüber formuliert, wie wir am besten vorgehen, wenn wir im Internet zur Rede gestellt werden und das Gefühl haben, die andere Person sei im Unrecht; und ein weiteres Protokoll für den Fall, dass wir selbst ein Problem mit jemandem haben und es ansprechen wollen.

* siehe www.aaronxrose.com oder www.instagram.com/aaronxrose

EIN VORGEHEN FÜR DEN FALL, DASS JEMAND DICH ANPRANGERT

WIE GEHST DU MIT EINER CALL-OUT-SITUATION UM? Hier ist die grundlegendste Leitlinie: Geh so damit um, wie du mit allem anderen umgehen würden, was dich triggert.

1. BERUHIGE DICH und atme tief durch.

2. DENK DARAN, dass du nicht sofort reagieren musst. Du darfst die Kommentare zu dieser Unterhaltung sogar eine Weile ausschalten, einfach, um etwas Abstand zu gewinnen. Denn wenn du antwortest, während du emotional getriggert bist, ist fast schon garantiert, dass noch mehr Leid erzeugt wird.

3. WENN DU DICH DOCH DAFÜR ENTSCHEIDEST, sofort zu antworten, ist es vielleicht am besten, zu sagen: »Ich habe es gesehen, ich nehme mir etwas Zeit, es mir noch genauer anzusehen, und melde mich wieder.«

4. SIEH DIE ERFAHRUNG ALS EINE LEHRE. Wechsle von der Einstellung »Das Leben passiert mir« zu einer Einstellung »Das Leben passiert für mich«. Betrachte die Situation als eine Gelegenheit, zu lernen und dich von einer potenziell unbewussten Voreingenommenheit wegzubewegen, hin zu einer definitiv bewussten Verbundenheit.

5. DENK DARAN, dass die Erfahrung, die du machst, neutral ist. Sie ist weder gut noch schlecht – alles liegt darin, wie du sie interpretierst.

6. WENN DU ANTWORTEST, kommt es dabei mehr auf deine Energie und den Grad deiner Bewusstheit an als auf das, was du tatsächlich antwortest. Die zentrale Frage ist, ob du das Gefühl hast, dabei integer zu sein, oder nicht. Wenn dir jemand das Feedback gibt, du seist beleidigend, dann ist es an der Zeit, dich zu fragen: »Bin ich in der richtigen Beziehung zu der Person oder den Personen, die sich hier zu Wort melden?«

7. HINTERFRAGE deine inneren Überzeugungen in Bezug auf die Gruppe(n), zu der/denen die Person gehört, die dich angeprangert hat:

- Was hat man dir als Kind über sie beigebracht?
- Welche Verhaltensweisen gegenüber dieser Gruppe haben dir Erwachsene vorgelebt?
- Was wäre geschehen, wenn du als Kind mit jemandem aus der Gruppe befreundet gewesen wärst?
- Was wäre passiert, wenn du jemanden aus der Gruppe gedatet hättest?
- Würdest du bei einer Zusammenarbeit mit einer Person aus der Gruppe erwarten, dass du ihr Chef bist, oder wäre sie dein Chef?
- Frag dich, was dir unterschwellig das Gefühl vermitteln könnte, von ihr abgesondert zu sein.
- Frag dich: Muss ich bei dieser Gruppe in irgendeiner Weise etwas wiedergutmachen?
- Beispiel: Vielleicht brauchst du einen »Plan zur Wiedergutmachung« und findest darin aktiv Wege, wie du dich bei der indigenen Bevölkerung für ihr Land oder bei den Amerikaner*innen afrikanischer Herkunft für die Arbeit ihrer Vorfahren erkenntlich zeigen kannst. Solche Aktionen gehen tiefer, als es oberflächlich betrachtet den Anschein haben mag. Es geht dabei darum, uns in Einklang mit uns selbst zu bringen, einen Zustand, in dem wir zuversichtlich sind, dass wir das Richtige tun, dass wir integer sind.
- Vielleicht haben wir etwas gesagt, das wir uns eingestehen und für das wir uns entschuldigen müssen. Worauf es ankommt, ist: Kann ich mich mit den Augen dieser Person im Spiegel anschauen und darauf vertrauen, dass ich das Richtige tue?

▶ An diesem Punkt ist es nicht so wichtig, was wir erwidern. Wenn wir in diesem Zustand sind, in dem wir uns selbst geprüft haben, wird es etwas sehr Liebevolles sein.

8. BETRACHTE ES als etwas, das du aus irgendeinem Grund in dein Leben gebracht hast. Sieh es als Gelegenheit, dein Wachstum zu vertiefen.

CALL-OUTS SIND GLEICHZEITIG sehr persönlich und völlig unpersönlich. Wenn sich jemand über dich empört, weil du etwas gesagt oder geschrieben hast, dann ist es natürlich persönlich, weil du derjenige bist, der es gesagt oder geschrieben hat. Und gleichzeitig ist viel ungerichteter Zorn in Umlauf, der sich gerade jetzt Luft machen muss, weil die Stimmen vieler Leute so lange unterdrückt worden sind. Oft ist ein unpersönlicher Aspekt vorhanden, der auf uns projiziert wird. Abgesehen davon, dass wir das Anprangern nicht unbedingt persönlich nehmen müssen, sollten wir bei unserer Erwiderung auch nicht über unser Gegenüber lästern.

Wenn du »nichts getan hast«, bedeutet das nicht unbedingt, dass du das Anprangern als fair ansehen sollst – aber kannst du daran denken, Mitgefühl und Liebe in die Situation einzubringen? Können wir so viel echte Großzügigkeit aufbringen, dass wir zu verstehen versuchen, warum jemand überhaupt auf uns losgeht?

Wie wäre es, in dem Moment, wenn wir uns angeschrien fühlen, *mit* der betreffenden Person zu schreien, statt zurückzuschreien? Eine Möglichkeit, das zu tun, besteht darin, die Wut und den Schmerz der Person in dich aufzunehmen und dann in deinem Hinterhof einen Urschrei auszustoßen. Eine andere Möglichkeit besteht darin, ein Tagebuch darüber zu führen, wie sehr du dich über die Situation der Menschheit aufregst.

Wie wäre es, die Gefühle der anderen Person durch uns hindurchfließen zu lassen, statt unserem Impuls zu folgen und die Energie sofort wieder an sie zurückzugeben? So leisten wir unseren Beitrag zu einer energetischen Klärung, die sich gerade jetzt vollzieht – jetzt, da die unterdrückte Wut über die seit Generationen andauernde Entmenschlichung zum Ausdruck kommt und Ungerechtigkeiten angegangen werden.

Die psychodynamische Psychotherapie vertritt unter anderem die Auffassung, dass Menschen unbewusst Widerspiegelungen der Wunden anziehen, an denen sie am meisten arbeiten müssen, um sich wieder heil zu fühlen. »Vielleicht glaubst du unbewusst, dass du und deine Arbeit zum Scheitern gebracht werden, dass dein Erfolg nicht nachhaltig ist, dass du es nicht verdienst, einfach so, wie du bist, geliebt und unterstützt zu werden«, sagte Aaron mir. »Und zufällig gibt es jetzt eben die Call-out-Kultur.«

Daraufhin berichtete er von einer Erfahrung, die er kürzlich gemacht hatte: Jemand hatte in seinem Instagram-Feed in einem Kommentar den Standpunkt vertreten, angesichts von Aarons Ansichten über Vergebung könne es nicht sein, dass er in seinem Leben jemals ein Trauma erlitten habe. »Meine erste Reaktion bestand darin, demjenigen meine Traumata auflisten zu wollen«, gab er zu. »Aber dann wurde mir klar – das ist anstrengend.« Er kam dann stattdessen zu einer hilfreicheren Interpretation: »Das ist für mich nur eine Information darüber, wie sehr die Menschen da draußen leiden und wie viel Verwirrung in Bezug auf das Konzept der Vergebung vorherrscht. Es ist im Grunde eine Erinnerung daran, dass ich noch mehr darüber aufklären sollte.«

Die betreffende Person fuhr fort, ihn in seinem Kommentar-Thread »anzuschreien«, und schließlich beschloss Aaron, nicht mehr zu antworten – *nicht*, weil er das Gefühl hatte, dass sie Unrecht hatte, sondern weil er erkannte, dass die Person, die die Kommentare schrieb, in ihrer Wut weiter leiden würde, solange er ihr weiterhin einen Anreiz dafür bot. Er sagte: »Das war für mich *okay*«, weil er gründlich in sich gegangen war und sich geprüft hatte.

Vorgehen:
Wenn du jemanden zur Rede stellen willst

1. KOMM in den gegenwärtigen Augenblick. Mach dir bewusst, welche Gefühle du hast. Spüre in deinen Körper hinein.

2. ERKENNE, was du von der Situation erwartest. Welches Ergebnis würdest du als positiv empfinden? Das Gefühl zu haben, gehört zu werden, sicher zu sein, anerkannt und respektiert zu werden? Dass dein Gegenüber bestätigt, er oder sie habe aus dem, was du gesagt hast, etwas gelernt?

(Okay, Freunde. Der nächste Punkt hat mich etwas getriggert, also haltet euch fest …)

3. WIE KANNST DU dir das Ergebnis, das du haben willst, zuerst selbst geben? Am Anfang fällt das schwer. Es läuft der Intuition zuwider, folgt aber der folgenden Logik:

Wie können wir erwarten, dass jemand anderes uns etwas gibt, das wir uns nicht schon selbst geben?

Was außerhalb von uns geschieht, spiegelt etwas wider, was in uns vorgeht. Wenn wir uns gehört fühlen wollen, dürfte es eine gute Übung sein, uns vor einen Spiegel zu setzen und zu sagen: »Ich sehe dich. Ich liebe dich.«

Vielleicht sagst du jetzt: »Aber ***mir*** wurde doch Unrecht getan«, und da könntest du durchaus recht haben. Möglicherweise denkst du: »Aber ich will, dass sich die Person ***ändert***. Ich will, dass sie ***zur Rechenschaft gezogen wird.***« Wenn du dich darin wiedererkennst, solltest du wissen, dass auch ich mich bei dieser Vorstellung erst einmal hinsetzen musste. Zunächst empfand ich es so, als würde dieser Schritt dem Opfer noch mehr aufbürden. Aber dann ist mir aufgefallen: Wenn wir wollen, dass ein Mensch sich deswegen ändert, weil er in den Sozialen Medien zur Rede gestellt wird, bedeutet das, wir wollen, dass er uns hört. Es bedeutet, uns darüber klarzuwerden, ob wir uns rächen oder ob wir doch lieber so handeln wollen, dass wir am ehesten sinnvolle Veränderungen herbeiführen können. Der dritte Schritt in Aarons Vorgehensprotokoll ist in der Tat psychologisch und auch sonst äußerst klug. Er soll uns aus der Opfermentalität herausführen und in einen Zustand der Ermächtigung versetzen, bevor wir auf eine Konfrontation zusteuern, bei der wir sehr leicht in die Opfer- oder die Angreiferrolle oder eine verwirrende Kombination aus beidem verfallen könnten.

4. REAGIERE aus diesem Zustand heraus auf die Situation. »Stell dir vor, jemand rempelt in einem Café eine andere Person an«, sagte AARON. »Wie würde jemand mit geringem Selbstwertgefühl darauf reagieren?«

Was mich betrifft, so weiß ich: Wenn ich mich niedergeschlagen fühle und mir passiert so etwas, dann wäre es durchaus möglich, dass ich in ein Opferrollen-Kaninchenloch falle und emotionale Dolche auf mein Gegenüber schleudere. »Aber was, wenn jemand wie MERYL STREEP angerempelt würde?«, fragte AARON. »Und zwar von jemandem, der sein Selbstvertrauen verloren hat? Sie bräuchte wahrscheinlich noch nicht mal etwas zu sagen – nicht, weil sie berühmt ist, sondern wegen ihres vorherigen Auftretens. Jemand mit einer Haltung wie MERYL STREEP wäre wahrscheinlich in der Lage, die Person einfach nur anzusehen und zu erkennen, dass sie aus dem Gleichgewicht geraten ist und ›Entschuldigung‹ sagen muss.

Wirklich: Wir brauchen nichts weiter zu tun, als zu sagen: ›Ich möchte Sie nur wissen lassen, dass das schlechtes Benehmen war.‹ Doch unser emotionaler Zustand wird sich darauf auswirken, wie diese einfache Aussage ›rüberkommt‹, und damit auch auf die Reaktion, die wir erhalten.«

KEINE ANTWORTEN

ICH WILL EHRLICH SEIN. Mein Interview mit AARON veranlasste mich dazu, viele solcher Begegnungen Revue passieren zu lassen, und jetzt sehe ich, wo ich es hätte besser machen können. Ich bin dabei, noch einmal Kontakt aufzunehmen und zu versuchen, einiges wiedergutzumachen. Wir haben Neuland betreten, ein Terrain, von dem niemand genau weiß, wie damit umzugehen ist. Das Universum verlangt von uns in vielerlei Hinsicht, dass wir in unseren Interaktionen mit anderen das gewohnte, auf automatischen Reaktionen basierende Verhalten über Bord werfen und uns gemeinsam auf einen neuen Entdeckungsprozess begeben. Wir müssen den Schmerz annehmen, der damit einhergeht, dass wir uns selbst infrage stellen, bescheiden werden und Wahrheiten anerkennen, die nicht mit den unseren übereinstimmen. Schlafwandeln hat hier keinen Platz. Gegenwärtig sein ist entscheidend. Ebenso wie Barmherzigkeit.

Mit dem Thema dieses Kapitels könnten wir ein ganzes Buch füllen. Du hast vielleicht bemerkt, dass wir noch nicht einmal tiefer auf die Lebensrealität von Menschen eingegangen sind, die aufgrund von Call-outs und all der damit einhergehenden komplexen Gegebenheiten ihren Arbeitsplatz verlieren und ihre ganze Karriere an den Nagel hängen müssen. Wir müssen nun noch diskutieren, inwiefern wir ein Schema brauchen, ein Einschätzungssystem mit Raum für Abstufungen, an dem wir uns in solchen Situationen orientieren und das die Zweiteilung in »Du bist dabei« versus »Du bist gecancelt« – und ich lösche und boykottiere dich jetzt – ersetzt.

ROXANNE GAY drückt es sinngemäß so aus: Dadurch, dass man Frauenhasser cancelt, schafft man es noch lange nicht, Frauenfeindlichkeit zu canceln. Das Canceln von Personen trägt wenig dazu bei, das Gesamtproblem zu lösen. Was nicht heißt, dass Menschen, die sich der Gewalt schuldig gemacht haben – angefangen bei offener Gewalt bis hin zu Mikroaggression –, herumlaufen sollten, ohne Konsequenzen dafür tragen zu müssen. Ganz und gar nicht. Vielmehr geht es darum, zuzugeben, dass unter Fremden, die Neuland betreten haben, noch niemand wirklich genau weiß, was zu tun ist oder wie man vorgehen soll. Wir tappen im Dunkeln bei unseren Versuchen, es herauszufinden. Mögen wir lernen, mit Mitgefühl herumzutappen.

14. SCHULDGEFÜHLE WEGEN EIGENER PRIVILEGIEN ABBAUEN

»*Gutes, das wir für uns selbst sichern, ist so lange gefährdet und unsicher, bis es für uns alle gesichert und in unser gemeinsames Leben integriert ist.*«

Jane Addams

»*Wenn du hierhergekommen bist, um mir zu helfen, dann verschwendest du deine Zeit, aber wenn du gekommen bist, weil deine Befreiung mit meiner verbunden ist, dann lass uns zusammenarbeiten.*«

Lilla Watson

DIE OBIGEN BEIDEN ZITATE BILDEN eine elegante, sich ergänzende Kombination. Sie demonstrieren zwei Wahrheiten, die zwangsläufig miteinander einhergehen. Wie Jane Addams, die »Patin der Sozialarbeit«, zu Recht feststellt, müssen wir dafür sorgen, dass alle an dem Guten teilhaben, das wir so sehr genießen. Tun wir das nicht, könnte es beispielsweise dazu kommen, dass wir selbst am Ende auf der Empfängerseite des systembedingten Missbrauchs enden. Schon allein die Tatsache, dass Armut und Krieg existieren, bedeutet, dass wir selbst nie wirklich sicher vor solchen Bedrohungen sind.

Dennoch kann diese Arbeit nicht *vertikal* – also mit dem Gefühl »Ich hier oben werde euch da unten helfen« – getan werden. Solche hierarchischen Setzungen, und seien sie nur gedanklich, untergraben die Leitwerte der Gleichheit und Gerechtigkeit – so die Sichtweise der indigenen Murri-Künstlerin LILLA WATSON: Trotz der Kluft zwischen unserer privilegierten Ebene und der Ebene anderer müssen wir anerkennen, dass unser Kampf ineinandergreift, dass es ein vereinter Kampf ist. Es ist eine *horizontale* Situation, in der »Helfende« und »diejenigen, denen geholfen wird« auf derselben Ebene existieren, auch wenn sie unterschiedliche Rollen spielen. Wir müssen erkennen, dass die Existenz von Ungerechtigkeit nicht nur bedeutet, dass niemand sicher ist, sondern sich außerdem noch unmittelbarer auswirkt.

Privilegien sind auch für die Privilegierten zerstörerisch. Sie trüben unseren Blick, sodass wir die wahre Situation nicht mehr sehen. Privilegien verleiten uns dazu, dass wir uns auf eine bestimmte Weise an Sicherheiten klammern, die unser Einfühlungsvermögen verhärten lassen. Eine solch künstliche, komfortable Situation schwächt den kreativen Funken und den natürlichen Altruismus des Herzens. Der Überfluss, den wir entsprechend unserer Konditionierung als wesentlich betrachten, schnürt der Welt die Luft ab und beutet ihre Ressourcen aus. Mit jedem Schlafwandlerschritt beteiligen wir uns stillschweigend an korrupten, mörderischen Situationen, so lange, bis wir aufwachen und daran arbeiten, sie rückgängig zu machen. Und wenn du an das Karma-Gesetz glaubst – nun ja: Wie sehr wir an dieser Situation beteiligt sind, das ist schon eine große Sache.

SCHULDGEFÜHLE AUFGRUND VON PRIVILEGIEN gehören zum vertikalen Paradigma, und doch können offensichtlich sehr viele von uns nicht daran rütteln. Es ist eine innere Haltung, die im Gegensatz zu ihren eigenen guten Absichten steht, wie eine Schlange, die in ihren eigenen Schwanz beißt. In meiner Therapiepraxis höre ich im Zusammenhang mit Schuldgefühlen wegen Privilegien gewöhnlich drei Narrative:

1. Wie kann ich die guten Dinge und Situationen in meinem Leben annehmen, wenn andere leiden? Es fühlt sich falsch an, mich darüber zu freuen. Ich sollte mich doch schuldig fühlen, weil ich diese unverdienten Vorteile habe.

2. Wie kann ich den Luxus rechtfertigen, mit meinen Neurosen zu arbeiten und meine eigenen Traumata zu heilen, wenn es anderen schlechter geht? Ich sollte meinen eigenen Kram zurückstellen und weitermachen.

3. Dass ich es so gut habe, bedeutet, ich muss mich bis zum Gehtnichtmehr abrackern, um anderen zu helfen. Ich verdiene keine Erholung. (Dieser dritte Punkt ist subtiler und manchmal nur in den Einstellungen und Verhaltensweisen der Leute zu beobachten, nicht in dem, was sie berichten, aber ich sehe es bei vielen Menschen – auch bei mir selbst).

IM FOLGENDEN WERDE ICH auf jedes dieser Narrative genauer eingehen, aber gestatte mir zunächst eine direkte Bemerkung: Schuldgefühle wegen Privilegien zu haben, das ist, als würdest du mit den Armen Schwimmbewegungen machen, während du in einer wenige Zentimeter tiefen Pfütze ertrinkst. Es ändert nichts an der Situation – weder für dich noch für andere. Steh einfach auf.

Es ist komisch: Schuldgefühle wegen Privilegien *beginnen* mit dem Bewusstsein, dass andere leiden, und *enden* damit, dass wir uns auf uns selbst fixieren. Sie sind eine Falle. Eine Falle, getarnt als eine wenige Zentimeter tiefe Pfütze. Darum atme jetzt, da du aufgestanden bist, einmal schön tief in den Bauch hinein, und hör bitte zu, wenn ich es ein letztes Mal sage: Wir brauchen dich. Wir brauchen dich ganz. Wir können nicht zulassen, dass du mit dem Gesicht nach unten in einer Pfütze aus Schuldgefühlen herumliegst. Darum hier nun ein Handtuch, mit dem du dir das Gesicht abtrocknen kannst.

VOM ZUG DER SCHAM ABSPRINGEN

SCHULDGEFÜHLE SIND IM WESENTLICHEN Reue gemischt mit Scham. Betrachten wir diese beiden Begriffe einmal näher. So wie ich Reue hier auffasse, ist sie etwas Gutes. Reue ist wesentlich für ein integres Herz. Reue ist das, was wir empfinden, wenn wir uns entgegen unseren eigenen Werten und erklärten Absichten verhalten oder fahrlässig Schaden anrichten. Reue sieht, dass das Geschehene wirklich nicht hinnehmbar ist, dass wir es wiedergutmachen und unser Bestes tun müssen, damit es sich nicht wiederholt. Reue ist unangenehm, und das zu Recht; unser fest in unserem System verankerter Wunsch, sie zu vermeiden, trägt dazu bei, dass unser Leben und unsere Gemeinschaft funktionieren und gedeihen.

Die Reue sagt: »Das ist nicht in Ordnung.« Scham hingegen sagt: »*Ich* bin nicht in Ordnung.« Scham suggeriert, dass etwas nicht Hinnehmbares passiert ist, weil mit uns grundsätzlich etwas nicht stimmt und wir deshalb außerstande sind, uns sinnvoll damit auseinanderzusetzen oder eine Wiederholung zu vermeiden. Scham birgt die Auffassung in sich, dass etwas an uns bis ins Mark verdorben ist, etwas, das sich Ausdruck verschaffen wird, egal wie sehr wir versuchen, es besser zu machen. Wenn wir glauben, dass etwas mit uns grundsätzlich nicht stimmt, können und werden diejenigen Teile von uns, die Scham empfinden, in allem, was wir denken, sagen oder tun, Beweise für unsere Unzulänglichkeit finden. (Weitere Informationen darüber, warum das so ist, findest du in der Diskussion über die Macht der unbewussten Voreingenommenheit, die nach Bestätigung sucht, ab Seite 141). Als Menschen »enthalten wir Vielheiten«, aber die Scham versucht, all unsere Teile über einen Kamm zu scheren.

Nachdem wir den Unterschied zwischen Reue und Scham herausgearbeitet haben, sind wir nun besser in der Lage zu verstehen, warum die Mischung aus beidem – Schuldgefühle – so oft mit Privilegien in Verbindung gebracht wird. Beginnen wir mit der ersten Hälfte der Gleichung, nennen wir es *Reue wegen Privilegien.*

Wir leben in einer Welt, die auf verschiedenste unfaire Weise von tiefer Ungleichheit geprägt ist. Eine solche Ungleichheit herrscht zwischen der sogenannten ersten und dritten Welt, zwischen Ländern, Regionen, Staaten, Städten und Wohnvierteln, Familien und Individuen, Ethnien, Männern und Frauen, Spezies und immer so weiter. Ich möchte hier nur ein konkretes Beispiel nennen: den Hunger und die Unterernährung der Menschen. Im Jahr 2016, so schätzte die Ernährungs- und Landwirtschaftsorganisation der Vereinten Nationen, litten mehr als zehn Prozent der Weltbevölkerung an chronischer Unterernährung.[9] Das Budget des Verteidigungs- und Kriegsministeriums der Vereinigten Staaten für 2019 betrug 686,1 Milliarden Dollar. Ungefähr ein Zwanzigstel dieses Geldes könnte die ganze Welt ein Jahr lang ernähren.[10] Und Gelder aus dem US-Verteidigungshaushalt zu verwenden wäre noch nicht einmal nötig, wenn Nahrung nur gerecht verteilt würde, denn weltweit produzieren wir genügend Nahrungsmittel, um jährlich zehn Milliarden Menschen[11] in einer Welt mit 7,7 Milliarden Einwohnern zu ernähren.[12]

Wenn du zu denen gehörst, die durch die bestehende Ungleichheit von unverdienter Macht oder Ressourcen profitieren, und du das Gefühl hast, das ließe sich nicht mit deinen Werten in Einklang bringen, dann ist es durchaus vernünftig, dass du vielleicht Reue wegen deiner Privilegien empfindest. Und hier die gute Nachricht: *Reue kannst du in Taten übersetzen.* In diesem Augenblick kannst eine Petition für Veränderungen unterzeichnen oder etwas Geld für wohltätige Zwecke spenden. Oder du kannst noch weiter gehen (ich hoffe, dass du das tust) und dich ehrenamtlich engagieren, eine gemeinnützige Organisation gründen oder für ein politisches Amt kandidieren. Wenn einige deiner Privilegien untrennbar mit deiner Berufslaufbahn verbunden sind und du daran etwas verändern möchtest, könntest du den Arbeitsplatz wechseln. Ich sage nicht, dass du den Kapitalismus im Alleingang revolutionieren oder den globalen Sexismus beenden sollst. Ich sage nur: Wenn du von bestimmten unverdienten Privilegien profitierst, dann nimm die Reue und nutze sie für etwas, das bei den Mechanismen der Privilegien ansetzt.

Im Gegensatz dazu ist *Privilegienscham* nicht so gut praktisch umsetzbar. Besser gesagt: Du kannst zwar für den Rest deines Lebens danach handeln, aber das wird nie auch nur das Geringste an der Scham selbst ändern, da sie eher eine recht stabile Formation unserer Identität als ein vorübergehendes Gefühl ist. Sie wird wahrscheinlich auch all deine Bemühungen, anderen zu helfen, negativ beeinflussen, da die Menschen, denen du helfen willst (oder diejenigen, die gemeinsam mit dir zu helfen versuchen), das verborgene Motiv in dem, was du tust, spüren. Scham vertieft die Kluft, die wir oft zwischen uns und anderen spüren. Reue würdigt die uns innewohnende Verbindung.

Schuldgefühle aufgrund von Privilegien sind nichts anderes als Selbsthass, der wie ein Schild bei einer Demonstration hochgehalten wird. Und Selbsthass ist eine Form des Narzissmus, mit der wir uns die Begründung dafür schaffen, warum wir uns weiterhin auf uns selbst konzentrieren. Den Privilegierten unter uns hilft Selbsthass, der harten Arbeit aus dem Weg zu gehen, , in uns die verschiedenen Arten, wie wir eine sehr kranke Gesellschaft verinnerlicht haben, auszuräumen. Das ist eine raffinierte Art und Weise, die Veränderungen zu vermeiden, die wir vornehmen müssen, um mit uns selbst und den Menschen um uns herum ins Reine zu kommen. In gewisser Weise haben jene Anteile von uns, die sich vor dem Problem in seinem ganzen Ausmaß fürchten, den Eindruck, es sei weniger leidvoll, in einer Pfütze herumzuzappeln, als sich der Situation ehrlich zu stellen.

SCHULDGEFÜHLE WEGEN PRIVILEGIEN sind eine gute Informationsquelle. Sie sagen dir etwas sehr Wichtiges – wenngleich es unmöglich ist, diese wichtige Botschaft zu erkennen, solange Reue und Scham weiterhin miteinander verschmolzen sind. Scham abzuschütteln bedeutet dann wahrscheinlich auch, sich mehr der Reue zuzuwenden. In der Neurose der Schuldgefühle aufgrund von Privilegien liegt eine Saat der Weisheit: jener Keim der Reue, der uns sagt: Ja, wir sollten etwas tun. Wir sollten mehr tun.

Wenn dir das alles eine Nummer zu groß erscheint – als sei das Bekämpfen von Ungerechtigkeit vom Gefühl her so, als wolle man mit dem Besen gegen einen Waldbrand antreten –, dann ist hier ein

Weg, das zu überwinden: Richte dein Leben ganz auf Mitgefühl aus. Mach es zu deinem Lebensstil. Lebe, um zu geben – zu lieben und zu dienen. Wenn der Gedanke, dass du ein bestimmtes Ergebnis dafür brauchst, dir die Motivation raubt, dann bitte diesen Teil von dir, einmal beiseitezutreten. Tu etwas Mitfühlendes um seiner selbst willen. Tu es aus Freude daran, in Übereinstimmung mit deinen höchsten Werten zu leben.

Du könntest sogar in Erwägung ziehen, mitfühlendes Handeln zu deinem Vollzeitjob zu machen. Steht deine Arbeit wirklich im Einklang mit deinen Werten? Was für ein Gefühl ist es, zu überlegen, wie sich deine Arbeit auf die Welt auswirkt? Welche Auswirkungen hat dein Unternehmen oder deine Organisation auf die Welt? Hat Mitgefühl an deinem Arbeitsplatz ein Zuhause? Bist du bislang in Bezug auf einen beruflichen Wechsel unentschlossen gewesen, wie zwischen zwei Stühlen? Vielleicht ist es an der Zeit, aufzustehen und dich für etwas – irgendetwas – anderes zu entscheiden, für etwas, das wirklich etwas bewirkt.

Ich kann dir gar nicht sagen, welch ein Segen es ist, durch meine Arbeit zur Heilung und zum persönlichen Wachstum anderer beizutragen. Es rettet mich jeden Tag. Es hält mich in Kontakt mit dem Puls des Mitgefühls tief in meinem Inneren, der aber so leicht von Eigeninteresse überdeckt wird. Mit Menschen zusammenzusitzen, denen es schlecht geht, ist zwar schwierig, aber es ist auch eine große Freude, wenn ich weiß, dass ich etwas bewirke. Kein *High* auf dieser Erde reicht daran heran. Zeuge zu werden, wie sich durch mitfühlende Bemühungen nach und nach etwas verändert, ist mehr wert als Gold. Es ist mehr wert als Sicherheit. Es ist jedes Opfer wert. Lass dir das von jemandem gesagt sein, der vor anderthalb Jahrzehnten, nachdem er gerade endgültig vom Heroin losgekommen war, mit 400 Dollar, einer Couch zum Schlafen und ohne Ausbildung anfing – und jetzt absolut begeistert ist, täglich zu helfen und dabei auf Augenhöhe mit seinen Mitmenschen zu sein.

Solltest du mitten in all dem deine wahre Leidenschaft finden, kann dich nichts und niemand mehr aufhalten, davon bin ich aufrichtig überzeugt. Dann wirst du dich mit der Präsenz in dir in Einklang bringen, die voller überzeugter Zuversicht ist, dass du wie JANE ADDAMS, DOROTHY DAY, ELEANOR ROOSEVELT, JAMES BALDWIN, CAESAR CHAVEZ oder GRETA THUNBERG werden kannst – Menschen, die in der Lage waren, globale Säulen der Vernunft zu schaffen und Institutionen zu begründen, die in großem Maßstab etwas bewirken.

NUTZE ES, UM ES ZU DURCHBRECHEN

NUN, DA WIR EINE WEILE in groben Zügen über Schuldgefühle aufgrund von Privilegien nachgedacht haben, lass uns noch einmal zu den drei Narrativen zurückkehren, die ich zu Beginn dieses Kapitels erwähnt habe.

1. Wie kann ich die guten Dinge und Situationen in meinem Leben annehmen, wenn andere leiden? Es fühlt sich falsch an, mich darüber zu freuen. Offenbar *soll* ich mich schuldig fühlen, wenn ich mein Leben genieße.

BEDENKE: Die logische Antwort darauf, unverdiente Macht oder Ressourcen zu haben, besteht darin, sie zu nutzen, um denen zu helfen, die weniger davon haben. Wenn du merkst, dass du Reue empfindest, solltest du etwas unternehmen und dann sehen, wie sich das auf deine Gefühle auswirkt.

Falls du jedoch den Verdacht hast, dass deine Reue immer noch einen Rest Scham in sich birgt, hier eine Frage, die helfen kann: Was würde deiner Meinung nach ein Mensch, der mehr leidet als du, sagen, fühlen und tun, wenn er das hätte, was du hast? Während meiner Zeit als Sozialarbeiter habe ich Eltern und Jugendliche in einer zutiefst verworrenen, leidvollen Situation oft gefragt: »Was würdet ihr tun, wenn euch das alles nicht im Weg stünde?« (Also: wenn ihr aus all dem heraus könntet – aus der Armut, aus diesem System der Familienbetreuung, aus der Strafverfolgung, aus euren psychischen Problemen). Ihre Antworten lauteten immer etwa so: (A) Ich würde es genießen und (B) Ich würde meiner Familie und anderen helfen. Unser Glück zu genießen und die Energie zu nutzen, die uns das verleiht, um etwas gegen Ungerechtigkeit zu tun: Das ist ein Rezept für ein schönes Leben.

2. Wie kann ich den Luxus rechtfertigen, mit meinen Neurosen zu arbeiten und meine eigenen Traumata zu heilen, wenn es anderen schlechter geht? Ich sollte meinen eigenen Kram zurückstellen und weitermachen.

BEDENKE: Wenn wir unseren Schmerz und unsere generationsübergreifenden Traumata zurückstellen und wegdrängen, heißt das nicht, dass sie verschwinden. Mit dieser Einstellung erreichen wir nur, dass der Schmerz tief in unserem Nervensystem versenkt wird – von wo aus er zwangsläufig auf andere, heimtückischere Weise wieder auftaucht und sich durch negative Grundüberzeugungen und zwanghaftes Verhalten bemerkbar macht. Diesen Weg weiterzugehen schadet letztendlich anderen. Direkt oder indirekt haben wir es immer mit unseren Wunden und Abwehrreaktionsmustern zu tun. Wenn wir die mutige Arbeit tun, uns direkt unseren eigenen Schwierigkeiten zu stellen, dann dient das allen.

3. Dass ich es so gut habe, bedeutet, ich muss mich bis zum Gehtnichtmehr abrackern, um anderen zu helfen. Ich verdiene keine Erholung.

BEDENKE: Der Verlust von Empathie ist ein Anfangssymptom des Burn-out. Wenn es dir an Selbstmitgefühl und Rücksicht gegenüber dir selbst mangelt, führt das dazu, dass du auch anderen kein Mitgefühl und keine Rücksicht entgegenbringst. Weißt du, wie Sportler die

Fähigkeit entwickeln, Außergewöhnliches zu leisten? Indem sie hart arbeiten und sich dann ausruhen und dann wieder hart arbeiten und sich dann ausruhen, ad infinitum. Harte Arbeit schafft die Voraussetzungen für Kraft, aber Muskeln und Geschicklichkeit wachsen nur in den Ruhe- und Schlafphasen. Das ist eine biologische Wahrheit und auch eine psychologische. Wir brauchen dich gesund, ausgeruht, mit ausreichenden Ressourcen und lebensfroh, denn wir brauchen deine Uneigennützigkeit und dein gutes Herz auf lange Sicht in diesem Spiel.

In Kapitel zehn habe ich darüber gesprochen, inwiefern die ungeheure Macht der Identität unsere Resilienz stärkt, selbst angesichts von Unmenschlichkeit. Stell dir doch einmal vor, du nimmst eine echte Change-Agent-Identität an und setzt dich aktiv für Erneuerung und für den Wandel ein. Du spendest also nicht nur für wohltätige Zwecke und unterschreibst Online-Petitionen, sondern setzt dich als Soldat*in der Bodentruppen für die Benachteiligten ein.

TEIL 4 | ÜBUNGEN

ÜBUNG 1 | Urteilsvermögen entwickeln

RUF DIR IN ERINNERUNG, WIE ES WAR, als du dich das letzte Mal in einem Konflikt oder in einer aggressiv aufgeladenen Situation befunden hast. Folge dem und lass den Film eine Weile in deinem Kopf ablaufen. Was wurde gesagt? Was hast du getan? Wie hast du dich dabei gefühlt? Wie hast du reagiert? Ist die Situation aufgrund deiner Reaktion in irgendeiner Weise eskaliert? Sei für einen Moment ganz ehrlich.

Nun stell dir dieselbe Situation noch einmal vor, diesmal aber so, dass du auf deine Weise der Nonne aus der Geschichte in Kapitel elf nacheiferst. Übe innezuhalten und atme dann einmal tief durch, während du allmählich erkennst, dass die Person, die auf dich losgegangen ist, in Wirklichkeit leidet und versucht, ihren Schmerz an dich weiterzugeben. Stell dir bildlich vor, wie du sie willkommen heißen könntest, während dir dabei gleichzeitig bewusst bleibt, dass das, was dich angreift, nicht zu dir gehört. Wie könntest du mit Gelassenheit oder gesunder Distanz reagieren? Mit Neugierde? Mit Empathie? Mit Humor?

Wiederhole jetzt dieses Szenario. Sieh dich selbst, wie du auf möglichst viele verschiedene Arten so handelst wie die Nonne. Nimm wahr, wie es sich anfühlt; spüre, wie es im Körper ist. Mach dir dieses Gefühl zu eigen. Verweile darin. Betone und intensiviere es ganz bewusst. Mach weiter und übertreibe es in jeder Hinsicht. Das wird helfen, es in deinem Nervensystem zu verankern. Verweile noch etwas länger darin. Die Befriedigung und Gelassenheit, die aus einem solch geschickten Vorgehen erwachsen, ist das wahre Geschenk in dieser Situation. Behalte es, es gehört dir.

Übungszeit: *ca. 20 Minuten*

ATME EIN PAARMAL TIEF DURCH und bring dein Bewusstsein in den Körper. Denk nun, wie schon in der Übung aus Teil eins, »Selbstliebe für den Teil von dir, der es am meisten braucht«, an einen Moment in deiner Kindheit, in dem alles schön und angenehm war, auch wenn es nur eine seltene, vorübergehende Spielsituation oder ein kurzer Moment der Verbundenheit war (du kannst dir auch einfach vorstellen, wie du als Kind einmal in einem Glückszustand warst, selbst wenn du keine spezielle Erinnerung hast, mit der du arbeiten kannst). Ruf dir das Bild dieses Moments ins Gedächtnis. Betrachte dein Kindergesicht und die Augen. Hör dein Kind lachen. Sei ein bisschen neugierig und sieh, wie alt du ungefähr bist; nimm jegliches andere Detail wahr, das dir in den Sinn kommt, einschließlich Gedanken, Episoden, Körperempfindungen und Gefühle.

Stell dir dann vor, du gibst deinem Kind die Energie der positiven Zuwendung, die du in diesem Moment empfindest (Offenheit, Zuneigung, Ruhe, Mitgefühl). Gib ihm, wie zuvor, die guten Schwingungen, die du einem kleinen Kind, das in deiner Obhut gelassen wurde, entgegenbringen würdest. Schick dem Kind dann einige aufrichtige Wünsche für sein Wohlergehen. Sende ihm die Gedanken »Mögest du glücklich sein. Mögest du dich sicher fühlen. Mögest du dich frei fühlen.« Wiederhole das langsam einige Male und stell dir vor, wie die Energie dieser Worte das Kind erreicht und sein kleines Gesicht aufleuchten lässt. Du kannst die Worte mit dem Atem schicken, du kannst sie dir als einen Lichtstrahl vorstellen oder jegliche andere Vorstellung anwenden, die dir hilft, damit es gelingt.

Vielleicht spürst du anfangs gar nichts. Oder aber du spürst eine wie auch immer geartete dramatische Veränderung. So oder so, mach einfach weiter.

Für deine Kinder-Anteile werden wir exakt genauso weiter üben. Ich werde weniger Anweisungen geben, um dir mehr Raum zu lassen, zu üben und deiner Intuition zu folgen. Bitte lass dir Zeit.

Stell dir vor, du wärst vier oder fünf Jahre alt. Es ist in Ordnung, wenn du keine klaren Erinnerungen an dich in diesem oder einem anderen Alter hast, für das wir üben werden. Stell dir bestmöglich dein Gesicht, deine Augen, dein Lächeln vor. Erinnere dich daran, wie es damals war, in deinem Körper zu sein, wie es war, du zu sein.

Wenn du neugierig werden oder dem Kind eine gewisse Freundlichkeit entgegenbringen kannst, ist das großartig. Aber selbst wenn nicht: Stell dir vor, dass du es mit einem energetischen Feld der Güte umgibst, und sende ihm die Gedanken »Mögest du glücklich sein. Mögest du dich sicher fühlen. Mögest du dich frei fühlen«. Wiederhole diese Gedanken zumindest ein paarmal langsam und stell dir vor, wie die Energie dieser Worte das Kind erreicht und auf es einwirkt.

Atme ein paarmal mit dem ganzen Körper ein und lass dein fünfjähriges Ich los.

Stell dir vor, du wärst acht Jahre alt. Noch einmal: Sieh den Körper und das Gesicht des Kindes so klar wie möglich; spüre die Präsenz deines Kindes. Erinnere dich daran, wie sich dein Leben damals anfühlte: in der Schule, zu Hause, bei Freunden.

Umgib dein achtjähriges Ich mit mitfühlender Energie. Mach es realer, indem du die geistig-emotionalen Wünsche aussendest: »Mögest du glücklich sein. Mögest du dich sicher fühlen. Mögest du dich frei fühlen.« Wiederhole diese Wünsche mindestens ein paarmal langsam und spüre, wie sich die Belastungen des Kindes währenddessen verringern. Atme mit ihm. Verweile einige Minuten, wiederhole die Sätze und lass Raum für alles, was in dir hochkommt.

Atme einige Male mit dem ganzen Körper ein und aus. Halt inne und löse die Verschmelzung. Wenn du jetzt oder später eine kleine Pause machen musst, tu das bitte. Mach anschließend weiter.

Stell dir vor, du wärst zwölf Jahre alt. Sieh das Bild deines Ich im Vor-Teenageralter so klar wie möglich und spüre hinein. Erinnere dich daran, wie es war, in deinem zwölfjährigen Körper zu sein, in deinem Leben zu sein in einer Zeit, wenn viele von uns ihre einzigartige Identität formen und tiefere Bindungen mit Freund*innen entwickeln.

Umgib dein zwölfjähriges Ich mit derselben mitfühlenden Energie. Sende wieder die Wünsche »Mögest du glücklich sein. Mögest du dich sicher fühlen. Mögest du dich frei fühlen«. Mach einige Minuten weiter und lass Raum für alles, was heilen muss.

Wiederhole den Vorgang für dein sechzehnjähriges Ich – sieh und spüre, wie du und dein Leben in dieser Zeit des schnellen Wachstums und der Veränderungen waren. Lass alle Gefühle, die da sind, aufkommen (aber nicht so weit, dass du von ihnen überwältigt wirst), und halte sie im Raum des Mitgefühls. Dann wünsche noch einmal von Herzen: »Mögest du glücklich sein. Mögest du dich sicher fühlen. Mögest du dich frei fühlen.«

Wiederhole das Ganze anschließend für dein zwanzigjähriges Ich.

Und dann für jedes andere Alter, zu dem du nach vorn oder zurückspringen willst.

Nimm dir Zeit, um aus der Übung herauszukommen. Atme dreimal tiefdurch, so tief wie jegliches der Gefühle, die da sind, und umgib diese Gefühle mit dem Atem.

Nimm dir einen letzten Moment Zeit, um zu überlegen, wer in deinem Leben etwas Heilung gebrauchen könnte. Widme dieser Person deine Bemühungen. Wünsche ihr, dass sie mit dir zusammen Glück, Sicherheit und Freiheit finden möge.

ZUM SCHLUSS

PRAJÑAPARAMITA, DIE GÖTTIN der transzendenten Weisheit, war gerade in eine tiefgründige Debatte mit Buddhas engstem Schüler, Shariputra, vertieft. Bei der Argumentation ihrer gegensätzlichen Ansichten über die Natur der Wirklichkeit war Shariputra ihr nicht gewachsen. Es ist vielleicht der gewaltigste Fall von Mansplaining aller Zeiten – Shariputra versucht Prajñaparamita – also die Verkörperung per se all dessen, was es überhaupt zu wissen gibt – zu überlisten. Während Prajñaparamita Shariputra weiterhin mit ihren Argumenten übertrumpfte und ein »Schachmatt« nach dem anderen für sich verbuchte, überlegte sich Shariputra, die Dinge auf einer anderen Ebene anzugehen. Er wurde persönlich, chauvinistisch. Er griff auf eine weit verbreitete Annahme seiner Zeit zurück – die der männlichen spirituellen Überlegenheit – und versuchte, die Göttin auf der Grundlage ihrer Identität zu disqualifizieren. Er forderte sie heraus: »Wenn du so erleuchtet bist, was tust du dann im Körper einer Frau? Wärst du tatsächlich verwirklicht, dann würdest du deinen Körper in eine männliche Form verwandeln.« Was Prajñaparamita als Nächstes tat, vermittelt viel von der radikalen, paradoxen, unbeirrbaren Natur des erwachten Zustandes: Sie benutzte ihre übernatürlichen Kräfte, um den Körper mit Shariputra zu tauschen. Nun war sie in seinem männlichen Körper und Shariputra im weiblichen Körper von Prajñaparamita. Daraufhin entgegnete Prajñaparamita aus dem männlichen Körper von Shariputra heraus mit seiner eigenen männlichen Stimme: »Wenn *du* so erleuchtet bist, was tust du dann im Körper einer Frau?! Warum verwandelst du deinen Körper nicht in einen männlichen?« Und Shariputra, aufgelöst, desorientiert, völlig verwirrt, außerstande sich zurückzuverwandeln – und zudem schockiert beim Klang seiner weiblichen Stimme, als er deswegen herummoserte –, gab sich geschlagen.

SOLCH GÖTTLICHER SPASS UND TREFFENDER HUMOR finden sich in den klassischen Texten und Schriften des Buddhismus und des Hinduismus. Doch dieser Moment, der im *Vimalakirti-Sutra* zu finden ist, bietet uns eine unvergleichliche gegen Sexismus gewandte Auseinandersetzung, bei der gleichzeitig die tiefsten, grundlegendsten Lehren des Buddhismus vermittelt werden. Das ist kein Zufall. Prajñaparamita, mit einem Auftreten, das dem des modernen Streetart-Künstlers BANKSY nicht unähnlich ist, spielt Shariputra einen Streich, der die haltlose, schädliche, anmaßende Vorstellung offenlegt, dass der Körper, in dem sie lebt, in irgendeiner Weise ihre Gelehrsamkeit und ihre spirituellen Fähigkeiten schmälern könnte. Zugleich besteht sie jedoch wortlos darauf, dass der Körper, in dem sie gekommen ist, doch von Bedeutung ist. Es ist weder Zufall noch eine Spielerei, dass sie sich in weiblicher Form manifestiert. Dieser Mythos wurde ganz bewusst aufgezeichnet. Zu dokumentieren, dass die transzendente Weisheit sich im Körper einer Frau manifestierte, inmitten einer Gesellschaft, in der Frauen schlecht behandelt wurden – was bis hin zu Mord reichte –, war an sich schon bedeutungsvoll.

Und damit nicht genug. In der Geschichte der Prajñaparamita werden viele Themen, die wir in diesem Buch erörtert haben, elegant aufgegriffen. Zunächst ist es ziemlich deutlich, dass Shariputras ignorante Einstellung bei Prajñaparamita einige heftige Gefühle auslöst. Ihre Entgegnung ist unbestreitbar scharf, obwohl ihre Botschaft dabei kristallklar bleibt. Sie erkennt zu Recht, dass sie Shariputras Gemeinheit nicht zu akzeptieren braucht, und so gibt sie ihm sein beleidigendes, ignorantes »Geschenk« gleich wieder zurück, damit er es behält. Sie stellt ihn mit einer Geschicklichkeit ohnegleichen zur Rede, sagt (ohne auch nur einen Funken Schuldgefühle): »Nein ... *verdammt noch mal, Nein!*«, und geht das schwierige Gespräch ohne Zögern an.

Shariputra, der seine Voreingenommenheit gegenüber dem weiblichen Geschlecht voll zur Schau stellt, lässt auf entlarvende Weise erkennen, dass er seine kulturellen Annahmen nicht hinterfragt hat. Er ist ein Opfer seiner eigenen negativen Voreingenommenheit, die er bestätigen will: Er geht davon aus, jemand mit Merkmalen, die sich von seinen eigenen unterscheiden, sei minderwertig, und führt als Beweis dafür eine gesellschaftliche Norm ohne jede reale Grundlage an. Das ist das altindische Äquivalent dazu, einen Artikel in sozialen Medien zu reposten, ohne ihn gelesen oder seine Quellen geprüft zu haben. Wie bereits erwähnt, deutet schon allein die Tatsache, dass Prajñaparamita im Mythos vorkommt, darauf hin, dass ihre Weiblichkeit tatsächlich eine Rolle spielt.

Dennoch zitiert sie im Weiteren den Buddha: »Alle Dinge sind weder männlich noch weiblich.« Wir können nur zu dem Schluss gelangen, dass ihre Weiblichkeit ein innewohnender Teil ihres erwachten Zustands ist, aber dass dieser Zustand an sich dennoch das Ergebnis ihrer Verbundenheit mit einem Absoluten jenseits solcher Eigenschaften darstellt. Dies – dass nämlich alle Dinge unvorstellbar divers und zugleich Teil desselben höchsten Einen sind und dass diese verschiedenen Ausprägungen beide zu würdigen sind – veranschaulicht das vedische Mantra *Achintya bheda abheda tattva.* Der Sieg der Prajñaparamita in der Debatte ist ein Call-out, das geschickt und präzise in die Tat umgesetzt wird. Es ist auch ein Moment, der am Ende einer langen, vehementen Debatte kommt, nachdem Prajñaparamita schon viel emotionale Arbeit geleistet hat und dennoch die nötigen Ressourcen findet, um den entscheidenden Schachzug zu machen.

Das *Vimalakirti-Sutra* erinnert uns daran, dass es nichts Neues ist, sich Unterdrückung und Entmenschlichung entgegenstellen zu müssen – seien sie systembedingt, zwischenmenschlich oder in unserem eigenen Inneren angesiedelt. Unsere spirituellen Absichten sind keine Ausrede, eine solche Arbeit nicht zu tun. Ganz im Gegenteil: Sie bringen uns in Einklang mit einer Tradition, in der wir aus lebendiger Liebe heraus leben, einer Liebe, die das Paradigma nicht ignoriert, dass alles ineinandergreift. Das erinnert mich an das Bild einer älteren Frau, das ich vor Kurzem gesehen habe. Auf einem Demonstrationsmarsch hielt sie ein Schild mit der Aufschrift hoch: »Ich kann nicht glauben, dass ich immer noch gegen diese Scheiße protestieren muss!« Bei ihr musste ich an Prajñaparamita denken, fast zweitausend Jahre nach der Niederschrift des *Vimalakirti-Mythos.*

Aus lebendiger Liebe heraus leben in einer Welt, in der entwürdigende Strukturen vorherrschen – das ist sowohl unser Dilemma als auch die Antwort darauf. Das Dilemma: Da sind wir nun, öffnen unser Herz durch Meditation für Mitgefühl, arbeiten für eine gerechte Welt – oder zumindest für eine Welt, in der Folter, Sklaverei, Armut und öffentliche Manipulation durch die Mächtigen ausgerottet sind –, und doch ist es eine endlose Arbeit. Die Antwort: ein Leben führen, das in der Liebe zur Welt und zu allen Wesen verwurzelt ist, selbst wenn all das nicht in Ordnung gebracht werden kann. Inmitten des Tumults mutig Anteil nehmen. Uns zu organisieren als einen Akt engagierter Meditation. Uns Borniertheit und Intoleranz entgegenstellen, nicht weil das gerade zeitgemäß ist, sondern weil es einfach das ist, was wir tun. Mitgefühl haben, nicht weil wir uns eine Wirkung davon versprechen, sondern weil es unserem Ethos, unserem seelischen Imperativ entspricht. Vorbehaltlos aufstehen, um des Aufstehens willen. Selbst wenn wir unsere Welt nicht in Ordnung bringen können, wie wollen wir leben? Selbst wenn es niemand sieht, welche Entscheidungen treffen wir? Selbst wenn unser Handeln keine Konsequenzen hat, wie handeln wir? Selbst wenn der Klimawandel alles Leben auf dem Planeten morgen vernichtet, lass uns hinausgehen und ihn und alle Lebewesen darauf schützen. Für Gerechtigkeit zu leben bedeutet nicht nur, dass wir unsere gesellschaftlichen Verhältnisse ändern, sondern auch, dass wir in der Lage sind, uns unseren moralischen Überzeugungen zu stellen, wenn wir am Ende des Tages in den Spiegel blicken.

Die Geschichte der Prajñaparamita konfrontiert uns auch mit dem Paradox, Einheit aus einem Ich heraus zum Ausdruck zu bringen, das fließend und vielgestaltig ist, innerhalb und außerhalb unseres Körpers zugleich, und das jenseits unserer Definitionen liegt. Wenn jemand »Vielheiten« enthält, dann Prajñaparamita. Und doch präsentiert sie ihre Anteile, zumindest in dieser Geschichte, nicht als disparat und widersprüchlich. In diesem Fall ist es Shariputra – ein hingebungsvoller Dharma-Praktizierender, angeblich nur von seinen weisesten Anteilen beherrscht –, der jene Teile seiner selbst, die noch immer in Unwissenheit verharren, die Oberhand gewinnen lässt. Die transzendente Weisheit zu verkörpern hieße jedoch, dass das System der inneren Teile in gut zusammenwirkender Harmonie und mit Selbstvertrauen arbeitet. So wird Erleuchtung im Buddhismus gesehen: in liebevoller, klarblickender Gemeinschaft mit sich selbst, in sich selbst, zu sein und allen äußeren, »echten« Gemeinschaften zu vermitteln, dass es diese Möglichkeit gibt.

Der Buddha sagte eine Wiederkunft, einen »Buddha der Zukunft« voraus, der in einer gefährdeten Welt Geistesklarheit wiederherstellen würde. Der bekannte buddhistische Lehrer und soziale Aktivist THICH NHAT HANH aktualisierte diese Prophezeiung und wies darauf hin, dass dieser kommende Buddha vielleicht gar keine

Person, sondern eher eine Gemeinschaft – Sangha – sein könnte. Man kann sich eine Gemeinschaft vorstellen, die so einig, so stark und weise ist, dass sie die Flutwelle der Zerstörung, auf der wir derzeit reiten, verändert. Mit dem Unterschied, dass bei diesem Szenario kein einziger Mensch allein im Besitz der ganzen Kraft, der ganzen Weisheit und der ganzen Liebe ist. Vielmehr haben die jeweiligen Mitglieder dieses Zusammenschlusses einzelne Aspekte inne, und wenn sie zusammenkommen und zusammenarbeiten, wird diese Erwachte Liebe manifest. Bei dem prophezeiten Buddha, Buddha Maitreya, geht es weniger um das Gefühl der Liebe als vielmehr um Liebe in Aktion, Liebe als radikale Einigkeit, strukturelle Liebe, systemische Liebe. Das ist keine Heils- oder Erlösungsprophezeiung, sondern eine Prophezeiung unseres Potenzials – eines Potenzials, das nicht durch göttliche Bestimmung, sondern durch bewusstes Handeln verwirklicht wird. Hilfe ist nicht im Anmarsch. Hilfe ist schon da. Wir sind die Hilfe. Es gibt keine andere Option. Wir müssen der Buddha Maitreya werden. Wir müssen unseren Teil manifestieren. Wir müssen in der Hitze des Waldbrands die Liebe erwecken. Wir müssen eine solche Arbeit tun, als hinge unser Leben davon ab.

Denn es hängt davon ab.

DANK

MEIN DANK GILT LOUISE EGGER, BONNIE PIPKIN, ADREANNA LIMBACH, LODRO RINZLER, AMANDA GILBERT und MAXWELL WIGGINS für ihre moralische Unterstützung und ihren klugen Rat.

Mit Dankbarkeit für all ihre Beiträge, auch wenn sie am Ende nicht alle ins Buch aufgenommen werden konnten, möchte ich LESLIE BOOKER, NICKIE TILSNER, NICK WERBER, AARON ROSE und SHARA FELDMAN meine Anerkennung aussprechen.

Mit Dankbarkeit für die Gelegenheiten zu Heilung und Wachstum möchte ich auch RICHARD SCHWARTZ, CRISTINA KARTHEISER, NEIL MC KINLAY, JACK KORNFIELD, CHRISTINA TAVERA, ANNE ROISE und allen am Spirit Rock, SHANNON IVERSON und allen in Kripalu, den Lehrenden am Omega Institute, meiner MNDFL-Familie, meiner Maha-Rose-Familie, SOPHIA und MARTIN vom Vertigo Rock Climbing sowie YANCEY QUEZADA und dem Team von The Grit Ninja meine Anerkennung aussprechen.

Mein Dank gilt außerdem RACHEL NEUMANN, MATT ZEPELIN, KJ GROW, BREANNA LOCKE, KATELIN ROSS, IVAN BERCHOLZ, SARA BERCHOLZ, IVAN BERCHOLZ und allen bei Shambhala Publications dafür, dass mit ihrer Hilfe dieses Buch das Licht der Welt erblickt hat.

Und den größten Dank schulde ich all meinen Lehrer*innen, die in der Gestalt von Klient*innen und Schüler*innen erscheinen. Wo wäre ich ohne euch?

ANMERKUNGEN

1 JASON SILVERSTEIN: *There Have Been More Mass Shootings Than Days This Year*, CBS News, November 15, 2019, www.cbsnews.com/news/mass-shootings-2019-more-than-days-365/.

2 Ich übernehme das Konzept der Entschmelzung (»unblending«) vom Modell des Systems der inneren Familie. Siehe RICHARD C. SCHWARTZ and MARTHA SWEEZY: *Internal Family Systems Therapy, Second Edition*, (New York: Guilford Press, 202), 43 (auf Deutsch: *Systemische Therapie mit der inneren Familie*, Klett Cotta, vollständig überarbeitete und erweiterte Neuausgabe, erscheint im Mai 2021).

3 Gil Press, *6 Predictions for the $203 Billion Big Data Analytics Market*, Forbes, 20. Januar 2017, www.forbes.com/sites/gilpress/2017/01/20/6-predictions-for-the-203-billion-big-data-analytics-market/?sh=7f22a8132083.

4 MARSHALL ROSENBERG: *Memnoon Concept*, YouTube-Video, 1:32, www.youtube.com/watch?v=lMJE7cR_I2Y.

5 CHRISTINE VENDEL: *She Didn't Know What Was Real: Did 10-Day Meditation Retreat Trigger Woman's Suicide?* PennLive, 5. Januar 2019, www.pennlive.com/news/2017/06/york_county_suicide_megan_vogt.html.

6 Näheres zum Thema Trauma und Achtsamkeitsmeditation, siehe DAVID A. TRELEAVAN: *Trauma-Sensitive Mindfulness: Practices for Safe and Transformative Healing*, (New York: W. W. Norton, 2018); (auf Deutsch: *Traumasensitive Achtsamkeit. Posttraumatischen Stress erkennen und vermindern.* Arbor, Freiburg 2019).

7 DANNY GIVERTZ: *Play Therapy … It's Not Just for Kids*, Well Clinic, 10. Juli 2019, www.wellsanfrancisco.com/play-therapy-for-adults/.

8 ANDREA ZACCARO et al.: *How Breath-Control Can Change Your Life: A Systematic Review on Psycho-Physiological Correlates of Slow Breathing*, Frontiers in Human Neuroscience 12, 7. September 2018, www.ncbi.nlm.nih.gov/pmc/articles/PMC6137615/.

9 World Hunger Education Service, *2018 World Hunger and Poverty Facts and Statistics*, Hunger Notes, www.worldhunger.org/world-hunger-and-poverty-facts-and-statistics/.

10 ELISABETH ROSENTHAL and ANDREW MARTIN: *UN Says Solving Food Crisis Could Cost $30 Billion*, New York Times, 4. Juni 2008, www.nytimes.com/2008/06/04/news/04iht-04food.13446176.html.

11 JEREMY ERDMAN: *We Produce Enough Food to Feed 10 Billion People. So Why Does Hunger Still Exist?*, Medium 1. Februar 2018, https://medium.com/@jeremyerdman/we-produce-enough-food-to-feed-10-billion-people-so-why-does-hunger-still-exist-8086d2657539.

12 United States Census Bureau, 4. Dezember 2020, www.census.gov/popclock/.

ÜBER DEN AUTOR

RALPH DE LA ROSA, lizenzierter klinischer Sozialarbeiter (LCSW), ist ein niedergelassener Psychotherapeut und erfahrener Meditationslehrer. Er praktiziert seit 1996 Meditation und unterrichtet sie seit 2008. Sechzehn Jahre lang war er Schüler von AMMA (MATA AMRITANANDAMAYI); 2005 begann er mit dem Studium des Buddhismus. Über seine Arbeit wurde in der *New York Post*, auf *CNN*, in *GQ, Self, Women's Health* und vielen anderen Publikationen und Podcasts berichtet. Er leitet regelmäßig vertiefende Heilungsretreats am Omega Institute, Spirit Rock Meditation Center und am Kripalu Center for Yoga & Health. Er ist Summa-cum-laude-Absolvent des Studiengangs Sozialarbeit der Fordham-Universität und in mehreren Formen der traumafokussierten Behandlung ausgebildet, darunter in der Therapie nach dem System der inneren Familie und Somatic Experiencing.

RALPH selbst hat Depressionen, PTBS und Drogenabhängigkeit überlebt. Seine Arbeit ist inspiriert von der enormen Transformation, die Meditation, Yoga und Therapie bei ihm bewirkt hat.